FRIEDRICH NIETZSCHE · /

비극의 탄생
Die Geburt der Tragödie
F. 니체 / 김대경 譯

바그너의 경우
Der Fall Wagner
F. 니체 / 김대경 譯

니체 대 바그너
Nietzsche contra Wagner
F. 니체 / 김대경 譯

청하

이 책을 우리말로 옮긴 **김대경**은 1959년 서울에서 태어났다. 서울대학교 인문대학 독어독문학과를 졸업했으며, 같은 대학 독문과 대학원에서 석사학위를 받았다.

비극의 탄생 | 바그너의 경우 | 니체 대 바그너

지은이 ● 프리드리히 니체 | 옮긴이 ● 김대경 | 펴낸이 ● 박태호 | 펴낸곳 ● 청하
주소 ● 경기도 고양시 일산구 장항2동 753 청원레이크빌 904호
전화 ● 031-901-7877 | 팩스 ● 031-901-7875 | E-mail ● chp21@korea.com
1쇄 발행일 ● 1982년 12월 10일 | 20쇄 발행일 ● 2005년 1월 15일

차　례

비극의 탄생

바그너의 경우

니체 대 바그너

비극의 탄생

Die Geburt der Tragödie

편집자 해설

1

이 책은 니체의 처녀작이다. 이 책은 그의 최고 작품이라고 하기에는 거리가 멀다. 그러나 니체가 1886년의 재판(再版)의 초두에 덧붙인 「자기 비판의 시도」는 그가 저술했던 것 중 가장 훌륭한 것에 속한다. 아마 어떤 저술가도 스스로의 작품의 하나에 붙이는 서문 중 이만한 것을 쓰지는 못했을 것이다. 확실히 이 자기 비판은 다른 사람들이 「비극의 탄생」에 대하여 행한 대부분의 비판보다 훨씬 뛰어나다. 이 책에 대한 가장 유명한 비판을 간략하게 훑어보기 전에, 이 책의 중요성을 잠깐 짚고 넘어가는 것이 순서겠다. 이 논문이 광범하게 찬탄받고 있고 일반적으로 니체의 주요 저서로 간주되고 있다는 사실은 따로 제쳐 놓고라도, 이 책은 재삼 중요하다고 말해져도 좋을 것이다.

우선, 「비극의 탄생」은 그 수많은 결점들에도 불구하고, 전에 비극에 관해 씌어졌던 연구들 중에서, 시사하는 바와 영향을 주는 바에 있어서 가장 으뜸이다. 아마도 아리스토텔레스의 『시학 Poetik』만이 이 책을 능가할 것이다. 비극에 대한 어떤 다른 연구가 이에 어깨를 견줄 수 있겠는가? 아마도 헤겔 Hegel 의, 이 주제에 대한 분산(分散)된 발언들을 제외하면 하나도 없을 것이다. ——그러나 그것들 대부분은 사후에 출판된, 그리고 몹시 제대로 정리되지 못한 강연들 속에 들어 있다. 이 세 명의 철학자 모두가 에스킬로스와 소포클레스의 현존하는 열 네 편, 그리고 에우리피데스의 열 아홉 편의 희곡에 관하여 그릇된 견해를 가졌다고 하는 것은 문제가 있다. 그러나 아리스토텔레스, 헤겔, 니체가 비극에 관한 논쟁을 매우 격화시켰음은 부정할 수 없다. ——아마도 어떤 다른 사람들보다 훨씬 많은 자극제가 되었을 것이다.

둘째로 「비극의 탄생」은 단지 비극만을 다루고 있지는 않다. ──그리고 비극과 바그너만을 다루고 있는 것도 아니다. 이 책은 과학과 예술의 관계, 그리이스 문화의 현상 전체, 그리고 현대를 다루고 있는 것이다. 이 모든 주제들에 관하여 니체는 많은 흥미있는 발언과 비범하게 뛰어나고 통찰력 있는 수많은 생각을 피력하고 있는 것이다.

마지막으로, 그 세번째 중요성은, 이 저술이 지니고 있는 치명적 약점과 깊은 관계가 있다. 니체는 현대 철학자들 중 가장 심오하고 가장 영향력 있는 철학자 중의 하나일 뿐만 아니라, 아마도 독일의 가장 위대한 산문 문체가이기도 할 것이다. 그러나 「비극의 탄생」의 많은 부분은 니체 자신이 자기의 「자기 비판의 시도」 중 3절에서 지적하고 있는 것처럼 너무 과장되고 모호하게 씌어졌다. 그리고 어떤 때는──문학적으로도 철학적으로도──그 이상 그의 후기의 문체에 대하여 극도로 반대되는 문체는 상상해 보기도 힘들 정도의 것이 나온다. 그의 후기의 성취를 완전히 평가하기 위해서는, 그의 초기를 반드시 알아야 한다. 이 책속에서 주장되는 니체의 핵심점은, 우리가 우선적으로, 그리이스인이 겨우 억제해 놓았던, 자유분방한 디오니소스적 추진력을 고려해 보지 않는 한, 우리는 그리이스인의 업적과, 니체에 의해서 아폴로적인 것이라고 불리우는 절제의 힘의 승리의 두 가지를 정당하게 이해할 수 없다는 것이다. 이와 마찬가지로, 그 명료성과 경구적 간결성으로 뛰어난 그의 후기의 문체는, 우리가 그 문체를, 니체 스스로도 1886년까지도 몹시 난처해 했던 자기의 문장들, 즉 종종, 특히 마지막 열 개의 절들 속에 나타나는, 바그너에 대한 풍자처럼 보이는 문장들과 비교해 볼 때 더더욱 인상적이다.

비록 다른 이유도 있기는 하지만, 이상의 사실들은 부분적으로는, 이 책이 니체의 후기 저술에 관한 지식이 없이 독자적으로 읽혀져서는 안된다는 이유를 형성하고 있는 것이다. 그리고 그의 다른 모든 저작들보다도 완벽하게 이 책에 짝을 이루고 있는 것은 간결하고 악명높은 「바그너의 경우」인 것이다.

지금까지 말한 것의 당연한 귀결을 명백히 정리한다면 다음과 같다.

종종 과도하게 낭만적이고 과장된 「비극의 탄생」의 문장을 보면, 역자는 스스로의 기호에 맞지 않는 부분의 기세를 완화시키고 문체를 좀더 간략하고 건조하게 만들고 싶은 유혹을 느낀다. 그러나 나는 이러한 유혹에 저항하는 것을 시종 염두에 두고 있었다. 어떤 역자가 그 유혹에 지는 정도만큼, 그는 니체의 뛰어난 「자기 비판의 시도」의 몇 부분을

12

의미없게 만들어 버리고, 니체의 발전에 흥미를 가지고 있는 사람들이 스스로 니체가 어느 정도 발전했는가를 관찰해 볼 수 있는 기회를 앗아가 버리는 것이 되는 셈이다. 성실한 역자라면, 릴케 Rilke 를 릴케답게 하이데거 Heidegger 를 하이데거답게, 「바그너의 경우」를 원서의 문체대로, 그리고 「비극의 탄생」을 원서 문체 그대로 번역하려고 노력해야 마땅한 것이다.

2

「비극의 탄생」의 첫째 출판은 니체가 스물 일곱이던 1872년에 나타났다. 이 책은 그 즉시 한 명의 젊은 문헌학자에 의해 공격받았다. 울리히 빌라모비츠—묄렌도르프 Ulrich Wilamowitz-Moellendorf 라는 이름의 그는 지극히 논쟁적인, 『미래의 문헌학 Zukunftsphilologie』! [1]이라는 제목의 팜플렛을 통해 이 저서를 공격한 것이다. 바그너의 음악은 당시에 〈미래의 음악〉이라고 불리우고 있었고, 빌라모비츠는 니체의 「미래의 문헌학」이 그리이스로부터의 인용과 각주(脚註)를 하나도 달지 않은 문헌학임을 드러내 보이려 노력했다.

실제로는 이것보다 훨씬 많은 공격이 있었다. 니체는 1869년 스위스의 바젤 Basel 대학에 교수로 초빙되었었고 거기서 그 이듬해에 고전문헌학의 박사과정을 완전히 밟았다. 그가 25세 때의 일이다. 그의 박사학위는, 그가 학위논문을 냈기 때문에 얻어진 것이 아니라 그가 바젤에 초빙되었기 때문에 라이프찌히 Leipzig 대학에서 수여해 준 것이기 때문이었다. 그 초빙은 또한, 리츨 Ritschl 교수의 최고의 추천서 때문에 이루어진 것이다. 그는 니체가 쓴 논문들을 그가 출판하는 철학 잡지에 실어주었고, 바젤 대학에 니체는 「아직 학생의 신분에 지나지 않으면서도 내게 어떤 도움을 준 최초의 사람이었다」고 말하였던 것이다. 니체에 대한 리츨 교수의 평가의 내용은 다음의 문장에 요약될 수 있을 것이다. 「그는 단지 자기가 하고자 하는 일은 어떤 것이든 해낼 수 있을 것이다.」 스물 네 살에 니체가 교수로 임명되었다는 사실은 교수사회 속에서 일대 센세이션이었다. 그리고 니체는 그의 첫번째 저서에서 자기의 혜성같은 등장이 정당한 것이었음을 고전문헌학계에 보여주려 하였을 것임은 짐작이 간다. 그 대신에——그는 「비극의 탄생」을 출간하였다. 이 책은 항상 그 사회에,——즉 최소한 일년 전에 탄생된 신(新) 제국의 모든 독일 교수들에게는 받아들여질 수 없었을 종류의 책이었다.

---

1) Berlin, Borntrãger 형제, 1872.

빌라모비츠(1848-1931)는 니체보다 4년 후배였고 당시 막 박사학위를 받은 터였으나 아직은 교수 타이틀을 얻지 못하고 있던 때였다. ——그래서 니체에 관한 공격은 그의 첫째 저서인 셈이다. 그는 니체의 결점들을 열거함으로써 자기 장학금의 안정을 기하고 범위를 넓히려 하였다 ——그래서 그는 「비극의 탄생」에서 장점은 하나도 발견하지 못했다. 그의 공격이 정점을 이룬 것은 니체의 〈진리에 대한 사랑의 결여와 진리애에 대한 무지〉에 대한 공격이었다. (p. 32)

니체의 친구 에르빈 로오데 Erwin Rohde는, 아직 1872년 중에 문헌학의 도착(倒錯)을 의미하는 『문헌학 이후 Afterphilologie』[2]라는 제목의 팜플렛 속에서 이에 응답한다. 루터 Luther는 이후 After라는 접두사를 즐겨 썼는데 이것은 문자 그대로는 인간 이후(人間以後)를 뜻한다. 칸트 Kant도 이것을 종교에 관한 자기 저서 속에서 사용하였었다. (1793) 그리고 쇼펜하우어 Schopenhauer는 대학의 철학을 공격할 때 철학이후 After-philosopie 라는 말을 했다. 로오데는 빌라모비츠가 「비극의 탄생」에서 발견했다고 주장하는 수많은 오류들이 빌라모비츠 쪽의 잘못임을 드러내 보여주려 하였다. 그러나 또한 로오데는 빌라모비츠를 재삼 〈우리의 철학박사〉 그리고 〈중상모략가〉라고 불렀다——로오데는 비록 정(正)교수는 아닐 망정 당시 교수직을 획득하고 있었다. 결국 그의 논쟁의 수준은 그가 대적하려 하였던 공격들의 수준과 마찬가지로 결코 수준 높은 것이 아니었다. 두 개의 인용이 이 점을 명백히 해준다.

「나는 이 예를 강조한다. 왜냐하면 이것은, 이 무지한 중상, 악착스런 모략의 기술, 그리고 일반 독자들의 눈먼 편견에 대한 교묘한 의지(依支) 등이 얽혀서 매력적 전체가 되는 방식의 첫번째 견본의 소임을 할 수 있을 것이기 때문이다.」(p. 10)

「……진실로 원숭이와 헤라클레스 사이처럼 딴판이다. 사실상은 그보다 더하다. 우리의 철학박사 빌라모비츠는 소크라테스적 인간의 유형에 거의 맞아들어간다. 나의 친구는 소크라테스적 인간을 예술적 문화의 〈가장 고상한 적대자〉로 지적했다. 그런데 우리 철학박사께서는 기뻐하며 생각하기를 이러한 지적이 자기에게 어울린다고 그리고 자기와 비슷한 사람에게 어울린다고 하는 것이다.」(p. 12)

이 마지막 인용문은 중요하다. 이것은 또한 〈소크라테스적 인간〉에 대한 니체의 높은 평가를 시사해 준다. 『문헌학 이후』는 확실히 니체가 아니라 로오데가 쓴 것이다. 그러나 두 사람은 당시 가까운 친구사이였

---

2) Leipzig, E.W. Fritzsch, 1872.

고 로오데의 팜플렛의 요점은 「비극의 탄생」에 대한 그릇된 해석을 지적하려는 데 있었다.

1873년 빌라모비츠는 다시 한번, 자기의 『미래의 문헌학』[3]의 속임을 써서 반론을 제기했다. 그의 반론의 요지는 끝부분의 한 마디로 요약될 수 있을 것이다. 「나는 내 자신과 정력을 한쌍의 썩은 머리들의 무지함과 간사함 때문에 탕진해야 한단 말인가?」(p. 23) 후일 빌라모비츠와 로오데 두 사람은 고전문헌학자로서 커다란 명성을 얻었고 이 초기의 소논문들을 다시는 재간행하지 않았다──아마도 그것들에 의해 난처한 감정을 느꼈기 때문일 것이다.

로오데는, 별로 중요치 않게, 1872년 5월 26일 일요일자 《북독일 신문 Nord-deutsche allgemeine Zeitung》에 「비극의 탄생」에 관한 서평을 발표했다. 이때는 빌라모비츠의 팜플렛이 나타나기 이전이다. 그리고 1882년에는 그는 《문예중앙일보 Litterarische Centralblatt》 속에 빌라모비츠의 『카리스토스의 안티고노스 Antigonos von Karystos』(1881)에 관한 몹시 비판적이고 적대적인 서평을 실었다. 두 개 모두 그의 소(小) 논문집(2권, 1901년) 속에 재수록되었다.

니체는 자기 저서의 어떤 것 속에서도 빌라모비츠를 언급하지 않고, 원한이 자기 영혼을 잠식해 들어가는 것을 허용하지 않은 채 자기의 길을 걸어갔다. 빌라모비츠에 관한 몇 개의 언급이 발견되는 곳은 1872년과 1873년의 니체의 편지들이다. 그러나 가장 도움이 되는 글들은 1874년 3월 19일자 로오데에게 보내는 편지에서 발견된다.

「바그너, 기억 속에서 뱃속을 뒤집어 놓는 자에 관한 문제에 대한 드래세케 Dräseke[4]의 공적을 논박하기 위하여 브루노 마이어 Bruno Meier[5]씨는 길고도 부피있는 논문을 썼는데, 그 속에서 나는 진지하게 〈우리 문화의 적〉으로 탄핵되어 있고 게다가 〈속는 자들 속의 교활한 속이는 자〉로 비난받고 있네. 그는 내게 자기의 빌라모포스 Wilamopos에 관한 두 편의 논문을 보내왔네. 게다가 자기 집의 주소까지 달아놓았더군. 나는 그에게 빌라모포스의 두 편의 논문을 보내줄 작정이네. 확실히 자기의 적에 대한 기독교적 자선행위이네. 빌라모포스에 관한, 친애하는 이 마이어 씨의 기쁨을 위해서는 이 방법이야말로 어떠한 말들보

---

3) *Zukunftsphilologie · Zweites Stück* (Berlin, Bornträger 형제, 1873)
4) Johannes Dräseke, 「Beiträge zur Wagner-Frage」. 음악 주간지 Musik-alisches Wochenblatt 에 게재됨, 1873년.
5) Bruno Meyer, 「Beiträge zur Wagner-Frage · In eigner Sache」 독일 전망대 Deutsche Warte, V, 641-73에 게재.

다 효과적일 것이네.」

니체가 변형시킨 이름 빌라모포스에 관해 설명하고 넘어가겠다. Mops 는 독일어로 불독을 가리키는 말이다. 그러나 이 단어는 실제로는 개에 게 사용되기 이전에는 불만스러운 얼굴 표정을 가진 사람을 지칭하는 데 사용되었다. 이것은 우스꽝스럽고 바보스럽고 조잡하고 불친절하며, 우아하지 못한 사람의 유형을 지칭한다. Mopsig은 〈지루하게 하는〉을 의미하고 sich mopsen은 〈지루해진〉을 의미한다.

니체는 빌라모비츠의 공박을 가볍게 여겼다. 그러나 전해지는 말로는 빌라모비츠가, 문헌학자로서의 니체를 물러나게 했다고 하며 게다가 니 체가 교수로서의 생활 십 년만에, 학생들이 빌라모비츠의 논쟁서 때문에 니체를 멀리했기 때문에 니체가 1879년에 물러났다고 한다. 실제로 수 강신청 학생의 수는 니체의 의지와는 아무 상관이 없었다.

그가 무엇을 가르쳤는가를 확인하고 그를 계속 따른 학생이 얼마나 적은가를 검토하는 것은 어느 정도 흥미가 있을 것이다. 첫번째 해 동안 그는 다음의 과목을 설정했다. (학생들의 수는 각각 괄호 속에 표시되 어 있다.) 에스킬로스의 『코에포리 Choephori』(6), 그리이스 서정시학 (7), 라틴 문법(8), 그 이듬해에는 소포클레스의 『오이디푸스 왕』(11), 운율학(5), 헤시오도스의 『에르가 Erga』(11), 세째 해에는 문헌학 연구 개론(9), 플라톤의 대화편 연구 개론(6), 라틴 금석학(金石學) 개론(9), 1872년 여름에는 「비극의 탄생」이 출판된 이후인데 그는, 플라톤 이전의 철학자들(10), 에스킬로스의 『코에포리 Choephori』(7)를 강연했다. 그 러나 그 해 겨울 그는 그의 그리이스 로마 수사학 강의에는 두 명의 학생 만을 받았을 뿐이다. 그리고 문헌학 강의는 한 명도 없었다. 학생들의 숫자가 이렇게 급락한 것은 확실히 빌라모비츠의 논쟁서 때문이었다. 그러나 다음해 여름 때까지는 그의 플라톤 이전의 철학자들에 관한 강좌 는 열 한 명의 학생을 끌었다. 1876년에는 동일한 강좌가 열 명을 끌었고, 그의 플라톤의 생애와 사상에 관한 강좌는 열 아홉을 끌었다. 마지막으 로 그가 교수직에서 물러나기 직전 1878년에는, 비록 확실히 많은 수는 아니었지만 이전의 어느 때보다 많은 수강생을 가졌다. 헤시오도스의 『작 품과 생애』(13), 플라톤의 『소크라테스의 변명』(6), 그리이스 서정시 학(13), 플라톤 연구 개론(8). 이 자료들은 고전문헌학 교수로서의 니 체의 경력에 관한 어떤 생각을 형성해 준다. 그 경력은 「비극의 탄생」 에 의해서는 중지되지 않은 것이다.

이 책에 대해서는, 니체의 모든 저서들에 관해서도 그러하듯이 여러

견해들이 차이가 난다. 콘포오드 F. M. Cornford는 20세기 초반 영국의 지도적 고전주의자였고 학생들 간에는 플라톤의 대화편의 번역과 훌륭한 주석 때문에 유명했는데 『종교에서 철학으로 *From Religion to Philosophy*』(1912) 속에서 비극의 탄생은 「심오하고 상상력있는 통찰을 지닌 책이며, 이것은 한 세대의 학자들을 당혹하게 만들었다」고 말한다. 이러한 측면에 대해서는 비록 빌라모비츠가 완전히 니체의 장점에 대해서는 장님이나 다름없다고 하지만, 그는 옳은 바도 있었다. 미래의 『문헌학』중의 어떤 것은 니체의 천재성은 살리지를 못하고 니체 저서의 명백한 결점을 흉내내었다——그리고, 운명의 커다란 장난인 것이, 니체 스스로는, 자기 사후(死後)에, 감정을 살린 문장을 꼼꼼하고 정확한 문장으로 대치시켜 버리는 사이비 학자들에 의해 무진 고통을 당할 운명이었다.

전체적으로는, 그러나, 후손들의 일반적 평가는 콘포드 Conford 의 견해에 몹시 접근해 있었고 그 자신과 제인 해리슨 Harrison 은 니체의 중심 사상을 보존하기 위해 많은 노력을 기울였다.

1965년, 제럴드 엘스 Gerald F. Else 교수는 『아리스토텔레스의 시학 *Aristoteles' Poetics*』(1957년에 관한 기념비적 분석을 끝까지 수행하여 『그리이스 비극의 기원과 초기 형태 *The Origin and Early Form of Greek Tragedy*』[6]라는 짧막한 연구 결과를 내놓았다. 이 속에서 그는 아리스토텔레스, 니체, 길버트 머레이 Gilbert Murray, 그리고 케임브리지학파 모두가 비극의 기원에 관하여 중대하게 오류를 범하고 있다고 논술한다. 그는 평소에 갈고 닦은, 문학 전반에 관한 통달한 지식을 보여주고 있고 저서의 끝부분의 주석난에는 이 주제에 관한 최근 문헌의 참고를 제시하고 있다. 니체에 의하여 제기된 몇 가지 문제들의 현주소에 방향을 잡지 못하는 사람들은 엘스의 저서를 읽는 것이 좋다. 그러나 주목해야 할 것은, 니체에 대한 근본적인, 의견의 불일치에도 불구하고 엘스는 「어떤 기준에 의해서 그 책을 연구하고자 할지라도」 비극의 탄생은 위대한 책이다 라고 말하지 않으면 안 되었다는 점이다. (p. 10) 그리고 그는 덧붙인다. 「비극의 탄생은 1871년 이래 그 주제를 다루었던 거의 모든 사람에게 마술을 구사했었다. 」

3

진정 중요한 것은 아폴로적인 것과 디오니소스적인 것의 대조가 아니

---

6) Cambridge, Mass., Harvard University Press, 1965.

다. 이것은 표상으로서의 세계와 의지로서의 세계를 대조시킨 쇼펜하우어를 연상케 한다. 그리고 비록 그것이 독일 학자들의 유행이 되어버리기는 했지만, 이처럼 두개의 개념을 서로 대치시키는 것은 그리 유익한 일이 되지 못한다.

비극의 탄생이 발표되던 때, 그리이스 사람들에 대한 일반적 이해는 그때까지는 요한 요아힘 빙켈만 Johann Joachim Winckelmann(1717-1768)에 의해 개척되고 괴테 (1749-1832)에 의해 계승된 〈고귀한 단순과 고요한 위대〉라는 것이었다. 매튜 아아놀드 Matthew Arnold (1822-1888)는 비평가의 자격으로는 자기의 시(詩)『도버 해변Dover Beach』의 수준에 훨씬 못 미치는데, 최근에는 위의 견해를 우스꽝스럽게도 자기의 유명한 용어, 감미와 빛 sweetness and light[7]으로 잘못 해석할 뿐이었다. 니체는 아폴로를 그리이스 문화의 이러한 양상에 대한 상징으로 사용했다. 이 양상은 고대 그리이스의 신전과 조각 속에 훌륭히 표현되어 있다. 이것은 억제와 제한과 조화의 재능인 것이다. 자기가 〈아폴로적인 것〉이라고 부른 것을 경멸하는 의도는 전혀 갖지 않은 채, 그는 사람들이, 디오니소스 제전에서 표현되었었던 그리이스 문화의 비교적 야만적인 또다른 측면을 알게 되지 않는 한, 아폴로적인 것을 충분히 음미할 수 없을 것이라고 논술하였다. 확실히 에우리피데스의 『바커스의 시녀들』은 우리에게, 빙켈만, 괴테, 아놀드의 그리이스와는 동떨어진 열정을 보여준다. 그리고 니체는, 모든 규범을 지나치려는 한없고 잔악한 욕망도 경우에 따라서는 일리아드 Iliad 와 그 이후의 그리이스 시가(詩歌) 속에서 발견되어진다——그리고 「비극의 탄생」은 이 점에서 동떨어져서는 이해될 수 없다고 주장하는 것이다.

「비극의 탄생」을 주의깊게 읽어보면 밝혀지는 사항은, 니체는 〈디오니소스스적인 것〉을 찬양하는 것이 전혀 아니라, 일반적으로 그리이스인, 그리고 특히 그들의 비극의 성취는 우리가, 그것들이 성취될 수 있기 위하여서는 파괴적 잠재력이 얼마나 억제되어야 하는가를 깨닫기 전에는 정확히 이해될 수 없다고 논술한다. 이 핵심점에 있어서 니체는 확실히 옳다. 누군가가, 고대 그리이스의 이 〈어두운〉측면을 기록하고 있는 인용과 참고가 풍부한 훌륭한 단행본을 읽기를 원한다면, 아마도 도드 E. R. Dodd의 『그리이스인과 비합리적인 것 The Greeks and the

<hr>

7) 이것은 아놀드의 *Cultur and Anarchy*(1869)의 1장의 제목이다. 책 자체는 원래 아놀드의 마지막 옥스포드 강연으로 출간되었다. 1867. 6. 15. 제목은 *Culture and Its Ehemies*.

Irrational[8]에 관한 훌륭한 연구보다 나은 것은 없을 것이다. 이 책은 이 주제에 관한 최근의 다른 문헌들을 풍부히 참고하고 있다.

「비극의 탄생」은 7절에서 첫번째 커다란 절정에 도달한다. 이 부분은 또한 프랑스 실존주의와의 연결 때문에 흥미가 있다. 그리고 그 책은 비극의 **죽음**에 관한 견해를 피력하기 시작하기 때문이다. 사실 여년 동안 리하르트 외엘러가 『프리드리히 니체와 소크라테스 이전의 인물 *Friedrich Nietzsche und die Vorsokratiker*』(1904)[9] 속에서 행한 경멸적 주장은 해석자들에 의해서 차례로 답습되었다──외엘러가 어떤 학자적 자부를 지닌 작가가 쓴, 이전의 어떤 책보다도 무법적인 책 중의 하나로 자기의 신용을 실추시킨 이후에도 여전히 그런 것이다. 그 책은 『프리드리히 니체와 독일의 미래 *Friedrich Nietzsche und die Deutsche Zukunft*』(1935)[10] 인데, 1933년에 집권한 나치들의 열망에 니체를 부합시키려는 시도를 하였다. 그동안 외엘러는 니체 저서의 가장 완전한 두 개의 출판물에 대한 두 개의 커다란 색인을 만들었다. 두번째의 색인(소위 무자리온 판에 대한 것인데)은 두 권 반이나 되는 부피이다. 이 일은 그를 보호해 주지 못했다──반대로 그것은 그가, 인용문들이 들어 있는 페이지의 문맥을 보면 니체가 실제로 말하고 있는 내용과는 정반대의 내용을 말하고 있는 듯이 보이는 근본적으로 잘못 이해된 인용문들을, 자기의 1935년도 저서 속에 집어넣는 데 도움을 주었을 뿐이다. 기껏해야 초기의 저서들은 외엘러의 지적 통합능력의 어이없는 결여가 니체를 이해하는 데는 부족한 지성과 극심한 무능력에 기인한다는 사실을 보여준다. 그러나 이 사람은 니체의 누이동생이 만든 니체 도서관의 기둥이었고 니체 저서의 출판자 중의 한 명이었다.

만일 외엘러의 초기 저서가 나이트 A. H. J. Knight에 의해서, 니체의 그리이스인들에 대한 관계에 관한 영국의 상세한 연구에 있어서 무비판적으로 사용되고 반향을 얻지만 않았다면, 그리고 어니스트 뉴먼 Ernest Newman, 크레인 브린튼 Crane Brinton, 그리고 에리히 포다하 Erich Podach[11] 들이 무비판적으로 나이트에게 의존하지만 않았어도, 외엘러나 그의 초기 저서는 여기서 언급될 가치가 없었을 것이다. 외엘러의 잘못

---

8) Berkely, University of California Press, 1951; Boston, Beacon Press paperback, 1951.

9) Leipzig, Dürr, 1904.

10) Leipzig, Armanen, 1935.

11) Erich Podach, *Nietsches Werke des Zusammen-bruchs* (Heidelberg, Wolfgang Rothe Verlag, 1961) p. 407.

을 여기서 열거한다는 것은 의미가 없다. 그러나 그 중 두 가지는 몹시 자주 반복되기 때문에 그것들과 하나하나 절교하는 것이 필요한 듯하다.

첫째로, 청년 외엘러는 초기의 니체가 「완전히 쇼펜하우어의 영향하에 있었고 염세주의자였다」고 주장한다. (p. 28) 그러나, 사실상 니체의 바로 그 처녀작 「비극의 탄생」은 쇼펜하우어로부터의 독립을 선언하고 있다. 니체는 쇼펜하우어가 정직하게 생존의 공포를 직시하는 것에 대해 경탄하는 반면, 니체 자신으로서는 쇼펜하우어의 〈의지(意志)에 대한 불교적 부정〉을 대치할 수 있는 보다 훌륭한 것으로 그리이스 비극을 기리고 있는 것이다. 비극으로부터 니체는 모든 고통과 잔혹함에도 불구하고 사람들은 삶을 장려하고 아름답고 즐거운 것으로 단언할 수 있다는 것을 배운다.

둘째로, 외엘러는 「비극의 탄생」이 소크라테스와 소크라테스주의에 반대하는 선언문이라고 이해했다. 실제로는 니체는 그가 아폴로나 디오니소스에게 적대하지 않는(혹은 찬성하지 않는) 만큼이나 소크라테스를 적대시하지 않고 있다. 그의 사색의 전체 방식은 그러한 거친 성격과는 거리가 멀다. 그리고 니체는 그가 1888년 「이 사람을 보라 *Ecce Homo*」속의, 비극의 탄생을 스스로 분석한 첫번째 절에서 다음과 같이 말을 했을 때 그에 관한 해석자들이 외엘러를 따라 잘못을 범한 것과 똑같은 만큼 옳았다. 「불쾌하게도 헤겔주의자 냄새가 난다. 그리고 쇼펜하우어의 창백한 향기는 단지 두세 개의 정식(定式)에만 붙어 있을 뿐이다.」

소크라테스는 비극의 탄생에서 아폴로와 디오니소스에 어깨를 겨루는 신에 해당하는 존경을 받으며 등장한다. 물론, 니체의 비판의 힘은 신에게일지라도 주저하지 않는다. 그리고 그는 소크라테스가 심히 문제성 있는 존재임을 발견한다. 그가 소크라테스에게 접근하는 방식은 항상, 지금은 존경을 강조하는가 하면 곧 반대를 표명하고 때로는 이 책에서처럼 한꺼번에 두 가지를 표시하기도 하는 식이다. 실제로, 두 개의 절(14절, 15절)은 그 속에서 비극의 죽음에 대한 논술이 정점을 이루는데 ――이것은 이 책의 두번째 클라이막스이다―― 이 부문에서 주장되는 바는, 소크라테스가 없었다면 그리이스 문화는 한꺼번에 멸망했을 것이라는 점이다. 그러니까 소크라테스의 영향력은 항상 다시금 예술의 재탄생을 불가피하게 하는 것이다. 그리고 마지막으로 우리는 〈예술가 소크라테스〉를 필요로 하는 것이다.

아폴로와 디오니소스는 비극 속에서 통일체를 구성하고 있다. 이러한 통일은 소크라테스에 의해서 파괴되었다. 그리고 이제 또다른 통일, 예술가 소크라테스가 요청되는 것이다. 플라톤을 그렇게 간주할 수 있을까? 그 반대다. 니체가 소크라테스를 부당하게 다루고 있고 소크라테스주의는 비극에 배치되는 것이 아니라고 느끼는 사람들은 『국가 *Republic*』속에서의 플라톤의 제안이 자기의 이상적 도시국가 속에 어떠한 비극 시인의 존재도 허용치 않는 점을 고려해 보고, 『법 *The Laws*』속에서의 노년의 플라톤의 비극에 관한 언급을 함께 살펴보아야 한다. 〈예술가 소크라테스〉는 니체 자신이다. 그는, 그리이스 시인들이 그랬던 것처럼 삶의 비극적 양상을 받아들이고 그러면서도 비판적 지성을 잃지 않는 어떤 철학이 도래하기를 학수고대한다. 이 철학은, 소크라테스의 낙천주의적 믿음, 즉 지식과 미덕과 행복은 말하자면 삶의 세쌍동이와 마찬가지인 것이라는 믿음을 부정하는 철학이다. 소크라테스의 철학만큼이나 예리하게 비판적이고 그러나 예술의 가능성과 자원을 기꺼이 이용하려 하고, 이용할 수 있는 철학인 것이다.

그러나 그렇다고 해도 사람들은 비록 20세기에 그것이 빈번히 식탁에 오르내리고는 있지만, 비극의 죽음에 관한 니체의 견해를 받아들일 필요까지는 없다. 그리고 이 해설은 그의 설(說)에 관한 일련의 비평들을 제시하는 장소는 아니다. 그러나 반성을 촉구하기 위하여 나는 니체가 소크라테스에 대해서는 아니지만 에우리피데스에 대해서는 눈에 띄게 불공정하다는 점을 말하겠다——그리고 비극의 죽음에 관해서는 괴테가 에케르만 Eckermann에게 1825년 5월 1일에 다음과 같이 말했을 때가 훨씬 훌륭히 설명되어진 것이라고 주장하고 싶다.

「인간은 단순하네. 그리고 인간이 아무리 풍부하고 다채롭고 깊이를 알 수 없다고 하더라도 그의 상태의 테두리는 한바퀴 도는 데 그리 길지 않네. 레싱 Lessing이 두세 편, 내가 서너 편, 그리고 쉴러 Schiller가 대여섯의 훌륭한 작품을 썼다고 하더라도 네번째 다섯번째 여섯번째의 비극 시인이 존재할 여지는 충분히 있네. 그러나 저 위대한 그리이스의 세 작가들이 백여 편의 혹은 백 편에 육박하는, 작품들을 써 내었던, 희곡의 풍요한 생산을 경험한 그리이스인들은, 내가 그들의 그러한 풍요를 생각해 보고 하는 말이네만, 우리는 다음처럼 생각해도 되지 않겠나? 주제로 삼을 재료와 내용이 점점 고갈이 되어가서 저 세 명의 위대한 작가들보다 이후에 작품을 쓰는 시인들은 그 다음에 무엇을 해야 할지 진정 알 수 없었다고. …… 어쨌든, 우리에게 전해져 내려온 이 적은 관점들이 몹시 중요하고 차원높기 때문에 우리 가난한 유럽 사람들은 수세기 동안이나 거기에 몰두해 오고 있었고 아직도 이, 삼세기 동안은 충분한 식량과 일거리를 지니게 될 걸세.」

불행히도, 비극의 탄생은 15절로 끝나지 않는다. 초고는 거기서 끝나고, 그리고 명백히 이 책은 거기서 끝나야 했다. 그 이후에 나오는 다른 절들은 그 책 전체를 측정할 수 없이 손상시키고 있다.

1절에서 6절까지는 서론이고 문체상으로 대단치는 않다. 이 책의 핵심은 7절에서 15절 사이에 있으며, 비극의 탄생과 죽음을 다루고 있다. 이 부분은 그 책의 단연 최우수의 부분이며 그 자체만 읽어도 충분히 이해가 간다. 16절에서 25절은 니체가 그 정도 길이로 출판한 저서 중 가장 니체답지 못하다. 그리고 그 자신도 곧 이 점을 느꼈다. 이 책은 비록 천재성이 번득이기는 하지만, 전체적으로 니체가 「자기 비판의 시도」에서 열거했던 결점들을 지니고 있다. 그러나 이 〈시도〉라는 것은 자기의 최초의 성과의 수준을 훨씬 넘어 성장한 뛰어난 작가의 면모뿐만 아니라, 위대한 인간의 면모도 보여주고 있다.

자기 비판의 시도*

/

이 의심스러운 책의 근저에 깔려 있는 것이 무엇이든 간에 그것은 가장 중요하고 가장 매력적인 질문임에 틀림없다. 게다가 필자의 깊은, 개인적 관심사이기도 하다. 이 점은 1870-71년 간의 보불(普佛)전쟁의 어수선한 시기 동안에 이 책이 씌어졌다는 점에서 증명된다. 뵈르트 Wörth 전투의 포성이 유럽을 휩쓸고 있는 동안, 수수께끼 풀기와 꼬치꼬치 따지기 좋아하는 이 책의 저자는 알프스의 어느 모퉁이에 앉아서 골머리를 썩이고 있었고 이 때문에 전황이 근심스럽기도 그렇지 않기도 했었다. 그리고 그리이스 사람들에 대한 자기의 생각을 적어 나갔는데, 그것은 기묘하고 어려운 이 책의 핵심이 된다. 여기에 이 때늦은 서문(序文)(혹은 후기・後記)이 덧붙여지는 것이다. 그 뒤 몇 주 후 저자가 메츠 Metz 성벽 아래에 있을 때도 그리이스 사람들의, 소위 명랑성과 예술에 대해 그가 품었던 의문은 풀리지 않고 있었다. 결국 그는 베르사이유에서 평화협상이 열리던, 몹시 긴장된 달(月)에 자신도 평화를 얻고, 전장(戰場)에서 얻어온 신병(身病)을 서서히 회복해 가면서 「음악의 정신으로부터의 비극의 탄생」을 최종적으로 완성했다. ──음악으로부

---

* 1872년의 초판의 제목은 「음악의 정신으로부터의 비극의 탄생 *Die Geburt der Tragödie aus dem Geiste der Musik*」이었다. 재판은 원문을 아주 약간만 고쳐서 1874년에 프린트했으며 1878년에 발행되었다. 1886년 「선악을 넘어서 *Jenseits von Gut und Böse*」가 출판되던 바로 그 해에 아직 두 개의 판으로 남아 있던 것이 「비극의 탄생 혹은 그리이스 문화와 염세주의 *Die Geburt der Tragödie oder Griechentum und Pessimismus*」라는 제목의 조판으로 재발행되었다. 원래의 조판 제목도 보존되었지만 지금은 그 앞에 「자기 비판의 시도 *Versuch einer Sulbstkritik*」가 첨가된다.

23

터? 음악과 비극? 그리이스 사람과 비극적 음악? 그리이스 사람과
염세주의 Pessimismus의 예술작품? 지금까지의 사람들 중에서 가장
복되고 가장 아름답고 가장 부러우며, 우리를 삶에로 가장 강력히 유혹
하는 민족이 그리이스 사람들인데——어떤가? 바로 그들에게 비극이 필
요했다면? 심지어는——예술이? 무엇을 위해서——그리이스 예술이?
　이로써 존재 Dasein의 가치에 대한 커다란 의문부호가 어느 부분에 찍
히게 되었는지 알게 되었을 것이다. 염세주의란, 인도 사람의 경우에서
처럼, 그리고 아무리 살펴보아도 이와 비슷한 우리 근대인(近代人)과 유
럽인의 경우에서처럼, 반드시 몰락, 퇴폐, 실패, 지치고 허약한 심성
등의 증거이어야 하는가? 강건한 염세주의는 없는가? 건전함에서, 넘
쳐나는 건강함에서, 생의 풍요에서 유래하는 두려움, 병, 문제점들에
대한 지적인 편애는 없는가? 자기 힘과 견주어 볼 수 있는 상대자를,
즉 가치있는 상대방을 찾는 행위로서, 무서운 것을 만나기 원하는, 도
전자의 몹시 날카로운 눈초리의 용감성은? 그들에게 두려움이라는 것
을 가르쳐 줄 상대방은 없는가? 바로 가장 훌륭하고 강하고 용감한 시
기의 그리이스 사람들에게 있어서 비극적 신화라는 것은 무엇을 의미하
는가? 그리고 디오니소스 Dionysos적인 것이라는 거대한 현상은? 이
현상에서 탄생된 비극이란 무엇을? 그러면 거꾸로——비극을 죽여버리
고야 마는 것, 즉 소크라테스의 도덕관, 변증론(辯證論), 이론적 인간의
금욕성과 명랑성 등을 보자——어떤가? 바로 이 소크라테스의 사상이
몰락과 피곤과 질병과, 무정부적으로 허약해져가는 심성의 증거가 된다
면? 그리고 후기 그리이스 문화의 그리이스적 명랑성이 단지 황혼에
불과하다면? 염세주의에 대항하는 에피쿠로스적 의지(意志)가 단지, 고
통받는 자의 조심성에 불과하다면? 화제를 돌리자, 학문 자체, 우리의
학문——삶의 증상으로서의 모든 학문은 도대체 무엇을 의미하는 걸까?
무엇을 위해서——좀더 엄격히 말해서 무엇으로부터——모든 학문은 존
립하게 되는가? 어떤가? 학문이 아마도 염세주의에 대한 공포와 도피
일 뿐이라면? 염세적 진리에 대한 영리한 정당방위라면? 그리고 도덕
적으로 말해서, 비겁이나 불성실 같은 것이라면? 오, 소크라테스여, 소
크라테스여, 그것이 혹시 너의 비밀은 아니었을까? 오, 비밀스러운 아
이러니의 소유자여, 그것은 혹시 너의 아이러니가 아니었는가?

2
　내가 당시에 깨닫게 된 것은 유익하기는 하지만 위험하기도 한 것이

24

었다. 반드시 황소라고까지는 할 수 없어도, 적어도 뿔달린 짐승 같은 문제였고 좌우간 새로운 문제였다. 지금은 나는 그것이 학문 자체에 관한 문제——의심스럽고 문제성 있다고 처음으로 생각되어진 학문의 문제라고 말할 것이다. 그러나 나의 젊은이다운 용기와 회의(懷疑)를 내용으로 하고 있는 그 책은 몹시 젊은이답지 않은 과제로부터 나와야 했던, 거의 불가능에 가까운 책이었다. 너무 때이르고 미숙한 자기 체험으로부터 씌어지고, 전달할 수 없는 한계에 거의 육박하는 이 책은 예술의 지반 (地般) 위에 세워졌다. 학문에 관한 문제는 학문적 차원에서는 인식되어질 수 없기 때문이다. 이 책은 분석적이며 회고적인 능력을 동시에 갖춘 예술가(즉 사람들이 찾아다녀야 하지만, 전혀 찾아다니려들 않는, 예외적 종류의 예술가)를 위한 것이고, 심리학적으로 새로운 내용과 예술의 비밀에 대한 내용을 가득 담고 있으며, 그 배경으로 예술가에 대한 철학을 깔고 있다. 청년의 용기와 청년의 우수(憂愁)가 가득한 책이며, 타인의 권위를 인정하고 그에 대해 각별한 존경을 표명하는 대목에서도 독자성을 잃지 않고 반항적이라 할 정도로 자립적인 청년기의 작품이다. 노숙한 문제의식이 담겨져 있기는 하지만, 한마디로 청년기의 결점, 특히 장황함과 격정(Sturm und Drang 질풍노도)을 지닌 처녀작이며, 한편으로는 이 책이 거둔 성과를 고려해 볼 때(특히 그와 이야기를 나누듯이 취급한 위대한 예술가 리하르트 바그너 Richard Wagner 의 경우에 있어서)가치가 입증된 책이다. 아뭏든 당대의 일류 인사들을 만족시켰다는 말이다. [1]

따라서 이 책은 당연히 약간의 관용과 묵인 아래 취급되어야 한다. 그러나 나는 이 책이 16년 후인 지금, 나에게 얼마나 불만스러우며 얼마나 낯설은가 하는 점을 완전히 감추지는 않겠다. 나의 눈이 예전에 비해 늙고, 수백 배 버릇없어졌지만 전혀 만사에 냉담해지지는 않았으며, 이 대담한 책이 처음으로 도전한 과제——즉 〈학문을 예술가의 견지에서 보고, 예술을 삶의 관점에서……〉라는 과제에 대하여서도 결코 서먹서먹해지지 않았기 때문이다.

3

다시 한번 말하면, 오늘날의 나는 이런 책을 쓸 수 없다. 나는 이 책이 난해하게 씌어졌고, 서투르고, 지나치게 자세하고 비유가 난무하고,

---

1) 쉴러의 『발렌쉬타인의 숙소』의 한 대목에서 인용. 「한 시대의 인류 인사들을 만족시킨 사람은 영원히 산다」.

감상적(感傷的)이고, 도처에 달콤한 표현을 사용해서 여성적으로 보이기까지 하고, 진행 속도가 불규칙적이고, 논리적 명료에의 의지(意志)가 없고, 너무 확신에 차서 증명의 필요성 자체를 인정하지 않은 결과, 증명을 빠뜨리고 있다고 생각하며, 이 책을 전문가를 위한 책으로, 즉 음악에 몸을 바쳤고, 일반적인 것에서부터 특수한 것에까지 이르는 예술체험을 지니고 있는 사람들을 위한 책으로, 여러가지 예술들의 혈족관계를 보여주는 책으로, 교만하고 광기있는 책으로 간주한다. 이 책은 처음부터 일반 대중보다는 교양인들을 더 꺼려한다. 그러나 이 책이 끼친 영향이 증명한 바 있고 지금도 증명하듯이 이 책은 같이 열광할 사람을 찾아내어 그를 샛길로 무도회장까지 인도해가는 데는 아주 적합한 책이다. 이 책에서는 언제나——사람들은 호기심과 혐오감을 동시에 느끼면서 이 점을 인정했다——한 새로운 목소리가 말하고 있다. 한 때, 학자의 모습을 하거나, 독일인의 무거운 성격과 변증법적 무뚝뚝함 속에 숨거나, 바그너주의자들의 무례한 태도 속에 스며들거나 하면서 자신을 감추어 왔던 신(神), 즉 아직도 알려지지 않은 어떤 신의 한 사도가 말하고 있는 것이다. 즉 여기에는 새로우며, 무어라 표현할 수 없는 어떤 욕구를 가진 정신이, 의문과 체험과 비밀, 디오니소스 Dionysos 라는 이름이 붙은 어떤 비밀을 잔뜩 간직하고 있는 정신이 말하고 있는 것이다. 여기에는——사람들은 불신을 품고 이렇게 말한다——어떤 신화적인, 거의 메나데적인 영혼이 난삽하고 제멋대로, 자신을 알릴 것인가 은폐할 것인가도 정해 놓지 않은 채, 마치 외국말을 하듯이 떠듬거리면서 말한다. 이 새로운 영혼은 말하지 말고 노래했어야 했다![2] 내가 그때 말한 것을 과감히 시인의 입장에서 표현하려 들지 않았다니. 아마 나는 그렇게 할 수 있었을 텐데! 혹은 최소한 문헌학자의 신분으로라도——오늘날도 이 분야는 거의 모든 것이 밝혀지지 않고 있어서 문헌학자의 손으로 발견되고 파헤쳐져야 한다. 무엇보다도 문제점이 여기에 있다는 것, 즉 우리가 무엇이 디오니소스적인가 라는 질문에 대답할 수 없는 한 그리이스 사람들을 아예 알 수 없고 상상할 수도 없다는 것, 바로 이것이 중요하다.[3]

---

2) 니체가 1900년에 죽었을 때, 릴케 Rilke 이후 그 세대에서 가장 비범한 독일 시인 슈테판 게오르게 Stefan George는「니체」라는 시를 썼다. 그 마지막 부분은 다음과 같다.
「노래했어야 했다. 말하지 말고, 이 새로운 영혼은.」
3)「비극의 탄생」에서의 디오니소스적인 것의 개념은 니체의 후기의 디오니소스적인 것의 개념과는 다르다. 그는 원래 이 용어를, 디오니소스 축제에서 나타나는 어떤 경향을 상징하기 위하여 도입했다. 그러나 그의 후기

그럼 무엇이 디오니소스적인가?——이 책에는 그에 대한 대답이 있다. 자기의 신을 잘 알고 있는 사도인 지자(智者)가 말해 준다. 이제 디오니소스적인 것이 어찌하여 그리이스인들의 비극의 근원이 된 것인가 라는 몹시 어려운 심리학적 질문에 관하여 대답하는 것이니만큼 나는 아마 좀더 신중하고 간략하게 말해야 할 것이다. 근본적 질문은, 고통에 관한 그리이스인들의 관계, 즉 그 감수성의 정도에 관한 것이다. 즉 그 관계는 변화를 겪었는가 겪지 않았는가? 정말로 그리이스인들의 축제, 오락, 새로운 예식(禮式)들에 관한 점점 증대해가는 욕구는 결핍, 궁핍, 우울, 고통 들에서 자라났단 말인가? 자세히 말해서, 이것이 사실이라고 인정할 때——그리고 페리클레스(혹은 투키디데스)는 대(大)장례식에서의 연설에서 이 사실을 우리에게 알려주고 있다——시간상으로 그 이전에 나타났던 정 반대의 욕구, 즉 〈추(醜)한 것에 대한 욕구〉, 염세주의, 비극적 신화, 삶의 근저에 놓여 있는 모든 공포스러운 것, 악한 것, 불가사의한 것, 파괴적인 것, 운명적인 것들에 대한 욕구는 도대체 어디에서 유래하는 것일까? 어쩌면 〈즐거움〉으로부터, 정력, 과도한 건강, 과도한 풍요로부터 나왔을 것인가? 그러면 비극예술과 희극예술을 만들어내는 저 디오니소스적 광기는 어떤 의미를 띠고 있는 걸까? 어떤가? 광기라는 것이 반드시 퇴화, 몰락, 노쇠한 문화의 징조이기만 한 것이 아니라면? 도대체 〈건강〉으로부터 오는——이것은 정신과 의사에게 묻는 질문이다——노이로제, 청년기에 있는 민속의 젊음에서 오는 노이로제는 없는가? 신과 산양(山羊)이 사티로스의 몸 안에 함께 섞여있다는 것은 무엇을 가리키는가? 어떤 자기 체험과 어떤 충동 때문에 그리이스인들은 디오니소스적 열광자와 디오니소스적 인간원형(人間原形)을 사티로스라고 생각해야 하였을까? 그리고 비극 합창단의 근원에 관해서 말한다면, 풍토병적 광란이라는 것이, 그리이스인들의 육체가 꽃피고, 그리이스 정신이 활기에 가득 차 넘치던 그 수세기 동안에도 있었는가? 제례를 올리기 위해 모여든 군중 전체에 번져나가는 환영

사상에서는 디오니소스적인 것은 격정의 창조적 사용과 고통에도 불구한 삶의 긍정을 의미한다. 말하자면 원래적 의미에 있어서의 디오니소스적인 것과 아폴로적인 것의 통합인 것이다. 그리고 이것은 삶에 대한 기독교적 부정과 격정에 대한 기독교적 배척과는 대조를 이루고 있다. 「우상의 황혼 Götzen-Dämmerung」은 1888년에 씌어겼는데 만년의 괴테의 모습을 소위 디오니소스적이라고 말하고 있다. (「우상의 황혼」 49장)

과 환각이란 있는가? 어떤가, 그리이스인들이 바로 자기네의 청년기의 풍요로움 속에서 비극적인 것〈에로의〉의지를 지니고 있었고 게다가 〈염세주의자〉였다면? 플라톤의 한마디를 빌어, 헬라 땅에 가장 큰 축복을 가져다 준 것이 바로 그 광기였다고 한다면? 그리고 다른 한편으로 거꾸로 말해서, 그리이스인들이 바로 자기네의 해체 및 약화의 시기에 훨씬 더 낙천적이고, 외향적이고, 배우 같고, 논리와 세계의 논리화(論理化)에 몰두하고 있었고, 결국 더욱 〈명랑하고〉〈학문적〉이 되었다고 한다면? 어떤가? 민주주의적 취향의 모든 〈근대적 이념〉과 편견에 거역하여, 낙천주의의 승리가, 점차로 강해져가는 합리성(合理性)이, 공리주의(共利主義)의 이론 및 실제가, 그리고 공리주의와 때를 맞춰 나타난 민주주의 자체까지가 쇠약해가는 정력, 다가오는 노쇠, 생리적 피로의 증상일 수도 있다고 말한다면? 그리고 염세주의 자체가 그런 것이 아니라고 한다면? 에피쿠로스가 바로 고뇌하는 자로서의 낙천주의자였다면?——사람들은 이 책이 안고 있는 것이 어려운 문제들의 커다란 묶음이라는 것을 알 것이다. 우리는 여기에다가 가장 어려운 문제 하나를 덧붙이기로 하자. 삶이라는 관점에서 볼 때 도덕이라는 것은 무엇을 의미하는가……?

5

이미 리하르트 바그너에게 부치는 서문에서 예술은——도덕은 여기서 제외된다——인간의 고유한 〈형이상학적〉행위로 정의된다. 본문 자체 속에서도 세계의 존재가 단지 미적 현상으로서만 〈긍정된다〉는 암시적 문구가 여러번 등장한다. 실제로, 이 책 전체는 모든 현상의 배후에 있는 예술적 의미와 제 이차적 의미에 대해서만 관계하고 있다. 사람들은 원한다면 이 의미를 〈신〉이라 불러도 좋다. 그러나 이 신은 완전히 무모한 성격의 반(反)도덕적 예술신이다. 그는 파괴에 있어서도, 건설에 있어서도, 선과 악 모두에 있어서도 자기의 변함없는 즐거움과 독재권을 만끽하려드는 신이다. 그는 세계를 창조하면서 충실과 〈과잉〉의 〈고뇌〉로부터, 자기 내부에 있는 급박한 대립의 고통으로부터 탈출한다. [4] 단지 가상(假像) 속에서만 자신을 구원할 수 있는, 가장 고통받

---

4) 하이네 Heine가 자기의 「창조의 노래 Schöpfungslieder」속에서 신에게 바치는 말을 참조할 것.「질병은 가장 근본 원인이었읍니다. /나의 창조적 열정과 노력의, /창작하면서, 나는 회복할 수 있었고, /창작하면서, 나는 다시 건강해져 갔읍니다.」

는 자, 가장 분열된 자, 가장 모순에 가득 찬 자들 앞에 있는, 영원히 변전(變轉)하고 영원히 새로와지는 환영으로서의 세계는 매 순간 신의 구원의 실현된 상태인 것이다. 이 모든 예술가의 형이상학을 사람들은 자의적이고, 무의미하고, 환상적이라고 간주할지도 모른다——그러나 여기서 본질적으로 중요한 것은 이미 모든 위험을 무릅쓰고 삶에 대한 도덕적 해석과 도덕적 의미부여에 대항하여 자신을 방어해 왔던 한 정신이 이 예술가의 형이상학에 의하여 그 모습을 드러내게 된다는 점이다. 이 책에서는 아마도 처음으로 「선악을 넘어서」[5]에 놓여 있는 하나의 염세주의가 자신의 도래를 예고하고 있으며, 이보다 앞서 쇼펜하우어가 지칠줄 모르고 분노의 저주와 번갯불을 던져대었던 〈정신태도의 역전(逆轉)〉이 표현되고 정식화(定式化)되어 있다. 이것은 도덕 자체를 현상의 세계 속에 포함시키고 (관념론적 술어의 의미로서의) 〈현상〉 아래로뿐만 아니라 가상, 착각, 착오, 해석, 가식, 인위로서의 〈허구〉 아래로도 끌어내리려 하는 철학이다. 아마도 이러한 반도덕적인 경향의 깊이는 이 책 전체를 통한, 기독교에 대한 사려깊고 적대적인 침묵을 보면 알 수 있을 것이다. 도덕적 주제의 뻔뻔스러운 제안으로서의 기독교, 이것에 인류는 지금까지 귀를 기울여왔던 것이다. 실제로, 이 책에서 가르쳐 주고 있는 바와 같은, 미적(美的) 세계해석과 세계긍정에 대하여 기독교만큼 대립되는 것은 없다. 기독교는 도덕적이기만 할 뿐이며 또한 그렇게만 되고자 한다. 그리고 예를 들면 자기의 절대적 기준을 가지고, 즉 자기네 신의 진실성을 가지고 예술을, 모든 예술을 거짓으로 간주한다. 즉 부정하고, 저주하고, 유죄판결을 내린다는 말이다. 엄격하고자 하는 한 반드시 예술에 대해 적대적이어야 하는 이런 종류의 사고 및 평가방식의 뒤에서 나는 오래 전부터 생의 적대시, 생에 대한 원한 가득 찬 거역을 느꼈다. 왜냐하면 모든 삶은 그쪽 입장에서 볼 때 가상, 기교, 기만, 부분적이라 할 수 있는 관점 및 음모법의 채용과 이에 따르는 필연적 오류를 근거로 하고 있기 때문이다. 기독교는 처음부터 본질적으로 모든 점에 있어서 삶에 밀착된 생활에 대한 구토와 권태인 것이다. 이 구토와 권태는 〈다른〉 혹은 〈더 나은〉 삶에 대한 믿음으로 위장되고 숨겨지고 치장된 것일 뿐이다. 이 〈세계〉를 보다 효과적으로 비방하기 위하여 고안된, 〈세계〉에 대한 증오, 감정에 대한 저주, 아름다움과 관능으로부터의 도주와 허무, 종말, 휴식, 〈안식일 중의 안식일〉에로의 근본적 열망

---

5) 이 제목의 책은 1886년에 출판되었다. 이 해는 「비극의 탄생」의 신판이 이 서문과 함께 출판된 해이기도 하다.

온 도덕적 가치를 통용시키려는, 기독교의 무조건적 의지와 더불어 모두가 〈몰락에의 의지〉[6]의 모든 가능한 형식 중에서 가장 위험하고 가장 불행한 형식으로, 최소한도로 말해서 삶에 있어서의 가장 깊이 든 질병, 피로, 불만, 곤핍, 가난으로 내게는 생각되어지는 것이다. 왜냐하면, 도덕 (특히 기독교적, 즉 무조건적 도덕) 앞에서 삶은, 삶이 본질적으로 비도덕적인 것이기 때문에 늘 필연적으로 부당하게 취급되어야만 하기 때문이다. 결국 삶은 경멸과 영원한 부정의 무게에 짓눌려, 바랄만한 것이 되지 못하는 것으로서, 그 자체가 무가치한 것으로서 느껴지게 되어야만 한다. 도덕 자체는──어떤가? 도덕은 처음부터 끝까지가 삶의 부정에의 의지, 감추어진 파괴본능, 몰락의 원리, 무시의 원리, 비방의 원리라고 한다면? 그리고 결론적으로 위험한 것 중에 가장 위험한 것이라면? ……그래서 도덕에 대항하여 나의 본능은 이 의심스러운 책을 씀으로써 삶의 본능의 옹호자로 전향했고, 손수 삶에 대한 근본적으로 새로운 가르침과 평가, 하나의 순수히 예술적인, 하나의 반기독교적인 가르침과 평가를 이루어 놓았다. 그것을 무어라 부를 것인가? 문헌학자와 언어학자의 신분으로 나는 어느 정도 자의적으로──아무도 반기독교인의 이름을 모르기 때문이다──그리이스 신의 이름으로 그것에 세례를 주었다. 나는 그것을 디오니소스적인 것이라 부른 것이다.

6

내가 전에 이 책을 가지고 어떤 과제를 다루려고 했는가를 알고 있는가? ……나는 지금 당시 내가 모든 점에 있어서 그렇게 독특한 견해와 시도를 독특한 언어로 표현할 용기 혹은 불손을 아직 갖지 못하고 있었다는 점을 몹시 유감스러워한다. 내가 그렇게도 힘들여서 칸트와 쇼펜하우어의 정식(定式)에 따라 칸트와 쇼펜하우어의 사상과 취향에 근본적으로 맞지 않는 새로운 가치평가를 표현해 내고자 했던 것을 말이다. 쇼펜하우어는 비극에 관해서 어떻게 생각했던가? 〈모든 비극적인 감정을 고양(高揚)시키는 특별한 힘을 부여하는 것은〉 그의 『의지와 표상으로서의 세계』 II권, 495면에서 말하고 있다. 「세계와 인생은 아무런 참된 만족도 줄 수 없고, 따라서 세계와 인생은 우리에게 집착할 만한 것

---

6) 슈펭글러 Spengler의 책 제목 『서구의 몰락』에서와 마찬가지 의미이다. 이 책은 니체의 이러한 견해에 결정적으로 영향을 받았다. 슈펭글러 자신은 자기 책의 서문에서 자기가 〈모든 것을〉 괴테와 니체에게서 물려받았다고 고백하고 있다.

이 못된다는 인식의 획득이다. 여기에 비극적 정신의 본질이 있다——그러므로 비극적 정신은 〈체념(諦念)〉으로 향한다.」오, 디오니소스는 얼마나 다르게 말해 주었는가! 오, 당시의 나에게 바로 이 체념주의[7] 전체가 얼마나 거리가 먼 것이었던가! 그러나 이 책에는 쇼펜하우어의 정식으로써 디오니소스적 예감을 애매하게 손상시켜 버렸다는 것보다도 더욱 더 지금 내가 유감스러워하는 몹시 천박한 것이 들어 있다. 즉 내가 내게 열려진 그대로의 웅대한 〈그리이스적 문제〉를 근대적 사태(事態)와 혼합해 버림으로써 문제의 형태를 왜곡시켜 버렸다는 것! 내가 아무 것도 바랄 수 없는 곳, 모든 것이 너무도 명백하게 종말을 향해 있는 곳에 희망을 걸었다는 것! 내가 〈독일의 본질〉이 자신을 발견하고 재인식하기 시작하기나 한 것처럼, 독일의 최근 음악에 토대를 두고 〈독일의 본질〉에 관해서 헛소리를 지껄이기 시작했다는 것! 그리고 그것도, 최근에야 유럽 지배의 의지와 유럽을 이끄는 힘[8]을 가지게 된 독일 정신이 유언을 남기며 〈사라져 버리고〉 제국의 건설이라는 허울좋은 구실 아래 범상화(凡常化)로, 민주주의로, 〈근대이념〉에로 이행해 가버린 바로 그 시기에 그랬던 것이다! 진실로, 그동안 나는 아무런 기대도 지니지 않은 채 엄격하게 이 〈독일의 본질〉에 관하여 십사숙고하게 되었다. 전적으로 낭만주의에 속하며, 모든 예술 형식 중 가장 비그리이스적인 현재의 〈독일 음악〉에 관해서도 마찬가지였다——그리고 이 독일 음악은 신경에 대해서는 제일의 독약이었으며 술마시기 좋아하고 몽롱함을 미덕으로 찬양하는 민족 속에서 발견되는 두 가지의 위험성, 즉 마취와 몽롱의 두 가지 성격을 지니는 하나의 마취제인 것이다. 물론 내가 당시에 나의 처녀작을 망치게 만들었던 현재의 것들에 대한 너무 성급한 희망과 이에 따른 잘못에는 상관없이 이 책 속에 제기되어 있는 디오니소스적 대의문(大疑問)은 음악에 대하여도 적용된다. 즉 독일 음악과는 달리, 이미 낭만적 기원을 갖지 않은 디오니소스적 기원의 음악은 어떤 성질을 지니고 있어야 하는가 라는 의문이다.

7

그러나 니체여, 만일 그대의 책이 낭만주의가 아니라면, 도대체 무엇이 낭만주의인가? 그대의 예술가에 대한 형이상학에 나타나 있는 것

---

7) 니체가 만들어낸 용어. Resignationismus.
8) 이 언급은 괴테의 시대, 즉 독일이 문화적으로는 전성기였고, 정치적으로는 가장 열세에 놓여 있던 시기를 지칭한다. 이 문장 전체는 니체의 〈지배의 의지〉와 〈권력의 의지〉라는 개념을 시사해주고 있다.

이상으로 〈현재〉, 〈현실〉, 〈근대이념〉에 대해서 더 깊은 증오심이 나타날 수 있는 곳이 있을까? 그대의 예술가에 대한 형이상학은 〈현재〉보다는 무(無)를, 악마를 더 잘 믿고 있지 않은가? 그대의 대위법적 발성술과 귀의 현혹술을 총동원하여, 분노와 파괴욕의 기저음(基底音)이 이 책 속에서 으르렁거리고 있지 않은가? 〈현재〉 존재하는 모든 것에 대하여 분노를 터뜨리는 결의, 실천적 허무주의와 거리가 그다지 멀지 않은 하나의 의지가! 그리고 이 의지는 「만일 당신들이 정당하다고 한다면, 만일 당신들의 진실이 정당성을 지니고 있다고 한다면 아예 아무것도 진실인 것은 없노라」라고 말하고 있는 듯하지 않은가? 그대 니체, 나의 염세주의자여, 나의 예술 숭배자여. 귀를 열고 그대의 책 속의 어느 한 대목에 귀를 기울여 보라. 젊은 귀와 가슴에는 유혹적으로 들릴지도 모르는 용(龍) 정벌자에 관한 유창한 대목을 말이다. 어떤가? 그것은 1850년의 염세주의자의 가면을 쓴 1830년의 엄격하고 진정한 낭만주의자의 고백이 아닐까? 이 고백 뒤에서는 이미 낭만주의자의 종곡(終曲)이 울리기 시작한다. 좌절, 붕괴, 낡은 신앙 앞으로의, 그 낡은 신 앞으로의 복귀와 굴복 등이, 어떤가? 그대의 염세주의 저서는 그 자체가 반(反) 그리이스주의와 낭만주의이며, 그 자체가 〈도취시키기도 하며 몽롱하게도 하는 어떤 것〉, 즉 일종의 마취제이지 않은가? 게다가 한 편의 음악, 독일 음악이지 않은가? 그렇다. 독자들이여, 한번 들어보라!

「우리는, 우리의 다음 세대가 대담한 눈초리로 괴물을 향해 영웅적으로 행진하는 것을 상상해 보자. 그리고 완전하고 충실한 가운데서 〈용감히 살아가기〉 위하여 모든 낙천주의의 나약한 원리들에 과감히 등을 돌리는 거룡(巨龍) 정벌자들의 당당한 용감성과 대담한 발걸음을 생각해 보자. 진지함과 두려움에 대한 스스로의 교육을 함에 있어서, 이러한 문화의 비극적 인간이 하나의 새로운 예술, 즉 〈형이상학적 위안의 예술〉, 다시 말해서 그들에게 어울리는 헬레나와도 같은 비극을 열망하여 파우스트처럼

　　나는 그래서는 안 되는가?
　　몹시도 큰 동경이 지니는 힘으로
　　그 오직 하나뿐인 여인을
　　소생시켜서는?

하고 소리쳐야 한다는 것은 〈어쩔 수 없는 일이 아닌가?〉」(본문18절)
　〈그것은 어쩔 수 없는 일이 아닌가〉라고? 아니다. 재삼 아닌 것이다! 그대들 젊은 낭만주의자들이여, 그것은 어쩔 수 없는 일이어서는

〈안 된다〉. 그러나 사태가 그렇게 끝난다는 것, 즉 〈그대들이〉 그렇게 위에 적혀 있는 것처럼 〈위로되어〉, 〈형이상학적으로 위로되어〉, 요컨대 낭만주의자들처럼 〈기독교적으로〉 끝나버린다는 것은 몹시 있을 법한 일이다. 그러나 그래서는 안 된다. 그대들은 우선 차안(此岸)의 위로의 예술부터 배워야 한다. 그대들이 전적으로 염세주의자로 남아 있기를 원한다면, 나의 젊은 친구들이여, 그대들은 웃음을 배워야 한다. 그러면 아마도 그대들은 웃는 자로서 그후 곧 언젠가 한번은 모든 형이상학적 위로 나부랭이들을 악마에게나 던져 주게 되고 특히 제일 먼저 형이상학을 던져 주게 될 것이다. 또는 〈짜라투스트라〉라고 불리우는, 저 디오니소스적인 괴인의 입을 빌어 말하면,

「내 형제들이여, 그대들의 가슴을 펴라. 활짝, 더 활짝! 그리고 다리도 잊지 마라! 너희들의 다리도 들어 올리려무나, 그대들 훌륭한 무용가여, 그대들이 물구나무를 선다면 더욱 좋으리라!

웃는 자의 이 왕관, 장미꽃으로 엮은 이 왕관, 나는 스스로 이 왕관을 머리에 썼노라. 그리고 나 자신이 내 웃음을 신성한 것이라고 말하노라. 그렇게 해 줄 만큼 충분히 강한 자를 나는 아직 타인들 중에서 발견하지 못했기 때문이다.

무용가 짜라투스트라, 날개로 신호하는 가벼운 자 짜라투스트라, 모든 새들을 이끌고 날아오를 준비가 끝난 비행사, 축복받은 가벼운 자.

예언자 짜라투스트라, 진정으로 웃는 자 짜라투스트라, 조바심 없는 비(非)절대자, 높이뛰기와 넓이뛰기를 좋아하는 자, 나 스스로 이 왕관을 썼노라!

웃는 자의 이 왕관, 장미꽃으로 엮은 이 왕관, 내 형제들이여, 나는 이 왕관을 그대들에게 던져주노라! 나는 웃음을 신성하다고 하노라, 그대들 높은 인간들이여, 내게 배울지어다――웃음을!」

「짜라투스트라는 이렇게 말했다」 제4부[9]

---

9) 〈보다 높은 인간〉 17—20절(節). 니체가 일부를 생략해서 인용함.

음악정신으로부터의 비극의 탄생

——리하르트 바그너에게 바치는 서문

이 저서 속에 통합되어 있는 사상이, 독특한 성격의 우리 심미적 대중(審美的大衆)에게 불러일으킬지도 모르는 모든 언짢은 일, 흥분, 오해 등을 내 염두에서 멀리 떼놓기 위하여, 그리고 훌륭하고 감격적인 순간 순간의 화석(化石)처럼 그 책의 한장 한장마다에 그 흔적을 남기고 있는 명상적 환희를 그대로 지닌 채, 이 책의 머릿말을 써내기 위하여 나는 나의 무척 존경하는 벗인 당신이 이 책을 받아보실 순간을 마음 속에 떠올리고 있읍니다. 당신이 아마도 겨울눈 속의 저녁 산책이 끝난 후 책 표지 위의, 쇠사슬에서 풀려난 프로메테우스를 보고, 내 이름을 읽고 그리고 곧 이 책에 무엇이 씌어 있던 간에 저자는 진지하고 절실한 것을 말하려고 하였다는 확신을 갖게 되며, 동시에 저자가 생각해 낸 모든 것은 마치 당신과 서로 면전에 있는 것처럼 대화하여 단지 이 대화에 해당하는 것만을 적어 넣은 것이라고 생각하게 되는 그 순간을 말입니다. 당신은 이때 내가 당신의 베에토벤에 관한 훌륭한 논문이 나왔던 것과 때를 같이하여, 즉 때마침 터졌던 두려움과 흥분의 와중 속에서 이 사상에 몰두하고 있었다는 점을 상기하게 될 것입니다. 그러나 이러한 몰두에 관련하여 애국적 정열과 미적 탐닉 사이의 대립, 진지한 용기와 명랑한 유희 사이의 대립을 생각해 보는 사람은 잘못 생각한 것일 겝니다. 오히려 그 사람들은 이 글을 실제로 읽어 보면 우리가 얼마나 진지하고 독일적인 문제를 취급하고 있는가를 명백히 알고 놀랄는지도 모르겠읍니다. 이 문제를 던짐으로써 우리는 진정 처음으로, 독일이 품고 있는 희망의 한 가운데에 하나의 소용돌이, 하나의 전기(轉機)를 불러일으킨 것이니까요. 그러나 그들이 예술 속에서 〈삶의 진지함)에 대한 하나의 재미있는 첨가물 또는 아마 없어도 무방할 요란한 방울소리 이상의 무엇을 인식해 낼 능력이 없다고 한다면, 바로 이런 사람들에게는 미적 문제를 그렇게 진지하게 다룬다는 것이 대체로 불쾌하게 여겨질 것입니다. 마치 그런 〈삶의 진지함〉에 대한 이러한 대조가 얼마나 중요한 것인지에 대해 아무도 모르는 것 같은 경우에 말입니다. 내가 예술에 관하여 그것이 이 삶의 최고의 과제이며 당신이 사용하는 의미에 있어서의 진정한 형이상학적 행위이다 라고 확신하고 있다는 사실은 이러한 진지한 독자들을 계몽하는 데 도움이 될 것입니다. 이러한 길에 있어서의 나보다 앞서 나가는 투사(鬪士)인 당신에게 이제 나는 이 책을 헌정하고자 하는 바입니다.

1871년 말, 바젤에서

비극의 탄생

1

예술의 발전은 〈아폴로적인 것〉과 〈디오니소스적인 것〉의 이중성과 관련이 있다. 이는 마치 생식(生殖)이라는 것이 부단한 싸움 속에서도 단지 주기적으로 화합하는 남녀 양성(兩性)에 의존되어 있는 것과 같다. 우리가 이 점을 단지 논리적 통찰로서뿐만이 아니라 직접적으로 확실한 직관에 의해 알게 된다면, 이는 미학(美學)을 위하여 큰 소득이 될 것이다. 위의 명칭을 우리는 그리이스인에게서 빌린 것이다. 그리이스인들은 자기들의 예술관의 심오하고 신비한 가르침을 비록 개념적으로는 아니라 할지라도 그들의 신(神)의 세계의 몹시도 명료한 형상(形象)을 통하여 통찰력 있는 이에게 알려주고 있다. 그리이스 세계에서는 아폴로적 인간인 조각가의 예술과 디오니소스의 예술인 비(非) 조형적 음악예술이 그 기원과 그 목적에 있어서 커다랗게 대립하고 있다는 우리의 인식은 그들의 두 예술 신 아폴로와 디오니소스에 결부되어 있다. 두 개의 몹시 상이한 충동은 대체로 공공연히 대립된 채 서로서로 보다 힘찬 재탄생을 유발시키며 공존해 간다. 그렇게 〈예술〉이라는 공통의 단어만이 외견상으로 연결시켜주고 있는 그 대립적 충동의 투쟁은 지속된다. 그러다가 마침내 그리이스적 〈의지(意志)〉의 어떤 형이상학적인 기적을 통하여 그들은 결혼하여 나타나고 이 결혼 속에서 디오니소스적이기도 하고 아폴로적이기도 한 아티카 비극이 형성되는 것이다.

그 두 충동에 더욱 근접해 가기 위해서 우리는 그것들을 우선 〈꿈〉과 〈도취〉라는 상호 분리된 예술 영역으로 간주해 보자. 이 두 생리학적 현상들 사이에는 아폴로적인 것과 디오니소스적인 것 사이에서와 같은 대립이 존재한다. 루크레티우스 Lukretius의 생각에 의하면 인간의 영혼

37

앞에 장려(壯麗)한 신들의 모습이 처음으로 나타났던 것은 꿈 속에서였다. 위대한 조각가는 꿈 속에서 초인적 존재의 매혹적인 신체 구조를 보았다. 그리고 그리이스의 시인은 시적 창조의 비밀에 대해 질문을 받는다면 똑같이 꿈을 염두에 두고 비슷한 가르침을 주었을 것이다. 이는 한스 작스 Hans Sachs가 직장시인(職場詩人)이란 노래 속에서 말한 바와 같다.

　　친구여, 자기의 꿈을 해몽하여 적어두는 것,
　　바로 그것이 시인의 일이로다.
　　믿을지어다, 인간의 가장 진실된 상념(想念)은
　　꿈 속에서 나타난다는 것을.
　　모든 노래와 시는
　　진실의 꿈의 해석에 불과한 것을.

　　모든 인간이 완전한 예술가처럼 만들어내는 꿈의 세계의 아름다운 가상[1]은 모든 조형예술의 전제이며, 우리가 앞으로 보게 될 것처럼 물론, 역시 문학의 절반을 차지하는 연극의 전제이기도 하다. 우리는 꿈 속에서 직접적으로 형상들을 이해한다. 모든 형태들이 우리에게 말을 걸어온다. 거기에는 있으나 없으나 마찬가지인 것과 불필요한 것은 하나도 없다. 그러나 우리는 이 꿈 속의 현실의 최상의 삶 속에서 이것이 〈가상〉이라는 어렴풋한 느낌을 받기도 한다. 최소한 나의 체험은 그렇다. 이런 일이 자주 일어난다는 것, 즉 이것이 정상이라는 것을 증명하기 위하여 나는 수많은 증거와 시인들의 말을 제시할 수도 있다. 게다가 철학적 인간은, 우리가 존재하며 생활하는 이 현실의 밑에는 또 하나의 완전히 다른 현실이 놓여 있다는 예감을 갖고 있다. 즉 이 현실도 하나의 가상이라는 예감 말이다. 그리고 쇼펜하우어는 한 사람이 인간과 만물을 단순한 허깨비나 환영으로 떠올리는 능력 자체를 철학적 소양인 것으로 말하고 있다. 철학자가 삶의 현실을 이렇게 대하는 것처럼 예술적으로 민감한 인간은 꿈의 현실을 그렇게 대한다. 그는 꿈의 현실을 자세하게 기꺼이 관찰한다. 왜냐하면 이런 형상들에 근거하여 그는 자기 삶을 해석하고 이러한 과정 속에서 그는 삶의 수련을 쌓기 때문이다. 그가 저 모든 것이 명확한 꿈 속 상태 속에서 체험하는 것은 단지 마음에

---

　　1) 가상이란 이 책에서는 때로는 〈환영(幻影 Illusion)〉을 의미하기도 하고 때로는 〈단순한 겉모습〉을 의미하기도 한다.

들고 친근한 것들만은 아니다. 음울한 것, 슬픈 것, 암담한 것, 뜻밖의 장애, 우연한 놀림, 불안한 예감, 요컨대 삶의 〈신곡(神曲)〉 전체가 〈지옥편〉과 함께 그의 곁을 스쳐지나가는 것이다. 그러나 그것은 그림자 놀이처럼 스쳐지나가지는 않는다. 그는 그 장면들 속에서 함께 살고 함께 괴로와하기 때문이다. 그리고 여기서도 또한 가상이라는 어렴풋한 느낌이 어느 정도 존재한다. 그리고 많은 사람들은 나처럼 꿈 속의 위험하고 두려운 순간에 기운을 내려고 〈이건 꿈이야! 이 꿈을 더 꾸어 보자!〉하고 소리쳐서 성과를 거둔 적이 있음을 기억할 것이다. 나는 또한 삼 사일 밤을 연속해서 한가지 꿈을 나누어 꾼 사람의 이야기를 듣기도 했다. 이상은 우리의 가장 깊은 본질, 우리들 모두의 공통된 기반이 꿈을 경험할 때 필연적으로 깊은 쾌감과 기쁨을 느낀다는 것을 입증해 주는 사실이다.

꿈의 체험의 이러한 즐거운 필연성은 역시 그리이스인들에 의하여 그들의 아폴로 신 속에 표현되어졌다. 모든 조형력의 신으로서의 아폴로는 동시에 예언의 신이다. 그 어원(語源)에 따른다면 〈빛나는 자〉, 즉 빛의 신인 그는 내면의 환상세계의 아름다운 가상까지도 지배한다. 부분적으로만 이해되는 대낮의 현실과 대비되어지는 꿈 속 상태의 보다 높은 진리성, 완전성! 그렇다면 잠과 꿈 속에서 도와주고 어루만져 주는 자연에 관하여 깊게 의식하다는 것은 예언의 능력에 대한 하나의 상징이며, 삶을 가능하고 가치있는 것으로 만들어주는 기술의 상징이기도 한 것이다. 그러나 꿈 속의 모습이 병적으로 작용하지 않기 위하여, 넘어서지 말아야 하는 저 섬세한 한계선도 역시 아폴로의 모습에서 결여되지 말아야 한다. 그렇지 않으면 엉성한 현실로서의 가상은 우리를 속이게 될 것이기 때문이다. 이 모습이란 적절한 한정, 광폭한 격정으로부터의 자유, 조형의 신의 저 지혜로운 평정이다. 그의 눈은, 그의 기원에 걸맞게 〈태양다와야〉 한다. 그가 화난 눈으로 쳐다볼 때에도 아름다운 가상의 장중함은 그에게 서리어 있는 것이다. 그리고 쇼펜하우어가 마야[2]의 면사포에 사로잡힌 사람들에 대하여 (『의지와 표상으로서의 세계』 I, 416면) 한 말은 아폴로에 대해서도, 약간 다른 의미에서이기는 하지만 적용된다. 「끝없이 펼쳐진 채 포효하며 산악 같은 파도를 올렸다 내렸다 하는 광란의 바다 위에서, 하나의 조각배 위에 그 허약한 배를 크게 믿으며 한 뱃사람이 앉아 있는 것처럼, 고통의 세계 한가운데에 개개의 인간들은 〈개별화의 원리 principium individuationis〉

─────────
2) 보통 환영(幻影)으로 번역되는 산스크리트 어(語)

롤 믿고 의지하며 고요히 앉아 있다. 」 그렇다. 그 〈원리〉에 대한 혼들리지 않는 신념과 그 원리에 사로잡혀 있는 자의 조용한 앉음새가 아폴로의 모습 속에 최고로 표현되어 있다고 아폴로에 관해 말할 수 있을 것이다. 그리고 사람들은 스스로 아폴로를 개별화의 원리의 장려한 신상(神像)이라고 불러도 좋은 것이다. 그의 아름다움과 더불어 〈가상〉의 모든 즐거움과 지혜가 그의 태도와 눈매를 통하여 우리에게 말을 걸 것이다.

같은 부분에서 쇼펜하우어는 근거의 원리가 자신의 여러 형태 중 어느 하나에서 예외를 인정해야 하는 듯이 보임으로 인하여 인간이 갑자기 현상의 인식방법에 있어서 혼란을 일으킬 때 그에게 닥쳐오는 엄청난 〈공포〉를 묘사하고 있다. 우리가 〈개별화의 원리〉가 이런 식으로 깨졌을 때 인간의 가장 깊은 근저로부터, 즉 바로 자연으로부터 솟구쳐 나오는 즐거움에 넘친 황홀감을 이 공포에 덧붙여 본다면, 우리는 디오니소스적인 것의 본질을 엿볼 수 있다. 이 본질을 우리는 다음에 다시 〈도취〉의 유추를 통하여 다루고자 한다. 모든 원시인이나 원시 민족이 그들의 찬가에서 말하고 있는 마취적 음료의 영향을 통하여, 혹은 모든 자연을 흥겹게 관통하는 봄의 힘찬 접근의 때에, 저 디오니소스적 격정이 눈뜨게 된다. 이 격정이 고조되면서 주관적인 것은 완전한 자아망각으로 변모한다. 독일 중세에도 동일한 디오니소스적 힘에 감염되어, 점점 늘어가는 군중들이 노래를 부르고 춤추며 이곳 저곳으로 휩쓸려 다니는 일이 흔했다. 성(聖) 요한 제(祭)나 성 화이트 제에 난무하는 이 군중에서 우리는 그리이스인의 바커스 제의 합창단의 면모를 볼 수 있다. 소아시아와 바빌론에서의 축제 그리고 열광적인 사카이엔[3]에 까지 거슬러 올라가는 그 전단계 축제에서도 그 모습이 보인다. 체험의 결여, 혹은 둔감 때문에 〈민족병〉으로서의 그런 현상들에 대하여 자기가 건강하다고 생각하면서 그들을 조소하거나 동정하고 등을 돌리는 사람이 있다. 그 불쌍한 사람들은 물론, 디오니소스적 열광자들의 번쩍이는 생명이 그들 곁을 스치며 지나갈 때 자기들의 이러한 〈건강성〉이 얼마나 시체 같고 유령같이 보이게 되는가 하는 것을 느끼지 못한다.

디오니소스적인 것의 마력 하에서는 인간과 인간 사이의 결합이 다시

---

3) 바빌론의 축제. 5일 동안 계속되며 전반적인 방종이 그 특징을 이룬다. 이 기간 동안에는 노예들이 자기 주인을 다스렸다고 전해지며, 또한 범죄자는 축제가 끝나서 자기가 사형(死刑)당하기 전까지의 축제 기간 동안에 왕권을 수여받았다고 한다.

이루어질 뿐만 아니라 소외되고, 대립되고, 억압된 자연이 자기의 잃어버린 탕아(蕩兒)인 인간과 다시금 화해의 제전(祭典)을 축하하게 된다. 대지는 자기의 선물들을 보내고 암벽과 황야의 맹수들은 온순히 다가온다. 디오니소스의 수레는 꽃과 꽃다발로 지붕을 엮고 그 멍에를 끼고 표범과 호랑이가 걸어간다. 베에토벤의 『환희의 송가』를 한폭의 그림으로 바꾸어 보라. 수백만의 사람들이 두려움에 가득 차 먼지 속에 엎드릴 때, 상상력을 버리지 말고 움츠러들지 말아보라. 그러면 디오소스적인 것이 싹터 나올 것이다. 이제 노예는 자유민이다. 이제 곤궁과 자의(恣意)와 뻔뻔한 작태(作態)[4]들이 인간들 사이에 심어놓은, 완강한 적대적 거리를 모두가 청산해 버린다. 이제 우주조화의 복음 속에서 각자는 자기 이웃과 결합되고 화해하며 융합되어 있는 것을 느끼는 것뿐만 아니라, 마치 마야의 면사포가 갈래갈래 찢어져 신비로운 근원적 일체 앞에서 펄럭이고 있는 것 같은 모습을 보게 되는 것이다. 노래하고 춤추며 인간은 스스로가 보다 높은 공동체의 일원임을 표명하고, 걷는 것도 말하는 법도 잊어버린 채 춤추며 허공으로 날아오르려 한다. 그가 마법에 감염된 것이 그의 몸짓에 나타난다. 이제 짐승이 말을 하고 대지는 젖과 꿀을 흘리는 것처럼 인간으로부터도 초자연적인 것의 소리가 울려 퍼진다. 그는 자기를 신으로 느끼며, 그가 꿈 속에서 신들이 산책하는 것을 본 것처럼 그도 스스로 감격하여 황홀하게 헤매다닌다. 인간은 더 이상 예술가가 아니며, 그는 예술품이 되어버린 것이다. 근원적 일체의 최고의 환희의 만족을 주기 위하여, 전체 자연의 예술적 힘은 도취의 소나기 아래에 자신의 모습을 계시한다. 가장 값진 대리석이 이제 끌에 쪼여 세워지고 디오니소스적 우주예술가(宇宙藝術家)의 끌 소리에 맞추어 가장 고귀한 음조가 울려퍼진다. 인간은 엘레우시스의 밀의(密儀)의 외침을 발하는 것이다. 「수백만의 사람들이여, 그대들은 무릎을 꿇는가? 세계여, 너는 창조주를 예감하는가?」[5]

2

우리는 지금까지 아폴로적인 것과, 이의 대립물인 디오니소스적인 것을 예술적 힘으로 고찰해 왔다. 이 힘은 자연 자체로부터, 인간 예술가의 손을 거치지 않고 솟아나오는 것이며 이 힘 속에서 자연의 예술충동

---

4) 프리드리히 쉴러 Friedrich Schiller의 송가(頌歌) 「환희에 붙임 *An die Freude*」에서의 인유(引喩), 베에토벤의 제 9 번 교향곡의 마무리 동기 finales Motiv로 사용되었다.
5) 쉴러의 송가로부터의 인용.

이 처음으로 그리고 직접적으로 충족되어진다. 한번은 꿈의 형상세계 로서, 이 세계의 완전성은 개개인의 지성의 높이나 예술적 교양과는 아 무 상관이 없다. 또 한번은 도취적 현실로서, 이것은 개개인을 중시하 지 않으며, 오히려 개인을 말소시키고 신화적(神話的) 일체감 속에서 해 체시켜 버리려고까지 한다. 자연의 이러한 직접적인 예술상태들에 대하 여, 모든 예술가들은 〈모방자〉인 것이고, 그것도 아폴로적인 꿈의 예술 가, 디오니소스적인 도취의 예술가, 마지막으로——예를 들어 그리이스 비극에서처럼——도취와 꿈의 예술가의 셋 중의 하나에 불과하다. 우리 는 이 세번째 예술가를 다음과 같은 상태로 생각해야 할 것이다. 그는 디오니소스적 도취와 신비스러운 자기 포기의 상태 속에서, 열광하는 합창단으로부터 동떨어져, 홀로 쓰러진다. 그리고 이제 아폴로적 꿈의 영향에 의하여 자기의 독특한 상태가, 즉 세계의 가장 깊은 근저와 자 기와의 합치(合致)가 〈비유적인 꿈의 형상들 속에서〉 그에게 나타나게 된다.

이러한 일반적 전제들과 대조점들을 염두에 두고 이제 우리는 그리이 스인들에게 접근하여 어느 정도로, 어떤 수준까지 저 〈자연의 예술충동〉 이 그들에게서 전개되었는가를 알아 보자. 이를 앎으로써 우리는 그리 이스 예술가들의 자기네 원형(原形)에 대한 관계를, 즉 아리스토텔레 스가 표현한 바 〈자연의 모방〉을 더 깊이 이해하고 더 깊이 평가할 수 있는 상태에 들어서게 되기 때문이다. 그리이스인들의 〈꿈〉에 관해서는 우리는 그리이스인들의 꿈에 관한 수많은 문헌과 일화가 있음에도 불구 하고 추측에 의해서만 이야기할 수밖에 없다. 그러나 이는 그래도 제 법 확실한 이야기일 것이다. 믿기 어려울 정도로 명확하고 확실한, 그 들의 눈의 조형능력과 그들의 밝고 정당한 색체감각을 생각한다면, 후 대(後代)의 사람들은 부끄러워해야 할 일이지만, 우리는 그리이스인들의 꿈에도 선과 윤곽, 색체와 배열의 논리적 인과성(因果性)이, 그들의 최 고의 부조(浮彫) 작품과 유사한 장면의 연속이 있었음을 받아들이지 않을 수 없게 된다. 만일, 꿈꾸는 그리이스인을 호메로스라고 하고, 호메로 스를 꿈꾸는 그리이스인이라고 하는 비유가 가능하다고 한다면, 이 인 과성과 장면 연속의 완전함은 우리에게 납득되어질 것이다. 이것은 우 리 근대인들이 우리의 꿈을 생각해보고 나서 우리 자신을 셰익스피어에 비유하는 것보다 훨씬 더 깊은 의미에서 그러하다.

한편, 〈디오니소스적 그리이스인〉과 디오니소스적 야만인을 구별해 주 는 커다란 차이를 발견해내고자 할 때에는 우리는 추측에 의해서만 말할 필요는 없다. 로마에서 바빌론에 이르는, 고대세계의 어떤 변두리 지역에서도 우리는 디오니소스적 축제가 있었음을 증명할 수 있다. 이 축제의 전형(典型)과 그리이스인의 축제의 전형과의 관계는 기껏해야, 뿔달리고 수염 난 사티로스와 디오니소스의 관계와 같다. 거의 모든 곳에서, 이 축제의 핵심은 과도한 성(性)적 방종이었고, 이것은 모든 가족 제도를 휩쓸고 가족 제도의 신성한 법규도 떠내려 보냈다. 바로 자연의 가장 난폭한 야수적 속성이 여기서 풀려나와 음욕과 잔인의 저 소름끼치는 혼합이 이루어진 것이다. 이 혼합은 내게는 늘 〈마녀의 손〉 자체로 보인다. 그 축제의 열광적 흥분에 대한 풍문은 모든 육로와 해로를 통해 그리이스인들에게 밀려 왔는데 그리이스인들은 그곳에 대단한 긍지를 가지고 우뚝 서 있는 아폴로의 모습에 의하여 오랜 기간 동안 그 격정에 대하여 완전히 보호되고 안전하게 되었던 듯하다. 아폴로는 메두사의 머리를 방패삼아 이 기괴하고 거대한 디오니소스적 힘을 호각지세(互角之勢)로 막아낸 것이다. 이 위풍당당하게 저항하는 아폴로의 태도가 영원히 표현되어 있는 것은 바로 도리아 예술이다. 그러나 그리이스적인 것의 가장 깊은 근원으로부터 비슷한 충동이 솟구쳐 나오기 시작하자 아폴로의 저항은 못미더워져 버렸고 급기야 불가능하게 되어 버렸다. 이제 델포이의 신이 할 일은 적당한 시기에 화해를 함으로써 그 괴력(怪力)의 상대방으로부터 파괴적 무기만을 빼앗아버리는 것이 고작이었다. 이 화해의 순간이야말로 그리이스의 제전의 역사에 있어서 가장 중요한 순간이다. 우리가 어디를 살펴 보아도 이 사건의 영향을 알아볼 수 있는 것이다. 두 적수의 화해는 그때부터는 더이상 넘어서지 말아야 하는 경계선을 예리하게 긋고 주기적으로 공물(貢物)을 교환한다는 화해였다. 근본적으로 둘 사이의 간격은 좁혀진 것이 아니었다. 그러나 우리가 저 평화협정의 압력 하에서 디오니소스적 힘이 어떤 식으로 자기 모습을 드러내는가를 관찰한다면, 우리는 이제 그리이스인의 주신제(酒神祭)에서 세계구원의 축제와 광명의 날이 지니는 의미를, 저 바빌로니아의 사카이엔 족의 인간이 호랑이나 원숭이로 타락해 버리는 것과 비교하여 알아낼 수 있다. 그 축제일에 비로소 자연은 예술적 환희에 도달하여 〈개별화의 원리〉의 파기(破棄)가 예술적 현상이 된다. 음욕과 잔인으로 이루어진 저 소름끼치는 마녀의 술은 이제 그 효능을 잃는다. 디오니소스적 열광자의 정념 속의 야릇한 혼합과 이중성만이 마녀의 술을 상기시킨다. 마치 약이 치명적인 독을 상기시키는 것처럼, 이러한 현상이 바로 고통이 쾌락을 불러일으키고,

환희가 가슴으로부터 고통에 가득 찬 소리를 자아낸다는 현상이다. 경악의 외침이, 혹은 보상받을 길이 없는 상실(喪失)을 애닯아하는 탄식의 소리가 최고의 환희로부터 울려 나온다. 마치 자연이 개체들로 분할되는 것에 대해 스스로 탄식하는 것처럼, 저 그리이스의 축제에서는 자연의 감상적[6] 측면이 돋아나오는 것이다. 그러한 이중의 기분을 지닌 도취자의 노래소리와 몸짓 언어는 호메로스적 그리이스 세계에서는 새로운 것이었고 듣지도 보지도 못한 것이었다. 그리고 특히 디오니소스적 〈음악〉은 그들에게 공포와 전율을 불러일으켰다. 음악이 전에 아폴로적 예술인 것처럼 알려져 있었지만, 그것은 엄밀히 말하면 리듬의 물결에 지나지 않으며, 아폴로적 상태를 표현하기 위해 음악의 조형적 힘이 전개된 것에 불과했다. 아폴로의 음악은 도리스적 양식에 의한 음조의 구성이었고 그 음조는 칠현금(七絃琴 Kithara)의 특징인 암시적 음조이었다. 디오니소스적 음악과 음악 일반의 성격을 이루고 있는 요소는, 즉 마음을 흔드는 음조의 힘, 멜로디 Melos의 통일적 흐름, 그리고 비길 데 없는 화음의 세계 등은 비(非) 아폴로적인 것이라 해서 아폴로적 음악에 의해 조심스럽게 배척당하고 있었다. 그런데 디오니소스 찬가 Dithyrambus를 부르면 인간은 자기의 모든 상징능력을 최고로 발휘하도록 자극받는다. 한번도 느껴보지 못했던 것이 표현되고자 광란한다. 마야의 면사포가 사라지는 순간이며, 종족의, 즉 자연의 원래적 통일이 이루어지는 순간이다. 이제 자연의 본질은 상징적으로 표현되어져야 한다. 상징의 새로운 세계가 필요하다. 우선 입술과, 얼굴과, 말의 상징뿐만 아니라 신체의 모든 부분을 율동적으로 움직이는 춤추는 몸짓 까지를 포함한, 온몸을 사용하는 상징법이 ! 그리고 나서 다른 종류의 상징력이, 즉 리듬과 강약(强弱)과 화음을 통한 음악의 상징력이 급격히 솟구쳐 오른다. 모든 상징적 능력을 완전히 발휘하기 위하여 사람은 이미 자기 포기의 단계에 이르러 있지 않으면 안 된다. 모든 상징능력 속에서 이 자기 포기가 자신을 상징적으로 표현하려 하기 때문이다. 따라서 주신찬가를 부르는 디오니소스 숭배자를 이해할 자는 그의 동류(同類)뿐이다 ! 아폴로적 그리이스인은 얼마나 놀란 눈으로 그들을 바라보았던가 ! 이 놀라움은, 그 모든 것이 원래 자기와는 동떨어져 있던 것이 아니었고, 자기의 아폴로적 의식은 단지 하나의 베일처럼 이 디오니소스적 세계를 은폐하고 있을 뿐이라는 두려움이 가중될 때 더욱 더 커지는 것이다.

---

6) sentimentalisch. 쉴러가 소박(素朴 naiv) 문학(괴테의)과 자신의 감상 문학을 대조시킨 것에서 풀어 옴.

3

이것을 이해하기 위하여 우리는 〈아폴로적 문화〉의 저 정교한 건축물을 말하자면 돌 하나 하나를 검토하고, 그 건물을 받치고 있던 토대를 살펴보아야 한다. 우선 우리 눈에 띄는 것은 건물의 꼭대기에 서 있는 〈올림푸스〉신들의 장려한 모습이다. 그들의 동작은 뛰어난 부조(浮彫)에 조각되어 그 건물의 프리이즈를 장식하고 있다. 아폴로가 다른 신들과 나란히 있는 하나의 신으로서, 제 일인자의 지위를 요구하지 않은 채 다른 신들과 함께 서 있다고 하더라도 우리는 이를 보고 잘못 생각해서는 안 된다. 아폴로 속에 구체화되어 있는 그 충동이야말로 저 올림푸스 세계 전체를 탄생시켰으며, 이러한 의미에서 아폴로는 우리에게 올림푸스 세계의 아버지라고 생각되어져야 한다. 올림푸스 신들의 그처럼 빛나는 사회를 낳게 한 거대한 욕구는 무엇이었을까?

여타의 종교를 믿으며 이 올림푸스 신들에게 접근해서 도덕적 숭고, 즉 성스러움이나 육체를 벗어나 정신화(化)된 것, 혹은 자비에 가득 찬 사랑의 눈길 등을 찾으려는 사람은 불쾌해지고 실망하여 그들에게서 곧 등을 돌리게 될 것이다. 여기에는 금욕이나 정신적인 것, 의무 등을 상기시키는 것은 없다. 여기에는 거만하고 의기양양하기조차 한 존재만이 우리 앞에 서 있다. 이 존재 속에 들어 있는 모든 것은 그것의 선악에 상관없이 모두 신격화되어 있다. 그러므로 이를 보는 관찰자는 깜짝 놀라서 이러한 있을 법하지도 않은 삶의 충일(充溢) 앞에 서서 물을 것이다. 도대체 어떤 마법의 술을 마셨길래 이 거만한 자들은, 그들이 어느 쪽으로 고개를 돌리든, 그들 자신의 존재의 이상적 모습인 헬레네가 〈달콤한 관능 속에 떠돌며〉그들에게 미소로 응답하는 것을 볼 수 있을 정도로 삶을 향락할 수 있었을까 라고. 그러나 이미 등을 돌린 이 관찰자에게 우리는 다음과 같이 외쳐야 한다. 「그 자리에서 떠나지 말게. 여기서 도시 설명할 수 없이 명랑하게 자네 앞에 펼쳐져 있는 그 삶에 관하여 그리이스인들의 민족적 지혜가 말해 주는 것을 듣게나.」오랜 전설이 있다. 미다스 왕은 오랫 동안 디오니소스의 시종인 현자(賢者) 실렌을 숲 속에서 사냥했으나 그를 잡지 못했다. 왕이 마침내 그를 수중에 넣었을 때 왕은 물었다. 인간에게 가장 좋은 것, 가장 훌륭한 것은 무엇인가고. 그 마신(魔神)은 꼼짝도 않으며 입을 다물고 있었다. 그러다가 왕이 강제로 묻자 마침내 껄껄 웃으며 대답하였다. 「가련한 하루살이여, 우연의 자식이여, 고통의 자식이여, 너는 내게서 무엇을 들으려 하는가? 그것을 듣지 않는 것이 그대에게 가장 복된 것임을 모르는가? 최상의 것은 자네가 도저히 얻을 수 없는 것이네. 태어나지 않는 것이며, 존재하지 않는 것이며 아무것도 아닌 것이네. 그러나 그대에게 차선(次善)의 것이 있다면, 그것은 곧 죽어버리는 것이네.」[7]

이러한 민족적 지혜와 올림푸스 신들의 세계는 도대체 어떤 관계를 가지고 있었을까? 그것은 고문받는 순교자의 황홀한 환상과 그의 고통과의 관계와 같다. 이제 우리 앞에 올림푸스 마산(魔山)[8]이 나타나 자기의 유래를 알려줄 차례다. 그리이스인들은 삶의 공포와 전율을 알고 있었고 느낄 수 있었다. 요컨대 살기 위하여 그들은 올림푸스라는 꿈의 산물을 만들어내어야 했다. 자연의 거대한 힘에 대한 크나큰 저 불신, 모든 인식을 무참히 짓밟아버리는 저 운명의 여신 모이라 Moira, 위대한 인간의 친구 프로메테우스를 공격하는 저 독수리, 현명한 오이디푸스의 저 무서운 운명, 오레스트가 어머니를 살해하게 만든, 아트레우스 일가에 대한 저주, 요컨대 우울한 에트루리아인들을 파멸에 빠뜨린, 숲의 신의 철학 전체와 에트루리아인들의 신화 속의 여러 사례들, 이 모든 것들은 올림푸스신들이라는 저 예술적 중간세계를 통하여 그리이스인들에 의해서, 계속 새로이 극복되어지고 매번 은폐되고 시야에서 사라져버리게 되었던 것이다. 살기 위하여 그리이스인들은 이 신들을 커다란 필요에 의해서 만들어낸 것이다. 그 과정을 우리는 물론 다음처럼 생각해야 한다. 원래의 거대한, 공포적 신의 질서가 저 아폴로적 미(美)의 충동에 의하여 서서히 변화를 겪으면서 올림푸스의 환희의 신의 질서로 변해갔다. 마치 장미꽃이 가시덤불에서 생겨나는 것처럼. 만일 그렇지 않고 삶이라는 것이 드높은 영광에 휩싸여 그리이스인들의 신들 속에 표현되어 그들에게 나타나지 않았다고 한다면, 그렇게 민감하고 그렇게 욕망이 강하며 고통스러워하는 능력만을 갖춘 그 민족이 삶을 견뎌낼 수 있었겠는가. 더 오래 살고 싶게 만드는 삶의 보충과 완성으로서의 예술을 불러일으킨 그 충동이 올림푸스 세계를 탄생시킨 것이다. 이 세계는 그리이스적 〈의지〉 앞에 놓여 있는 광명의 거울이었다. 신들은 그들 스스로 인간적 삶을 살아감으로써 인간의 삶을 긍정하였다. 이것만으로 충분히 그리이스 신들의 존재가 정당화될 수 있다. 밝은 햇빛 아래에서의 그런 신들의 삶은 그 자체로서 추구할 만한 가치가 있는 것으로 받아

---

7) 소포클레스의 『콜로누스의 오이디푸스 ödipus auf Kolonos』, 1224행(行) 이하 참조.
8) 토마스 만 Thomas Mann의 소설 제목과 같다.

들여졌다. 그리고 호메로스적 인간의 〈원래의〉고통은 삶으로부터의 이탈, 무엇보다도 머지않아 다가올 죽음에서 유래한다. 따라서 이제 우리는 실레노스의 저 지혜를 거꾸로 해서 그리이스인들에 관해 다음처럼 말할 수 있을 것이다. 「그들에게는 곧 죽는다는 것이 가장 나쁜 것이고, 그 다음으로 나쁜 것은 누구나 언젠가 죽는다는 것이다.」 이러한 비탄이 어느 때고 울려퍼진다면, 그것은 단명(短命)한 아킬레우스에 관하여도, 나뭇잎과 같은 인간의 무상(無常)에 관하여도, 영웅시대의 종말에 관하여도 해당되는 것이다. 가장 위대한 영웅이라도 그가 비록 날품팔이[9]로 산다고 할지라도, 더 살아남기를 바란다는 것은 부끄럽지 않다. 이렇게 아폴로적 단계에서의 그 〈의지〉는 이러한 삶을 갈망하여 마지 않았고, 이렇게 호메로스적 인간은 삶과 자기가 일체임을 느꼈으니, 바로 위의 그 비탄이야말로 삶에 대한 찬가가 아닐 수 없다.

여기에 한가지 짚고 넘어갈 게 있다. 쉴러 Schiller가 〈소박한〉이라는 예술용어로 이름붙였던 조화, 근대 사람들이 동경에 가득 차 바라보았던 조화, 즉 인간과 자연의 통일은 모든 문화의 시초에 발견되는, 몹시 단순하고 자연발생적으로 필연적으로 만들어진 인류의 낙원상태를 의미함이 전혀 아니다. 이런 믿음은 루소의 『에밀』도 예술가 중의 하나라고 생각하려 했고 호메로스야말로 자연의 품에 안겨 성장했던 에밀식의 예술가라고 믿었던 시대에나 존재할 수 있다. 우리가 예술작품 속에서 〈소박한 것〉을 발견하게 되면, 그것은 아폴로적 문화의 최고의 발현이라고 생각되어져야 한다. 아폴로적 문화는 우선 거인왕국에 공격해 들어가서 괴물을 죽여야 하고 강력한 마법거울의 즐거운 환영으로써 세계관의 한없는 공포와 고뇌에 대한 민감한 감수성을 철저히 극복해버려야 하는 것이다. 그러나 소박성(性)은, 즉 가상의 아름다움 속에의 몰입은 얼마나 획득하기 힘든 것인가! 그러니 〈호메로스〉야말로 얼마나 위대한 것인가! 그는 꿈꾸는 예술가 개인이 민족의 꿈꾸는 능력에 대해서 갖는 관계와 마찬가지로 한 개인으로서 아폴로적 민족문화와 관계를 맺고 있다. 조화된 〈소박성〉은 아폴로적 환영의 완전한 승리로 이해되어야만 한다. 이것은 자연이 자기의 의도를 관철하기 위하여 자주 사용하는 것과 같은 환영이다. 진정한 목표는 환상에 가려 있는 것이다. 우리는 이 환상을 잡으려고 손을 뻗고 자연은 우리를 속임으로써 그 목표에 도달한다. 그리이스적 〈의지〉는 예술가와 예술세계를 찬미함으로써 그리이스인들 속에서 자신을 내보이려 했다. 〈의지〉가 자기 자신을 찬양

---

9) 호메로스의 『오딧세이아』, 11절 489행 이하에서 끌어온 비유.

하기 위해서는 그 의지의 소산 자체도 찬양할 만한 가치가 있는 것으로 여겨져야 했다. 이 의지의 소산들은 보다 높은 영역에서 서로 다시 결합하게 되고, 이렇게 이루어진 구체적인 완벽한 세계는 그리이스인들에게 무엇을 강요하거나 무엇을 비난하거나 하지 않았다. 이것은 미(美)의 영역이었고 그리이스인들은 이 영역에서 자기들이 거울에 비친 모습인 올림푸스적인 것을 바라보았다. 이 미의 거울로써 그리이스의 〈의지〉는 예술적 능력과 상관관계에 있는, 고통스러워하는 능력, 고충을 아는 능력에 싸움을 걸었다. 그리고 그 승리의 기념비로서 호메로스, 소박한 예술가가 우리 앞에 우뚝 서 있게 된 것이다.

4

이 소박 예술가에 관하여 꿈의 비유가 우리에게 몇 가지를 알려 준다. 꿈의 세계의 환영 한가운데에서 이를 흐트리지 않고 〈이건 꿈이야! 이 꿈을 더 꾸어보자!〉라고 생각하는 어떤 꿈꾸는 사람을 머리 속에 떠올려 보자. 우리는 이 사람의 생각에서 꿈의 주시(注視)가 내적으로 커다란 즐거움을 가져다 준다는 점을 추론할 수 있다. 한편 우리는 꿈을 주시한다는 내적 즐거움을 유지한 채 꿈을 꿀 수 있기 위해서 대낮의 무척이나 성가신 일들을 잊어버려야만 한다. 우리는 이와 같은 모든 현상들을 해몽의 신 아폴로의 인도에 따라 다음과 같이 해석할 수 있다. 깨어있는 삶과 꿈꾸고 있는 삶이라는 두 가지 삶의 측면 중에서 우리에게는 전자(前者)가 비교할 수 없을 만큼 더 중시되고, 더 중요하고, 더 가치가 있으며, 더 살아볼 만한 것이라고, 요컨대 그것만이 좋은 것이라고 생각될 것이다. 그러나 나는 비록 역설적인 표현이기는 하지만 우리 존재의 저 비밀스러운 근거를 해명하기 위하여 꿈에 대한 정 반대의 해석을 내리고자 한다. 즉 내가 자연 속에서 저 강력한 예술충동이 있음을 보고 이 충동들 속에서 가상에 대한 갈망과 이 가상에 의한 구원의 갈망을 엿보게 되면 될수록 나는 다음과 같은 형이상학적 가설을 점점 더 받아들이게 됨을 느끼지 않을 수 없다. 영원히 고통받는 자, 그리고 모순에 가득 찬 자로서 진실로 존재하는 것인 근원적(根源的)한 사람은 자기 스스로를 구원하기 위하여 늘 매혹적 환영, 즐거운 가상을 사용한다. 우리가 그 속에 둘러싸여 있고, 우리 스스로가 그것으로 이루어져 있는 그 가상이라는 것을 우리는 존재하면서 존재하지 않는 것으로, 다시 말하면 시간과 공간과 인과율 속에서 부단히 생성변화하는 것, 즉 경험적 현실이라는 것으로 이해해야 한다. 우리는 한번 우리가 가진 〈현실〉이라는 것을 잠깐 동안 불문에 붙여 제외하고 우리 자신의 경험적 존재를, 세계의 경험적 존재처럼 근원적 한 사람이 매순간 만들어내는 생각에 불과하다고 가정해 보자. 그러면 우리는 꿈이란 것을 〈가상의 가상〉으로, 가상에 대한 근원적 욕구의 보다 고차원적인 충족행위로 간주해야 할 것이다. 바로 이런 이유로 자연의 가장 깊은 핵심은 소박 예술가와, 역시 〈가상의 가상〉에 지나지 않는 소박한 예술품에 대하여 말할 수 없는 열망을 가지게 되는 것이다. 저 불멸의 소박 예술가 중의 하나인 〈라파엘 Raffael〉은 우리에게 한 비유적 그림 속에서 가상이 다시 한번 더 가상으로 승화되는 과정, 소박 예술가 및 아폴로적 문화의 근본적 진행과정을 묘사해 주었다. 그의 작품 『그리스도의 변용 (變容)』의 하반부는 미친 소년과, 절망한 부모와, 어쩔줄 모르고 걱정하는 사도(使徒)들의 모습을 통해서 영원히 존재하는 근원적 고통, 세계의 유일한 근본을 반영해주고 있다. 여기서 〈가상〉이란 영원한 모순, 사물의 아버지의 반영이다. 이 가상으로부터 이제 매혹적 향기와도 같이 마치 환상 같은 가상의 세계가 피어오른다. 첫번째의 가상에만 사로잡힌 사람은 이를 볼 수 없다. 이것은 가장 순수한 환희와, 큰 눈에서 반사되는 고통없는 관조 속에 빛을 발하며 떠다닌다. 여기서 우리는 최고의 예술적 상징을 통하여 아폴로적 미의 세계와 그 토대, 즉 실레노스의 무서운 지혜를 눈앞에 보게 되고 직관을 통하여 이 두 가지의 상호 필연성을 이해하게 된다. 아폴로는 또다시 우리에게 근원적 한 사람이 영원히 추구하는 목표, 가상을 통한 자기 구원을 이루게 해주는 〈개별화의 원리〉의 신격화된 것으로서 나타난다. 그는 숭고한 몸짓으로 고통의 세계 전체는 꼭 필요하며, 따라서 고통의 세계에 의하여 개개인은 자기를 구원할 환영을 만들어내게 되고 이 환영의 관조에 잠겨들어서 바다 한가운데에서 표류하는 자기 조각배 위에 고요히 앉아 있게 되는 것이라는 점을 우리에게 알려준다.

　이 신격화되어진 개별화 자체에 일반적으로 명령적인 것, 의무 규정적인 것이 있다면, 이것은 단 〈하나의〉 규준(規準)만을, 개체일 것을, 즉 개체의 경계를 준수할 것을, 그리이스적 의미에서의 〈절도(節度)〉를 요구한다. 윤리의 신으로서의 아폴로는 자기 신도들에게 절도를 요구하고 이를 지키기 위해 필요한 자기인식을 요구한다. 따라서 아름다움에 대한 미학적 요구 이외에도 〈너 자신을 알라〉 또는 〈지나치지 말라〉라는 요구가 생겨나는 것이다. 반면에 자만심과 과도(過度)는 본래부터 적개심 많은, 비 아폴로적 영역의 마물(魔物)로, 따라서 아폴로 시대 이전의 거인시대의, 아폴로 이외의 세계, 즉 야만세계의 속성으로 간주되었다. 인간에 대한 거인적 사랑 때문에 프로메테우스는 독수리에게 갈기갈기 찢겨지게 되고 오이디푸스는 스핑크스의 수수께끼를 풀 정도의 과인한 지혜 때문에 범죄의 어지러운 소용돌이에 빠져들게 된다. 델포이의 신은 그리이스의 과거를 이렇게 해석했던 것이다.

디오니소스적인 것을 불러일으키는 힘도 아폴로적 그리이스인에게는 〈거인적(巨人的)〉이고 〈야만적〉인 것으로 생각되었다. 그러나 이때에도 그들은 자기가 내면적으로는 저 파멸한 거인들과 영웅들이 닮았다는 사실을 스스로에게 감출 길이 없었다. 그렇다. 그는 그 이상을 느껴야 했다. 그의 존재 전체는 아름다움과 절도를 갖추고 있었음에도 불구하고 저 디오니소스적인 것에 의해 모습을 드러내게 된, 고통과 인식의 은폐된 기반을 보게 되었다. 보라! 아폴로는 디오니소스 없이는 살 수 없구나! 〈거인적인 것〉과 〈야만적인 것〉의 존재는 아폴로의 존재처럼 필연적이구나! 이제 우리는 한번 생각해 보자. 가상과 절도 위에 인공적 담장을 두르고 세워진 세계 속으로 디오니소스 축제의 황홀한 소리가 어떻게 하여 점점 유혹적으로 되어가는 마법의 선율을 타고 흘러들 수 있었을까. 어찌하여 이 선율 속에서 즐거움과 고통 그리고 인식에 있어서의 자연의 〈과도함〉이 폐부를 찌르는 절규를 불러일으키도록 그 정도가 심했을까. 이 마적(魔的)인 민중가요에게 아폴로를 따르는 단조로운 예술가가 창백한 하아프 소리로 무엇을 들려줄 수 있었겠는가! 가상 예술의 여신 뮤즈들은, 도취경 속에서 진리를 말하는 그 예술 앞에서는 혈색을 잃고 말았다. 실레노스의 지혜가 명랑한 올림푸스 신들에게 슬프도다! 슬프도다! 하고 탄식했던 것이다. 자제(自制)와 절도를 지니고 있던 개체들은 디오니소스적 상태의 자기 망각 속에서 몰락해 갔고 아폴로의 규준은 망각되었다. 〈과도함〉이 자신을 진리로 내세우고, 고통에서 탄생된 환희라는 모순이 자연의 심장부로부터 자기 자신을 알렸다. 그리고 디오니소스적인 것이 휩쓸고 지나가버린 모든 곳에서 아폴로적인 것은 지양(止揚)되고 소멸되었다. 그러나 또한 명백한 사실은 첫번째 공격을 견디어 낸 곳에서는 델포이 신의 위용과 존엄성이 이전보다 더욱 견고하고 위압적으로 되었다는 점이다. 따라서 나는 〈도리스〉[10] 국가와 도리스 예술을 아폴로적인 것이 살아남은 진영(陣營)으로 설명해낼 수가 있다. 디오니소스적인 것의 거인적이고 야만적인 본질에 대한 지칠줄 모르는 저항의 노력 속에서만이 그렇게 반항적으로 버티는, 성

10) 스파르타를 가리킴.

벽으로 둘러싸인 예술이, 그처럼 전투적이며 가혹한 교육이, 그렇게 잔혹하고 물샐 틈 없는 국가 조직이 오랫 동안 존속할 수 있었던 것이다.

지금까지 내가 이 책의 서두에 말했던 것이 상세하게 언급되었다. 정리해 본다면, 상호 교대로 늘 새롭게 탄생되며 서로를 강화시켜 나가는 과정 속에서 디오니소스적인 것과 아폴로적인 것은 그리이스의 본질을 지배하여 왔다. 거인 전쟁이 있었고 가혹한 민간철학이 풍미했던 〈청동기〉시대로부터 아폴로적 미의 충동의 대두를 통하여 호메로스적 세계가 발전되어 나온다. 이 〈소박한〉위대성은 다시금 디오니소스적인 것의 유입(流入)에 의해 먹혀버린다. 이 새로운 힘에 대항하여 아폴로적인 것은 도리아 예술과 세계관의 굳건한 존엄성을 갖추게 된다. 이런 식으로 그리이스의 역사가 저 적대적 두 원리의 싸움에 있어서 네 개의 커다란 예술적 단계로 구분된다면, 위에서 말한 네번째 시기, 도리아 예술의 시기를 우리가 저 예술충동이 노린 바 최후의 단계라고 인정하지 않을 때 우리는 더 나아가 이 생성과 흐름의 최후의 계획이 무엇인가에 대하여 질문을 던지지 않을 수 없게 된다. 여기서 우리 시야에 〈아티카 비극〉과 연극적 주신찬가(酒神讚歌)라는, 높이 찬양받는 숭고한 예술작품이 등장하게 된다. 이 예술작품은 두 가지 충동이 노리는 공동의 목적인 바, 이 두 충동의 오랜 동안의 싸움 끝에 이루어진 결혼은 그들의 자식인 이 작품——이것은 안티고네 Antigone이면서 카산드라 Kassandra[11]이기도 하다——속에서 또한 찬양받고 있다.

5

우리는 이제 디오니소스・아폴로적 예술가와 그의 예술작품에 대한 이해를, 혹은 최소한도로 그것들의 발생의 신비에 대한, 느낌을 통한 약간의 이해를 얻는 것을 목표로 하고 있던 우리의 연구의 본래의 목적에 가까이 가고 있다. 이제 여기서 우리는 우선적으로 다음을 물어보기로 하자. 그 후의 시기에 비극과 연극적 주신찬가로 발전해 갔던 저 새로운 싹이 그리이스 세계의 어디에서 처음으로 눈에 띄는가? 이에 관해서는, 호메로스와 아르킬로코스[12]라는 완전히 독창적인 두 인물만이

---

11) 소포클레스의 안티고네 Antigone는 여기서는 아폴로적인 것의 대표자이고 에스킬로스의 카산드라(Kassandra・Agamemnon의 등장인물)는 디오니소스적인 것과 관계가 있는 듯하다.

12) 그 생존 연대가 불확실한 초기 그리이스 시인. 그는, 어떤 사람은 기원전 711년의 것이라고 믿고, 어떤 사람은 기원전 648년의 것이라고 믿는 일식현상에 대해서 말한 바가 있다. 옥스포드 사전 The Oxford Classical Dictionary는 기원전 711년 쪽이 더 신빙성 있다고 간주한다. 그의 어머니는 노예였고 그는 전투에서 전사했다.

후대의 그리이스 세계 전체에 봉화불을 전달시킨 최초의 인물들로 존경받아야 한다는 생각 하에서, 그리이스 사람들이 그 두 사람을 그리이스 문학의 시조이면서 선구자로 간주하여 조각작품과 보석세공품 위에 나란히 새겨넣었다는 사실이 그 해명의 실마리를 제공해 주고 있다. 자기 내면에 침잠하는 백발의 예술가, 아폴로적 소박 예술가의 전형적 인물인 호메로스는 이제 인생 속을 뒹굴며 돌아다니는 전투적인 예술가 아르킬로코스의 정열적 정신을 눈이 휘둥그레져서 바라보고 있게 된다. 그리고 근대 미학은 이 점에 관하여, 여기에 〈객관적〉예술가 앞에 최초의 〈주관적〉예술가가 등장한 것이라고만 설명할 줄밖에 모른다. 이러한 해석은 우리에게 별로 도움이 되지 못한다. 그 이유는, 우리가 주관적 예술가를 훌륭한 예술가가 못된다고 생각하고 있으며 예술의 모든 쟝르 및 모든 단계에 있어서 무엇보다도 먼저 주관적인 것의 극복, 〈자기〉로부터의 해방, 모든 개인적 의지와 욕망의 억제를 요구하고 있는 바, 결국 객관성 없이는, 사심(私心)없는 순수한 정관(靜觀)[13] 없이는 최소한도의 진정한 예술적 창조가 불가능하다고 생각하고 있기 때문이다. 따라서 우리의 미학은 우선, 어찌하여 〈서정시인〉이 예술가가 될 수 있는가 하는 문제를 해결해 놓아야만 한다. 서정시인은 어떤 시대에서도 늘 〈나〉를 말하며, 자기의 열정과 열망의 반음계(半音階)음 모두를 우리에게 들려주기 때문이다. 호메로스와는 달리 바로 이 아르킬로코스는 증오와 조소의 외침을 통하여, 도취상태 하에서의 자기 욕망의 분출을 통하여 우리를 경악하게 만든다. 주관적이라고 평가받는 최초의 예술가인 그는 따라서 본래 비(非) 예술가에 지나지 않는단 말인가? 그러나 그렇다면 〈객관적〉예술의 중심지인 델포이의 신탁(神託)까지도 그에게, 그 시인에게 몹시 중요한 말을 통해 던진 그 찬양은 어디서 온 것일까?

〈쉴러〉는 자기 스스로도 설명해 낼 수는 없었지만 일단은 중요해 보이는 심리학적 관찰 결과를 통해 자기 시작(詩作) 과정을 우리에게 알려준다. 즉 그는 사고의 질서정연한 인과율에 따라 배열된 일련의 영상들 같은 것을 자기 시작(詩作)의 준비단계로 마음 속에 떠올리는 것이 아니라 오히려 하나의 〈음악적 기분〉을 느끼게 된다고 술회하고 있다. (「내게 있어서 그 느낌은 처음에는 일정하고 명료한 대상을 가지고 있지 않다. 이 대상은 그 후에야 만들어진다. 내게는 어떤 음악적 기분이 떠오르고, 이런 후에야 시적 이념이 떠오르게 되는 것이다」) 어느 곳에

---

13) 사심(私心)없는 관조라는 이 개념은, 니체가 쇼펜하우어에게서 전수받은 다른 많은 개념들과 마찬가지로 후기의 니체에게 명백히 비판받는다.

서나 자연스러운 것으로 인정되는 〈서정시인의 음악가와의〉 결합, 아니 동일함——이에 비해 우리 근대시는 마치 머리없는 신상(神像)처럼 보이지만——이라는 몹시 중요한 현상을 우리는 이제 그리이스 서정시 전체에 적용시켜 보자. 그러면 우리는 앞서 서술된 미학적 형이상학에 의거하여 다음과 같이 서정시인을 설명할 수 있다. 그는 우선 디오니소스적 예술가로서 근원적 한 사람, 근원적 한 사람의 고통 및 모순과 완전히 하나가 되어서 이 근원적 한 사람의 모상(模像)을 음악으로 만들어낸다. 음악은 한편 정당하게도 세계의 반복, 세계의 두번째 주조(鑄造)라고 불리어 온 바 있다. 그러나 이제 이 음악은 그에게 마치 〈비유적인 꿈의 영상〉에서처럼 아폴로적인 꿈의 영향에 의해 눈에 보이는 것이 된다. 저 모습도 없고 개념도 없던, 근원적 고통의 음악 속에서의 반영은 가상들 속으로 용해됨으로써 이제 개개의 비유, 실례(實例)로서의 두번째 반영을 만들어내는 것이다. 예술가는 이미 자기의 주관성을 디오니소스적 과정 속에서 탈피해 버렸다. 그에게 이제 자기가 세계의 심장과 일체가 되었음을 보여주는 영상은 저 근원적 모순, 근원적 고통, 그리고 가상의 근원적 쾌감들을 구체화해 주는 꿈의 장면인 것이다. 서정시인의 〈자아〉는 그러니까 존재의 무근거(無根據) 상태로부터 말하는 것이다. 그의, 근대 미학자들이 사용하는 의미에 있어서의 〈주관성〉은 하나의 착각에 지나지 않는다. 그리이스 제일의 서정시인 아르킬로코스가 뤼캄베스의 딸들에게 자기의 사랑과 함께 자기의 경멸을 동시에 말하게 되었다면, 우리 앞에서 도취의 황홀경 속에 빠져 춤추는 것은 그 개인의 열정이 아닌 것이다. 우리는 디오니소스와 그의 여자 시종 메나데들을 본다. 우리는 열광적 도취자 아르킬로코스가 잠들어 쓰러져 있는 것을 본다——에우리피데스 Euripides가 바커스의 시녀들 속에서 그리고 있는 것과 같은[14], 높은 알프스의 목장에서 태양빛 아래에 잠자는 모습을——그리고 이제 아폴로가 다가와서 그에게 월계관을 씌워준다. 자는 이의 디오니소스적·음악적 마력은 마치 형상의 불꽃처럼 그의 주변에서 타오르고 있다. 이것은 바로 서정시, 최고로 발전하여 비극과 연극적 주신찬가로 불리우게 되는 서정시인 것이다.

조각가 및 그와 닮은 서사시인(叙事詩人)은 형상에 대한 순수한 관조(觀照) 속으로 잠겨든다. 디오니소스적 음악가는 아무런 형상도 손대지 않으며 그 자신이 근원적 고통과 이의 반향(反響) 자체이다. 서정적 영혼은 신비한 자기 포기 상태와 합일 상태로부터 하나의 형상세계, 하나의

14) 677행 이하를 참조.

비유세계가 떠오르는 것을 느낀다. 이 세계는 조각가나 서사시인의 세계와는 아주 다른 색채와 인과율과 속도를 가지고 있다. 조각가와 서사시인이 이 형상들 속에서, 그리고 그 속에서만 즐거움을 누릴 수 있고, 그 형상들의 극히 세세한 점까지도 지칠줄 모르고 관찰하는 반면, 그리고 울분을 터뜨리는 아킬레우스의 모습 자체는 그들에게는, 그 울분을 터뜨리는 표정을 그들이 꿈꾸듯이 즐겁게 바라볼 수 있는 모습(형상)에 지나지 않는 반면——따라서 그는 이러한 가상의 반영을 통해서 자기 마음 속의 영상과 자기가 함께 뒤섞여 하나가 되는 것을 막을 수 있다——서정시인의 형상들은 〈그〉 자신에 지나지 않고 자기 자신의 다채로운 객관화(대상화) 이외의 아무것도 아니다. 그럼으로써 그는 저 세계의 움직이는 중심점으로서 〈나〉를 말해도 되는 것이다. 단지 이러한 나는 깨어 있고 경험적·현실적인 인간의 자아가 아니고 진실로 존재하는 유일한 자아 그리고 사물의 근저에 자리잡은 영원한 자아인 점이 중요하다. 이 근저의 자아를 모방함에 의하여 서정적 예술가는 사물의 근저까지도 꿰뚫어 보는 것이다. 우리는 이제 다음과 같은 점을 생각해 보자. 이러한 모상(模像) 아래에서는 서정적 예술가 자신에 의해서 그 스스로까지도 비(非)예술가로 간주되어진다는 점, 즉 하나의 〈주관〉, 즉 그에게 사실로 여겨지는 일정한 사물에 대한 주관적 열정과 격앙된 의지의 혼합된 전체로 간주되어진다는 점을 모른 채 서정적 예술가와, 그에게 결부된 비예술가가 마치 하나인 것처럼 생각하고, 서정적 예술가가 마치 자기 자신에 관하여 〈나〉라는 짧막한 단어를 사용하는 듯이 생각한다면, 이러한 그릇된 생각이 서정시인을 주관적 시인이라고 말했던 사람들을 속였듯이 우리 자신도 또한 이런 생각에 속아서는 안 될 것이다. 정열에 불타오르고 사랑하며 증오하는 인간인 아르킬로코스는 실제로 이미 더 이상 아르킬로코스가 아니고 세계 예술가이며 그리고 자기의 근원적 고통을 인간 아르킬로코스를 내세우는 비유 속에서 상징적으로 표현하는 예술가의 겉모습에 불과하다. 저 주관적으로 의욕하고 열망하는 인간 아르킬로코스는 이미 절대로 시인일 수가 없다. 그러나 인간 아르킬로코스를 비유로 내세운다고 해서, 그 서정시인이 자기 앞의 인간 아르킬로코스의 현상들만을 영원한 존재자의 반영으로 생각해야 할 필요는 절대로 없다. 이 점은 비극이 증명하는 바, 서정시인의 환상의 세계는 자기 주변의 저 현상들로부터 얼마나 멀리 떨어져 있는가!

예술의 철학적 고찰에 있어서 서정시인이 만들어내는 어려움을 스스로 시인하고 있었던 〈쇼펜하우어〉는 이 문제에 관해서 하나의 탈출구를 발견했다고 믿고 있지만 나는 결코 그와 함께 이 길을 걸을 수는 없다. 단지 서정시인이란 누구인가 라는 어려운 문제를 결정적으로 해결할 수 있는 수단은 이제까지 쇼펜하우어 한 사람의 손에만 맡겨져 왔으며, 그 수단이란 그의 심오한 음악의 형이상학 속에 있었다는 점을 인정한다. 나는 그의 정신을 계승하여 그의 명예를 위하여 이상의 설명을 통해서 이 어려운 문제를 해결했다고 믿고 있다. 그러나 나의 의견에 반하여 쇼펜하우어는 가요(歌謠)의 독특한 본질을 다음과 같이 지적하고 있다. (『의지와 표상으로서의 세계』 I 권 295면)「노래하는 자의 의식이 느끼는 것은 의지의 주체, 자기의 욕구이다. 이것은 때로는 해방된, 충족된 욕구(환희)로 나타나지만 그보다는 훨씬 자주 억압된 욕구(비애)로 나타난다. 어느 경우에나 정념, 열정, 감동의 심적 상태이다. 그러나 동시에 이 이외에도 주위의 자연의 관조에 의해, 노래하는 자는 자기를 순수하고 욕구없는 인식의 주체로 의식하게 된다. 이 인식의 흔들리지 않는 행복한 고요는 늘 제약받고 늘 결핍을 느끼는 욕구의 절박한 충동과는 큰 대조를 이루고 있다. 이 대조의, 이 동요의 느낌이 본래 가요 전체 속에서 표현되는 것, 그리고 일반적으로 서정적 상태를 이루고 있는 것이다. 이 서정적 상태 속에서 말하자면 순수한 인식이, 우리를 욕구와 충동에서 구원하기 위해 우리에게 다가온다. 우리는 이에 따른다. 그러나 잠시뿐이다. 항상 반복하여 욕구는, 우리의 개인적 목적의 상기는, 우리를 그 고요한 관조로부터 떼어 놓는다. 그러나 역시 늘상 다시금 그 순수하고 욕구없는 인식이 우리를 욕구로부터 주변의 아름다운 환경으로 이끌어간다. 이 환경 속에서 그 순수한 욕구없는 인식이 우리에게 자신을 나타낸다. 따라서 가요나 서정적 기분 속에서는 욕구(목적에 대한 개인적 관심)와 눈앞의 환경에 대한 순수한 관조가 기이하게 혼합되어 버린다. 이 둘 사이의 관계가 탐구되고 상상된다. 주관적 기분이나 의지의 흥분은 자기 색채를 관조된 환경에 반영시키고 후자는 전자에다 그와 같이 영향을 끼친다. 이처럼 혼합되고 분열된 심정상태, 그것의 모사(模寫)가 진정한 가요인 것이다.」

이러한 묘사를 읽고 나서 이 묘사 속에서는 서정시가 하나의 불완전하게 달성된, 마치 뛰어다니기는 하지만 좀처럼 목표에 도달하지 못하는 예술로, 즉 욕구와 순수 관조, 비(非)미학적인 것과 미학적인 것이 기이하게 서로 뒤섞여 있다는 것을 본질로 하고 있는 반예술(半藝術)로 성격이 규정되어 있다는 것을 느끼지 못할 독자는 없을 것이다. 그러나 마치 하나의 가치척도에 따르는 것처럼, 쇼펜하우어까지도 예술을 분류

합에 있어서 따랐던 그 모든 대립관계, 즉 주관적인 것과 객관적인 것의 대립 전체가 대체로 미학에 있어서는 부적당하다고 우리는 오히려 주장한다. 왜냐하면 주체, 욕구를 가지고 자기의 이기적 목표를 추구하는 개체는 단지 예술의 적으로, 예술의 근원이 못되는 것으로 생각되어지기 때문이다. 그러나 그 주체가 예술가이려면, 그는 이미 자기의 개인적 의지로부터 해방되어 있어야 하며 마치, 그를 통하여 유일하게 진정으로 존재하는 주체가 가상 속에서의 자기 구원을 자축하는 매개자와 같은 존재가 되어야 한다. 왜냐하면 이 점은 무엇보다도, 수치스럽기도 하며 우쭐하기도 한 일인 바, 희극예술 일반이 전적으로 우리 자신을 위하여 상연되어지는 것이 아니라는 사실, 즉 우리는 저 예술세계의 본래의 창조자가 결코 아니라는 사실에서 명백히 밝혀진다. 그러나 아마도 우리는, 우리가 세계의 진정한 창조자에게는 이미 하나의 형상, 하나의 예술적 투영인 것이고 예술작품의 의미 속에서 우리는 우리의 최고의 품위를 찾을 수 있다는 사실을 받아들여도 좋을 것이다. 왜냐하면 세계는 미적 현상으로서만 〈긍정적으로 받아들여지고〉 있기 때문이다. 그리고 물론 우리 자신의 중요성에 관한 우리의 의식은, 화폭 위에 그려진 군인이 그림 속의 전투에 관하여 가지는 생각과 다를 바가 없다. 결국 우리 개인의 예술에 관한 지식이란 근본적으로 하나의 완전한 착각에 대한 것이다. 왜냐하면 우리는 지자(知者)의 자격으로서는, 희극예술의 유일한 창조자이며 동시에 관객이기도 한 자로서 영원한 향락을 누리는 그 존재와 일체도 아니고 동일하지도 않기 때문이다. 다만 예술적 창조의 행위를 통하여 세계의 저 근원적 예술가와 융합되는 한에 있어서 예술의 영원한 본질에 관해 약간은 알고 있다. 그것은, 융합된 상태 하에서 예술가는 기이하게도 옛날 얘기 속의 무서운 인물에 유사하게 눈알을 쑥 빼내어 자기 자신을 관조할 수가 있기 때문이다. 이 경우 그는 주체인 동시에 배우이며 또한 관객인 것이다.

6

아르킬로코스에 관하여 학자들의 연구는, 그가 〈민요(民謠)〉를 문학에 도입했고 이러한 업적 때문에 그리이스인들에게 널리 인정되어 호메로스와 어깨를 견주는 지위에 도달하게 되었다는 것을 밝혀내었다. 그러나 완전히 아폴로적인 서사시와 대비되는 민요란 무엇인가? 아폴로적인 것과 디오니소스적인 것의 결합의 〈부단한 흔적 perpetuum vestig-ium〉 이외에 무엇이란 말인가, 늘 새로이 탄생되면서 강화되어지며 거의 모든 민족을 포괄하는 거대한 민요의 전파는 한 민족의 **열광적 감동**이 자기들의 음악 속에 영원히 스며들어 있는 것과 유사한 **방식으로** 자기 흔적을 민요 속에 남긴, 자연의 이중의 예술충동이 얼마나 강한 것인가 하는 것을 증명해 주는 증거이다. 물론 민요가 풍미했던 생산적인 모든 시기가 몹시 강력하게 디오니소스적 조류(潮流)에 의해 영향을 받았다는 것은 역사적으로도 증명 가능할 것이다. 우리는 언제나 디오니소스적 조류를 민요의 토대이자 전제인 것으로 생각해야 한다.

그러나 민요는 우리에게 무엇보다도 음악적인 세계 거울로, 이제 자기에게 대응하는 꿈의 출현을 추구하며, 이것을 가사 속에 표현하는 하나의 근원적 선율(旋律)로 생각되어진다. 「선율은 최초의 것이고 보편적인 것이다.」 선율은 따라서 몇몇의 상황 속에서 몇몇의 서로 다른 노래로 나타나게 된다 하더라도 그 자체는 변치 않는다. 그리고 또한 선율은 민중의 소박한 가치평가에 의하면 훨씬 더 중요하고 훨씬 필수적인 것이다. 선율은 자기 내부에서 시가(詩歌)를 낳는다. 그것도 부단히 되풀이해서 새로운 것을. 〈민요의 분절형식(分節形式)〉이 그렇게 알려 준다. 나는 결국 이와 같은 해석을 내리기 전까지는 항상 민요의 분절형식이라는 현상에 경탄하며 관찰했었다. 예를 들어 소년의 마적(魔笛)[15] 같은 민요집을 이 이론에 비추어 본 사람은, 끊임없이 생산적인 선율이 자기 주변에 불꽃 같은 형상을 흩뿌리는 수많은 사례를 발견하게 될 것이다. 이 형상들은 그 다채로움, 급격한 변화, 그리고 그 미쳐 날뛰는 점에 있어서 서사시적 가상이나 그 고요한 흐름과는 아주 이질적인 힘을 보여준다. 서사시의 관점에서 이러한, 서정시의 불균형하고 불규칙적인 형상세계는 바로 부정되어져야 할 것이다. 이런 부정은 테르판드로스Terpandros[16] 시대에, 아폴로 제사의 서사 음유시인들이 한 바 있다.

따라서 민요의 가사에서 우리는 〈음악을 모방하는〉 매우 긴장된 언어를 볼 수 있다. 음악의 모방 때문에 근본적으로 호메로스적 시세계(詩世界)와 모순되는 하나의 새로운 시세계가 아르킬로코스와 함께 시작된다. 이상으로 우리는 시와 음악, 언어와 음조 사이의 유일한 관계를 설명해 왔다. 언어, 형상, 개념은 음악과 유사한 표현을 추구하여 이제

---

15) 독일 중세 민요선집(1806-08년 동안 발행). 아르님Achim von Arnim(1781-1831)과 그의 처남 브렌타노 Clemens Brentano(1778-1842)가 편집.
16) 기원전 7세기 중엽의 시인 테르판드로스는 레스보스Lesbos에서 태어나 스파르타에서 살았다.

음악의 위력을 몸소 지니게 된다는 관계 말이다. 이런 의미에서 우리는 그리이스 민족의 언어 역사를 두 단계의 주요 흐름으로 나누어서 현상과 형상을 모방하는 언어와 음악을 모방하는 언어로 구분해도 좋을 것이다. 이러한 한 쌍의 대립을 이해하기 위해, 색채와 통사적 구조와 어휘에 있어서의 호메로스와 핀다로스의 언어적 차이점에 관하여 좀더 깊이 생각해 보라. 그러면 틀림없이 호메로스의 시대와 핀다로스의 시대 사이의 어떤 한 시기에 〈올림푸스의 열광적 피리 가락〉이 울려퍼졌음에 틀림없고, 이 피리 가락은 음악이 말할 수 없이 훨씬 발달했던 아리스토텔레스의 시대 때에도 사람들을 도취적 열광상태로 이끌었고, 그 근원적 영향력으로써 당시 사람들의 시적 표현수단 일체를 유혹하여 자기를 모방하도록 만들었다는 사실이 손에 잡히듯이 명백히 드러날 것이다.

나는 여기서 우리의 미학에는 단지 불쾌하게만 생각되는, 우리 시대의 어떤 익숙한 현상이 생각난다. 우리가 재삼 경험하는 바와 같이, 예를 들어 베에토벤의 교향곡을 들을 때 개개의 청중은 아무래도 머리속에 어떤 형상들을 떠올리지 않을 수 없다. 그러나 어떤 악장이 산출시킨 여러가지의 형상세계를 한데 모아 본다면 이것은 정말 환상적으로 다채롭게, 더우기 상호 모순되게 보일 것이다. 여기에 자기들의 빈약한 기지(機知)를 적용시키며 진정으로 설명할 가치가 있는 현상은 간과해 버리는 것, 이것이 우리 미학의 수법이다. 설령 작곡가 자신이 어떤 교향곡을 〈전원(田園)〉이라고 부르며, 어떤 악장(樂章)을 〈시냇가의 풍경〉, 다른 악장을 〈농부의 즐거운 모임〉이라고 이름붙일 경우가 있다고 하더라도 그것은 음악이 산출한 비유적 표상에 불과하다——음악이 모방하는 대상이란 전혀 없다——이 표상은 〈디오니소스〉적 음악 내용에 관해 어떤 측면도 우리에게 가르쳐 주질 못한다. 또한 다른 형상들과 마찬가지로 어떤 독자적 가치도 지니지 못한다. 분절형식의 민요가 어떻게 발생하는가, 언어능력 전체가 어떻게 하여 음악의 모방이라는 새로운 원리에 의해서 발휘되게 되는가 하는 것을 느낌으로 이해하기 위해서, 우리는 음악의 형상 속으로의 침투과정을 이제 젊고 발랄한, 언어적으로 창조적인 어떤 대중들에게 적용시켜 보아야 한다.

그러면 우리가 서정문학을, 형상과 개념을 통해 음악을 모방하는 불꽃이라고 생각해도 좋다고 할 때, 우리는 다음처럼 물을 수 있다. 「음악은, 형상과 개념의 거울 속에 어떠한 것으로 〈나타나는가〉?」〈음악은 의지(意志)로 나타난다.〉이 의지란 쇼펜하우어가 사용하는 의미에 있어서의 의지이다. 따라서 음악은 미학적이고 순수하게 관조적인 욕구없는 심정의 반대물(反對物)로 나타난다고 할 수 있다. 여기서 사람들은 가능한 한 명확하게 본질이라는 개념을 현상이라는 개념으로부터 구별해야 한다. 왜냐하면 음악은 그 본질로 볼 때 의지일 수가 없기 때문이다. 의지로서의 음악이 있다면 그것은 예술의 영역에서 추방되어야 할 것이다——왜냐하면 의지란 그 자체로서 비(非)미(美)적인 것이기 때문이다. 그러나 음악은 의지로 나타난다. 왜냐하면, 형상 속에 음악이 나타나기 위해서는 서정시인은 사랑의 속삭임으로부터 광기(狂氣)의 노여움에 이르기까지 열정의 격앙을 필요로 하기 때문이다. 아폴로적 비유 속에서 음악을 표현하고자 하는 충동 하에서 서정시인은 자연 전체와 그 속의 자기를, 영원히 욕구하는 자, 영원히 갈망하는 자, 영원히 동경하는 자로 이해한다. 그러나 서정시인이 음악을 형상 속에서 해명하는 한 그는 음악이라는 매개체를 통해서 그가 관조하는 모든 것이 그의 주변에서 아무리 거칠게 이리저리 격동하고 있을지라도, 아폴로적 관조라는 고요한 바다에서 편히 쉬고 있다. 물론 그가 자기 자신을 음악의 매개를 통해 바라보고 있을 때는, 그에게 불만의 감정상태에 놓여 있는 자기의 모습이 보일 것이다. 자기 자신의 욕구, 동경, 신음(呻吟), 환호 등의 것은 그에게는, 그가 음악을 해석해내는 데 사용되는 하나의 비유인 것이다. 그 자신은 의지의 욕구로부터 완전히 벗어난, 순수하고 맑은 태양의 눈과도 같지만, 아폴로적 예술가로서의 그는 음악을 의지의 형상을 통해 해석을 내린다.

이러한 모든 논의는, 음악 그 자체는 완전한 무제약성(無制約性) 때문에 형상과 그림을 〈필요로 하지〉않고 오히려 그것이 옆에 있는 것을 억지로 〈참아내고〉있는 것이다 라고 할 정도로 서정시는 음악 정신에 의존하고 있다는 것을 확정해 놓았다. 서정시인의 시는, 그가 형상을 머리에 반드시 떠올리도록 만드는 음악이 미리 품안에 품고 있던, 최대 규모의 보편성과 타당성 속에 포함되어 있지 않은 어떤 것에 관해서도 말할 수가 없다. 음악의 상징세계는 바로 그 때문에 언어를 수단으로 하여서는 충분히 설명할 수가 없다. 음악은 근원적 한 사람의 가슴에 있는 근원적 모순과 근원적 고통에 상징적 관계를 맺고 있으며, 따라서 모든 현상들 위에 있고 모든 현상들 앞에 있는 어떤 영역을 상징화하고 있는 것이다. 음악에 대조적으로 모든 현상들은 오히려 비유에 불과하다. 따라서 현상들의 목소리 Organ이자 상징으로서의 〈언어〉는 절대로 음악의 가장 깊은 속뜻을 외부로 표출시킬 수가 없으며, 오히려 언어가 음악을 모방하기 시작하는 순간부터 늘 언어는 음악과 피상적인 접촉만을 하는 데 멈추게 된다. 따라서 이때 음악의 가장 깊은 의미는 아무리 유창한 서정적 표현에 의해서도 우리에게 역시 한걸음도 가까이 끌려오지 못하는 것이다.

7

우리는 미로(迷路)에서 빠져나갈 길을 찾기 위해 지금까지 논의된 모든 예술원리들의 도움을 받지 않을 수 없다. 그 미로란 다름아닌 〈그리이스 비극의 기원〉인 것이다. 고대의 전승(傳承)의 단편적 조각들이 이미 서로 조합되어 보거나 다시 분해되어 보거나 한 적이 많았음에도 불구하고 비극의 기원에 관한 문제가 해결되는 것은 차치하고라도 지금까지 한번도 진지하게 제기되어 본 적이 없었다고 주장한다면 이는 결코 불합리한 주장이라고 생각되지 않는다. 이 전승들은 우리에게 아주 단호히 〈비극은 비극 합창단에서 발생했다〉, 그리고 비극은 근원적으로는 합창이고 그 이외의 어떤 것도 아니다 라고 말해 준다. 우리가——비극 합창단은 이상적 관객이다, 혹은 그것은 무대장면이라는 왕후들의 영역에 대해서 민중을 대표해야만 한다 라는 등등의——상투적 평론문구에 조금도 만족함이 없이, 본래의 원시연극(原始演劇)으로서의 비극 합창단의 핵심을 뚫어 보아야 한다는 의무는 여기서 생기는 것이다. 비극 합창단이 민중을 대표한다는 위의 두번째 해석은 마치 민중의 합창단 속에 민주주의적 아테네 시민의 군건한 도덕률이 표현되어 있기나 한 것처럼, 많은 정치가들에게는 숭고하게 들리는 견해일 것이다. 이는 설령 아리스토텔레스의 한마디에 의해 아무리 강력하게 지지받는다 하더라도, 비극의 형성의 기원에 관해서는 아무런 영향력도 가지지 못한다. 왜냐하면, 민중과 왕후의 대립, 일반적으로 모든 정치적·사회적 영역의 일들은 저 순수하게 종교적인 기원과는 아무 상관이 없기 때문이다. 그리고 에스킬로스와 소포클레스에 있어서의, 우리에게 알려진 비극 합창단의 고전적 형태와 관련해서, 여기에 〈입헌적 민주 대표제도〉가 예상된다고 말하는 것도 우리는 역시 모독행위라고 보고 싶다. 이러한 모독을 감히 기탄없이 하는 자도 있기는 하다. 고대 국가 제도는 입헌적 민주 대표제도라는 것을 실제로 알고 있지도 못했으며 이것을 그 비극 속에서도 아마 〈예감〉하지도 못했을 것이다.

합창단에 대한 정치적 설명보다도 훨씬 유명한 것은 슐레겔 A. W. Schlegel의 견해이다. 그는 우리에게 합창단을, 말하자면 모여든 관중의 정화(精華)이며 진수(眞髓)로, 〈이상적인 관객〉으로 보는 것이 좋다고 한다.[17] 합창단이야말로 그리이스 비극의 기원이었다고 하는, 고대의 역사적 전승 속에 나타나는 견해와 비교해 보면, 슐레겔의 견해는 그 자체로서 조잡하고 비(非)학문적 주장임이 입증된다. 그러나 그 주장은 권위있는 주장이었다. 그런데 이 권위는 그 표현의 압축적 형식에 의해서, 〈이상적〉이라고 불리는 모든 것에 대한 게르만인의 선입관에 의해서, 우리들의 일시적 경이(驚異)에 의해서만 얻어진 것에 불과하다. 우리가 우리에게 널리 알려진 연극 관객과 저 합창단을 비교하여, 이 관객들을 이상화(理想化)해서 비극 합창단에 유사한 어떤 것을 상상해내는 것이 도대체 가능한가 하고 물어보게 되면, 우리는 조금 놀라게 될 것이다. 우리는 이 질문에 대해 조용히 고개를 흔들고, 슐레겔의 주장의 대담성과, 그리이스 관객의, 전체적으로 판이한 성격에 대해 역시 놀라게 된다. 즉 우리는 늘상, 진정한 관객은, 그가 누구이든 간에, 자기 앞에 놓인 것이 경험적 현실이 아니라 예술작품이라는 것을 늘 의식하고 있어야 한다고 생각해 온 것이다. 반면에 그리이스인의 비극 합창단은 무대 위의 인물을 살아 있는 실제 인물로 생각해야만 하였다. 오케아노스 딸들의 합창단은 거인 프로메테우스를 눈앞에 실제로 보고 있다고 믿으며, 무대의 신은 자기 자신과 똑같이 실재하는 몸이라고 생각하고 있다. 그렇다면, 최고의 가장 순수한 부류의 관객은 오케아노스의 딸들처럼, 프로메테우스를 육체를 지닌 존재, 실재적 인물로 간주하는 자들이어야 하는가? 그리고 무대 위에 뛰어올라 신을 그 고난으로부터 해방시켜주는 것이 이상적 관객의 특징인가? 우리는 이제까지 미(美)를 아는 관객들을 생각해 왔고 관객 각자가 예술작품을 예술로서, 즉 미적(美的)으로 받아들이는 능력이 클수록 그를 그만큼 더 유능하다고 간주해 왔다. 그런데 이제 슐레겔의 발언은 우리에게, 완전하고 이상적인 관객이란 무대 위의 세계가 미적으로가 아니라 육체적, 경험적으로 자기에게 영향을 미치게끔 한다고 가르치고 있다. 오, 이 그리이스인들에 대해서는! 하고 우리는 탄식했다. 그들은 우리의 미학을 뒤집어 놓은 것이다. 그러나 그것에도 익숙해져, 우리는 합창단이 화제로 오를 때마다, 슐레겔의 말을 반복해대었다.

그러나 저 몹시도 명확한 전승이 여기서 슐레겔과는 반대되는 말을 한다. 비극의 원시적 형태인 무대 없는 합창단과 이상적 관객으로서의 합창단은 서로 일치할 수가 없는 것이다. 관객이라는 개념으로부터 유도

---

17) 독일 초기 낭만주의의 정신적 지도자의 한 사람. 특히 셰익스피어의 희곡의 절반을 번역한 것으로 명성을 얻었다. 1767년에 태어나서 1845년에 사망.

되어 나오는, 즉 〈관객 그 자체〉가 그 원래의 형태로 간주되어져야 할 예술 장르는 어떤 것일까? 무대상연 없는 관객이란 모순된 개념에 틀림 없는데 말이다. 우리는 비극의 탄생이 민중의 도덕적 지성에 대한 존경으로부터도, 무대상연 없는 관객이라는 개념으로부터도 해명되어지지 않는다는 사실에 대해 걱정하면서 이 문제가 너무 심오해서 그렇게 경면적인 관찰로는 겉맛밖에 볼 수 없는 것이라고 일단 생각하기로 하자.

합창단의 의미에 관한 훨씬 가치있는 통찰을 쉴러는 이미 메시나의 신부의 유명한 서문에서 보여주고 있다. 그는, 합창단은 비극이 자신을 사실 세계로부터 분리하고 자기의 이상적 지반과 자기의 시적(詩的) 자유를 획득하기 위해서 자기 주변에 쳐놓은, 하나의 살아 있는 성곽이라고 생각했다. 쉴러는 이러한 통찰을 가지고 자연스러운 것이라는 저속한 개념에 대항하여, 즉 극문학에 일반적으로 필요하다고 생각되어지는 환영(幻影)에 대항하여 싸운다. 그의 견해는 다음과 같이 계속된다. 대낮 자체는 무대 위에서는 인공적 대낮일 뿐이고 건축물은 단지 상징적인 것이다. 운율적 언어도 현실 언어를 이상화시킨 성격을 띠고 있다. 그런데도 불구하고 여전히 그런 오류가 만연되고 있는 것이다. 〈그것〉을 단지 하나의 시적 자유라고 묵인하는 것만으론 충분치 못하다. 그것은 모든 시의 본질인 것이다. 합창단의 도입은 모든 문학상의 자연주의에 대하여 공개적으로 명예롭게 선전을 포고하는 단호한 조치인 것이다. 이상이 쉴러의 견해다. 이러한 관찰방식은 내게는, 자기의 우월을 망신(妄信)하고 있는 현대가 〈사이비 이상주의〉라는 경멸적 명칭을 붙여준 관찰방식인 것으로 생각된다. 내가 두려워하고 있는 것은, 우리가 오늘날 자연적인 것, 현실적인 것을 예찬해 오면서 당도하게 된 지점이, 모든 이상주의의 정 반대의 것, 즉 밀랍세공의 진열장 같은 것이라는 점이다. 현대의 어느 유행 소설에서처럼 밀납세공에도 예술은 있다. 단지 이러한 예술에 의해서 쉴러와 괴테의 〈사이비 이상주의〉가 극복되었다고 자부하며 우리를 괴롭히지 않았으면 한다.

물론, 쉴러의 올바른 통찰에 따르면, 그 위에서 그리이스의 사티로스 합창단, 비극의 기원인 합창단이 왔다 갔다 하던 곳은 하나의 〈이상적〉 땅이며, 죽음을 면할 길이 없는 인간이 걸어다니는 땅 위에 드높이 떠올라 있는 땅인 것이다. 그리이스인은 이 합창단을 위하여 가공(架空)의 〈자연상태〉의 발판을 만들고 그 위에 합창단, 즉 가공의 〈자연존재〉들을 세워 놓았다. 비극은 이러한 기초 위에서 성장했고 물론 처음부터 현실의 섬세한 모사(模寫)로부터 해방되어 있었다. 그러나 이 경우 그것은 하늘과 땅 사이에 상상력을 통해 삽입되어진 자의적 세계가 아니다. 오히려 신앙심 깊은 그리이스인이 올림푸스 산과 그 위의 신들에 대해 가지고 있었던 것과 같은 현실성과 신빙성을 지닌 세계인 것이다. 사티로스는 디오니소스 제(祭) 합창단원으로서, 신화와 종교의 승인 하에 종교적으로 받아들여지는 현실 속에서 살고 있다. 그와 함께 비극이 출발했다는 점, 그로부터 비극의 디오니소스적 지혜가 선포된다는 점은 합창단으로부터 비극이 탄생되는 것만큼이나 우리에게 불가해한 현상이다. 내가 가공의 자연존재인 사티로스와 문화인과의 관계는 디오니소스적 음악과 문명과의 관계와 같다고 주장한다면, 아마도 우리는 연구의 출발점을 찾게되는 것이 아닐까 한다. 문화인과 문명에 관하여 리하르트 바그너는, 남포불이 대낮의 빛에 그 빛을 잃듯이, 그것들도 음악에 의해 그 빛을 상실한다[18]고 말한다. 나는 믿기를 이와 똑같이 그리이스 문화인들도 사티로스 합창단 앞에서는 자기가 상실되는 것을 느낄 것이라는 것이다. 그리고 이것이, 국가와 사회 그리고 개인간의 간격이 강대한 통일감정에 밀려나고 이 감정은 다시금 자연의 심장부로 되돌아간다는, 디오니소스적 비극의 직접적 영향인 것이다. 내가 이미 여기서 암시한 바와 같이 모든 진정한 비극이 우리를 해방시켜주는 수단인 형이상학적 위안, 즉 사물의 근저에 놓여 있는 삶은 현상들이 끊임없이 변화하는 속에서도 불멸의 힘을 지닌 채 즐거워한다는 위안은 사티로스 합창단으로, 자연존재의 합창단으로 육체화되어 명료히 나타나게 된다. 이 자연존재란 말하자면 모든 문명의 배후에 부단히 살아 있어 세대와 민족역사가 몇 번이고 변천되더라도 영원히 불변으로 남아 있다. 몹시 섬세하고 몹시 강렬하게 고통을 느끼는 유별난 능력을 지닌 우울한 그리이스인들은 이러한 합창단에 의해 자기를 위로했다. 그들은 예리한 눈빛으로 소위 세계사(世界史)라는 것의 무시무시한 파괴충동과 자연의 잔혹성을 꿰뚫어 보고 있었고 의지에 대한 불교적 동경에 빠지는 위험을 안고 있었던 것이다. [19] 그는 예술이 구원한다. 그리고 예술을 통하여 그

---

18) 원문은 지양된다 aufgehoben로 되어 있음. 지양(止揚)이란 헤겔 Hegel이 즐겨 쓰는 단어 중의 하나인데, 그 의미 속에는 상승(上昇), 혹은 보존(保存)의 의미도 내포될 수 있다.

19) 이 대목에서 니체가 쇼펜하우어의 사상에서 독립하여 있다는 것이 명백해진다. 이 두 사람의 차이점은 이 책 전체의 주제, 즉 비극의 의미에 대해서 나타난다. 니체는 비극을 쇼펜하우어의 의지(意志)부정을 대신할 수 있는 위대한 생의 긍정으로 보았다. 인간은 쇼펜하우어처럼 자유로울 수 있고 낙천주의적 환상을 가지지 않을 수도 있지만, 그럼에도 불구하고 그리이스인처럼 인생을 근본적으로 힘차고 즐거운 것으로 생각할 수가 있다는 것이다.

는 자기를 구원하는 것은——삶이다.

삶의 일상적 구속과 한계를 파괴시켜 버리는 디오니소스적 상태의 황홀함은, 그 상태가 지속되는 동안 일종의 혼수상태적 요소를 그 속에 내포하고 있다. 이 상태 속에서 그가 과거에 개인적으로 체험한 모든 것이 망각된다. 이러한 망각이라는 경계선에 의하여 일상의 현실과 디오니소스적 현실이 구분되어진다. 그러나 저 일상의 현실이 다시금 의식 속에 되살아나면, 곧 그것은 심한 구토증을 동반한다. 그런 상태의 결과가 금욕적이고 의지 부정적인 심정상태이다. 이런 의미에서 디오니소스적 인간은 햄릿 Hamlet과 닮았다. 양자(兩者)는 우선 사물의 본질 속을 올바로 들여다본다. 그들은 〈인식〉하는 것이다. 그리고 나면, 행동을 한다는 것은 그들에게 구역질을 불러일으키게 된다. 그들의 행동은 사물의 영원한 본질을 조금도 바꾸어 놓지 못하기 때문에 그들은, 지리멸렬의 세계를 다시 정돈하겠다는 생각이 그들에게 드는 것이 우스꽝스럽고 불명예스럽다고까지 느끼게 된다. 인식은 행동을 죽인다. 그러나 행동하기 위해서는 환영에 가려 있지 말아야 한다. 이것이 햄릿의 가르침이다. 이것은 몽상가 한스의 평범한 지혜가 아니다. 한스는 반성만을 되풀이하여 말하자면, 가능성의 과잉상태 때문에 결국은 아무것도 행동으로 옮기지 못한다. 반성이 아니라 진정한 인식이, 무서운 진리의 통찰이 햄릿은 물론이고 디오니소스적 인간에게 있어서도 행동을 유발시키는 모든 동기들을 말소시켜버린다. 이제 위안은 쓸모가 없다. 동경은 세계를 넘고 신들 자체까지도 뛰어넘어 죽음을 향해 달린다. 삶과 삶의 신들, 혹은 불멸의 피안 속의 빛나는 반영은 부정된다. 한번 보게 된 진리를 의식하고 있는 상태 속에서 이제 인간은 도처에서 삶의 공포, 혹은 삶의 불합리를 보게 된다. 이제 그는 숲의 신 실레노스의 지혜를 안다. 그리고 구역질 한다.

의지의 이러한 최고의 위험상태 속에서 이제 〈예술〉이 구원과 치료의 마술사로서 접근해 온다. 오직 예술만이 삶의 공포나 불합리에서 오는 저 구역질나는 생각을 일변시켜, 인간에게 사는 보람을 주는 여러가지 표상으로 변화시키는 힘을 갖고 있다. 이 표상은, 공포스러운 것을 예술적으로 통제하는 경우 고상한 것이 되고, 불합리의 구역질로부터 인간을 예술적으로 해방하는 경우 희극적인 것이 될 것이다. 주신찬가의 사티로스 합창단은 그리이스 예술 속의 구원자 역할을 한다. 이 디오니소스의 시종들이 만드는 중간세계에서, 앞서 말한 바 발작증세는 모두 진정되었던 것이다. [20]

20) 최종적으로 쇼펜하우어와의 관계를 벗어나서, 니체가 처음으로 자기의 빛

64

사티로스도, 근대 목가(牧歌) 속의 목자(牧者)도 근원적인 것과 자연적인 것에 대한 하나의 동경의 소산이다. 그러나 그리이스인은 얼마나 확고하고 대담하게 그 숲 속의 인간을 잡았으며, 얼마나 우리 근대인은 피리부는 목자의 섬세하고 연약한 모습을 가지고 부끄럽게 희롱했던가. 아직껏 어떤 의식도 이루어지지 않은 자연, 어떤 문화의 침투도 받지 않은 자연, 이것을 그리이스인은 사티로스 속에서 보았다. 그래서 사티로스는 원숭이와 동일시되지 않았다. 그 반대로 그는 인간의 원형, 인간의 최고·최대의 감동의 표현이었다. 그는 신의 측근자라는 사실에 감격한 도취자, 신들의 고통을 그대로 반복하여 같이 피로와하는 동지, 자연의 가슴 가장 깊은 곳에서 나오는 진리의 고지자, 그리이스인이 언제나 외경심을 가지고 바라보곤 했던, 자연의 지상(至上)의 생식력의 상징이었다. 사티로스는 어떤 숭고한 존재, 신적인 존재였다. 특히 고통에 상처입은 디오니소스적 인간의 눈에는 그렇게 보였음이 틀림없다. 치장한 거짓 목자라면 디오니소스적 인간의 기분을 상하게 했을 것이다. 위장되지 않고 손상되지 않은 웅대한 자연의 필치(筆致) 위에 그의 눈은 숭고한 만족을 느끼며 머물고 있었다. 여기에 문명의 환영은 인간의 원상(原像)에 의해 대치되고, 여기에 진정한 인간, 자기 신에게 환호성을 던지는 수염난 사티로스가 제 모습을 드러낸다. 그 앞에서 문화인은 위축되어 비(非) 사실적 희화(戲畵)로 변해버렸다. 비극 예술의 시작에 대해서는 쉴러는 옳았다. 합창단은 밀어닥치는 현실에 대한 살아 있는 성벽이다. 그 이유는 사티로스 합창단이, 대체로 자기 스스로 유일한 현실로 믿고 있는 문명인들보다, 삶을 더 사실적으로, 더 진실되게, 더 완전하게 모방하기 때문이다. 시(詩)의 영역은, 시인의 두뇌가 상상력을 통해 만들어 놓은, 불가능한 것으로서의, 세계 외부에 있는 것이 아니다. 시는 그와는 정 반대의 것이기를 원하고 있다. 즉 진리의 꾸밈없

나는 천재성을 보여주는 대목이다. 어떤 사람이 니체에게 햄릿에 관하여 그렇게 적은 어휘로 압축된 말을 만들어서 들려주었다고는 생각되지 않는다. 이 대목은, 프로이트 Freud의 『꿈의 해석 Die Traumdeutung』 초판(1900년) 속의 햄릿에 관한 각주(脚註)와의 비교를 불러일으켰다. 보다 명백한 것은 이 7절의 마지막 두 패러그라프가 실존주의 문학과 비교된다는 것이다. 특히 그 중에서도 사르트르 Sartre의 『구토 La Nausée』 (1938년)가 그렇다.

는 표현을. 그리고 따라서 시는 문명인이 현실이라고 말하고 있는 허위투성이의 가식을 떨쳐버려야 한다. 이러한 원래의 자연적 진실과, 자기를 유일하게 현실이라고 주장하는 문명의 허위 사이의 대조는 사물의 영원한 핵심, 사물 그 자체와 현상세계 전체와의 대조와 유사하다. 비극이, 현상들이 계속 몰락해가고 있는 동안, 자기의 형이상학적 위안을 가지고 존재의 핵심의 영원한 삶을 보여주듯이, 이미 사티로스 합창단의 상징성은 그 자체, 하나의 비유로서 사물 자체와 현상[21] 사이의 근원적 관계를 말해준다. 저 현대인의 목가(牧歌)에 등장하는 목자는, 현대인에게는 자연인 것으로 생각되어지는, 교양이라는 환상의 집적을 모사한 것에 지나지 않는다. 디오니소스적 그리이스인은 진리와 자연이 최고의 힘을 발휘할 것을 바란다. 그는 자기가 마술에 걸려서 사티로스로 변하는 것을 보고자 하는 것이다.

그러한 심정상태에서 디오니소스의 시종의 도취한 무리들은 환호성을 올린다. 그 열광의 힘은 그들 각자를 서로의 눈앞에서 변신하게 만든다. 그래서 그들은 자신이 다시 부활한 자연의 정령(精靈)이고 사티로스라고 느낀다. 이러한 자연적 현상의 예술적 모방이 바로 후대의 비극 합창단의 구성인 것이다. 물론 이런 단계에서는 단순한 디오니소스적 관객과 디오니소스적 도취자와의 구별이 이루어져야 한다. 단지 사람들이 늘 염두에 두고 있어야 하는 것은 아티카 비극의 관객은 극장의 합창석[22]의 합창단 속에서 자신을 재발견하게 되고 결국 합창단과 관객의 입장의 차이는 없었다는 점이다. 왜냐하면 춤추고 노래하는 사티로스든가 혹은 사티로스로 대표되는 사람들로 이루어진 합창단이기 때문이다. 여기서 그 슐레겔의 말은 좀더 깊은 의미로 해석되어져야 한다. 합창단은, 그것이 유일한 〈관조자〉, 무대상의 환상세계의 관조자일 때 〈이상적인〉 관객인 것이다. 우리가 알고 있는 바, 관객으로서의 대

---

21) 여기서 니체는 쇼펜하우어의 관점으로 돌아간다.
22) 「그리이스의 극장은 원래 디오니소스를 기리는 디튀람보스(주싈찬가) 합창단을 위해서 고안되어 있었던 듯하다. 그 한복판에는 오케스트라(orchē-strā·무용석 또는 합창석)가 둥그랗게 자리잡고 있었고 그 가운데에 신의 제단 thumelē이 서 있었다. 오케스트라의 주변에는, 그 절반보다 약간 깊게 일종의 말발굽 같은 형태를 이루고 일반 관람석 theātron이 원형계단처럼 둘러싸고 있었다. 이것은 보통 언덕의 측면을 깎아서 만든다. 오케스트라의 뒤, 관객을 마주보는 곳에 무대 skēnē가 있었고 원래 나무로 만들어졌다. 그 정면에는 세 개의 문이 있는데, 디튀람보스 합창이 연극으로 발전된 후에는 이곳에서 배우들이 입장했다.」 *The Oxford Companion to Classical Literature*, Paul Harvey 경 출판. (개정판, 1946년, pp. 422f)

중온 그리이스인에게는 알려져 있지 않았다. 관객석이 가운데를 향해 내려가는 반원형 계단식 구조로 되어 있는 그들의 극장에서는 모두가 자기 주위의 모든 문화세계를 완전히 무시하고, 무대를 마음껏 내려다 보면서 자기 자신이 합창단원이 됐다고 생각하는 일이 가능했다. 이러한 통찰에 따라 우리는 원시비극 속의 원시적 단계의 합창단을 디오니소스적 인간의 자기 반영이라고 불러도 좋다. 자기 반영의 현상은 배우들의 심적(心的) 변화과정을 통하여 가장 명료히 이해할 수 있다. 진정 재능있는 배우라면 그는 자기가 맡은 바 배역의 모습이 자기 눈앞에서 손에 잡힐듯 선명하게 움직이는 것을 볼 수 있다. 무엇보다도 사티로스 합창단은 대중이 떠올리는 환영이며, 무대 위의 세계는 사티로스 합창단이 떠올리는 환영이다. 이 환영의 힘은 충분히 강력해서〈현실〉이 주는 느낌에 대항하여, 주위 관람석에 자리잡고 있을 교양있는 관객들의 시력을 둔화시키고 마비시킬 수 있을 정도다. 그리이스의 무대 형태는 외따로 떨어진 산골짜기를 연상케 한다. 무대의 건축은, 산 위에서 도취하여 이리저리 돌아다니는 바커스의 신자(信者)들이 아래로 내려다 보고 있는, 빛나는 구름의 모습처럼 보이며, 이 구름의 형상을 테두리로 하여 그 한가운데에 디오니소스의 모습이 보이는 것이다.

우리가 여기서 비극 합창단을 해명하기 위해 거론하고 있는 저 예술적 근원현상은, 예술현상의 핵심적 문제에 관한 우리의 학자적 견해 아래서는 불쾌한 현상이다. 그러나 시인이 시인일 수 있는 것은, 그 시인이 여러 현상들에 둘러 싸여, 그것들이 자기 앞에서 살아 움직이는 것을 보며 그것들의 가장 내적인 본질을 통찰해내는 것을 통해서 가능하다는 점은 의심할 여지없이 명백하다. 우리는 저 근대적 소양이라는 특이한 약점 때문에 그 미적 근원현상을 너무 복잡하고 추상적으로 생각하는 경향을 갖게 되었다. 은유(비유 Methapher)라는 것은 진정한 시인에게는 수사법상의 형용(形容) 같은 것이 아니라 그의 눈앞에서, 어떤 개념 대신에 실제로 움직이고 있는 하나의 대표적 형상을 말하는 것이다. 인물(성격 Charakter)이라는 것은, 진정한 예술가에게는, 주위 모은 개개의 특징들로부터 조합해 낸 전체를 의미하는 것이 아니고, 그의 눈앞에서 끊임없이 살아 움직이는 인물을 의미한다. 이 인물의 모습은, 화가가 그린 그 모습과는, 단지 계속 더 살아가고 더 활동한다는 점만을 제외하고는 하나도 다를 것이 없다. 호메로스는 어떻게 하여, 다른 시인들보다 그렇게 훨씬 구체적으로 묘사를 해낼 수 있었을까? 그것은 그만큼 그가 많이 관조했기 때문이다. 우리가 시에 대하여 그렇게 추상적으로 이야기하는 것은, 우리가 형편없는 예술가이기 때문이다. 근본적으로 미적 현상이란 단순한 것이다. 살아 있는 움직임을 계속 보며, 항상 정령(精靈)의 무리들에 둘러 싸여 살아가는 능력을 얻어 보라. 그러면 그대는 바로 시인이 되는 것이다. 자기 스스로를 변화시켜 다른 이의 몸과 마음이 되어 말하려는 충동을 느껴 보기만 하라! 그러면 그대는 극작가인 것이다. 디오니소스적 격정은, 전체 대중에게, 그들이 스스로가 정령들에 둘러 싸여 있음을 보고, 그들과 내면적으로 하나가 될 수 있는 능력을 전수해 줄 수가 있다. 비극 합창단의 이러한 영향력은〈극적(劇的)〉 근원현상이다. 자기 스스로가 그 자리에서 변신한 것을 보고, 이제 마치 자신이 다른 사람의 몸과 다른 사람의 성격 속으로 실제로 옮겨진 것처럼 행동하는 것, 이것이 연극의 근원현상이다. 이러한 과정은 연극 발전의 초기에 일어났다. 여기에는 음유시인(吟遊詩人)과는 다른 무엇이 있다. 음유시인은 자기가 부르는 형상들과 융합되지 못하고 화가들과 비슷하게 관찰하는 눈으로 자기 외부를 바라본다. 연극의 원시적 현상 속에는, 이와는 달리 다른 존재 속으로의 몰입에 의한 개체의 포기가 내포되어 있다. 그리고 그것도, 마치 전염병처럼 번져가는 것이다. 모여든 군중 전체는 위와 같은 과정을 거쳐, 자기가 마법에 홀려가는 것을 느끼는 것이다. 따라서 주신찬가는 본질적으로 다른 모든 합창가요와는 차이가 난다. 월계수 가지를 손에 들고 행진곡을 부르며 엄숙하게 아폴로의 신전으로 나아가는 처녀들은 여전히 그녀들 자신이며, 자기들의 시민적 이름을 그대로 간직한다. 그러나 주신찬가의 합창단은 변신한 사람들로 구성된 합창단이며, 이들은 자기의 시민생활상의 과거와 자기의 사회적 지위 같은 것을 깡그리 잊어버리고 있다. 그들은 시간을 못 느끼며, 사회영역 밖에서 생활하는 디오니소스의 시종들이 되어버린 것이다. 그리이스의 다른 모든 합창 서정시는 아폴로적 가수 개인의 거대한 감정상승에 불과하다. 반면에 주신찬가에서는 의식 없는 배우들의 한 단체의 무리가 우리 앞에 나타나서, 각자 자기 자신을 변모한 인간으로 생각한다.

이러한 마법의 힘은 모든 극예술의 전제가 된다. 이러한 마법의 힘 속에서 디오니소스적 도취자는 자기가 사티로스인 것을 보고,〈다시금 그는 사티로스로서 신을 바라본다.〉 다시 말하면 그는 자신의 변신 속에서 자기상태의 아폴로적 완성으로서의 새로운 환영을 자기 밖에서 보는 것이다. 이 새로운 환영으로써 연극은 완성된다.

이러한 인식에 따라 우리는 그리이스 비극을, 아폴로적 형상세계 속

68

에 늘상 새로이 자신을 투사(投射)시키는 디오니소스적 합창으로 이해해야 한다. 비극을 엮어가는 저 여러 파트의 합창단들은 말하자면, 대화라고 불리는 부분 전체의 모체(母體)이며, 다시 말하여 무대세계 전체, 연극 자체의 모체이다. 차례대로 여러번 투사되는 과정에서 비극의 이러한 모체는 연극의 저 환영을 비추어낸다. 이 환영은 전적으로 꿈의 현상이고 따라서 서사적(叙事的) 성격을 갖는다. 그러나 한편으로 이 환영은 디오니소스적 상태의 객관화로, 가상 속에서의 아폴로적 구원을 표현하는 것이 아니라 정 반대로 개체의 파괴와 개체의 근원적 존재와의 합일(合一)을 표현한다. 따라서 연극이란 디오니소스적 인식과 활동의 아폴로적 구체화인 것이고 이 때문에 서사시와는 거대한 계곡 같은 거리를 지니게 된다.

디오니소스적으로 흥분된 전체 대중을 상징하는, 그리이스 비극의 〈합창단〉은 우리의 이러한 견해에 의해서 완전히 설명된다. 현대적 무대의 합창단과 오페라 합창단에 익숙해진 우리는 어떻게 해서 저 그리이스의 비극 합창단이, 연극 고유의 〈연기〉보다도 더 유서깊고, 더 근원적이고 더 중요하다고 할 수 있는가를 이해할 수가 없었다──이 점이 전승 속에 그렇게도 명료히 나타나 있었는 데도 말이다──그리고 우리는 이 전승에서 합창단이 근원적이고 중요한 것임을 알았을 때에도 왜 합창단이 신분 낮은 시종들에 의해서, 더구나 최초에는 마치 산양 같은 사티로스만으로 구성되어 있었던가 하는 점을 다시금 납득할 수 없었다. 또한 우리에게는 합창대석이 무대보다 앞에 있었다는 것도 하나의 수수께끼였다. 그러나 우리는 이제 무대와 연기는 기본적으로 그리고 그 〈유래상(由來上)〉 단지 〈환영〉으로밖에 간주되지 않았고, 유일하게 있는 〈현실〉이란, 환영을 만들어내고, 이 환영에 대하여 춤과 음향과 말을 동원해서 설명해주는 바로 그 합창단이었다는 통찰을 얻게 되었다. 이 합창단이 자기가 만들어내는 환영 속에서 보는 것은 자기의 주인이자 스승인 디오니소스 신이며, 따라서 이 합창단은 영원히 〈봉사하는〉 합창단인 것이다. 합창단은 디오니소스 신이 어떻게 괴로와하며 어떻게 영광을 누리는가를 본다. 따라서 그것 스스로는 〈행동하지〉 않는 것이다. 신과는 달리 전적으로 봉사하는 이러한 입장에서도 그것은 〈자연〉의 최고의 표현이며, 〈자연〉의 디오니소스적 표현이다. 따라서 그것은 자연 자체와 마찬가지로, 도취상태 속에서 신탁(神託)과 지혜의 말을 말한다. 그것은 〈더불어 괴로와하는 자〉이면서 동시에 〈현자(賢者)〉, 즉 자연의 심장부로부터 진리를 끌어올려 고지하는 자이다. 신과는 달리 〈말 못하는 인간〉이기도 한, 현명하고 열광적인 사티로스의 저 환상적이고도 언뜻보아 불쾌하게 느껴지는 모습은 이렇게 해서 나타나게 된 것이다. 사티로스는 자연과 자연의 가장 강한 충동의 모상(模像), 자연의 상징이며, 동시에 자연의 지혜 및 예술의 고지자이다. 그는 〈하나의〉 몸 속에 융합되어 있는 음악가, 시인, 무용가, 영혼의 관찰자인 것이다.

원래의 무대 주인공이며 환영의 중심점인 〈디오니소스〉는 이러한 인식과 전승 내용에도 걸맞게 최초에 비극의 최초 시기에는 실제로 존재했던 것이 아니고 단지 존재하는 것으로 생각되어진 것이다. 즉 원래에 비극이란 단지 〈합창〉에 지나지 않았지 〈연극〉인 것은 아니었다. 그 후, 이제 디오니소스를 실재하는 것으로, 그리고 그 환영의 모습과 이 모습을 성스럽게 만들어주는 주변의 모습을 모든 이의 눈에 보일 수 있도록 표현해 내려는 시도가 이루어졌다. 이럼으로써 좁은 의미에서의 연극이 시작된다. 이제 주신찬가 합창단에게는, 청중의 감정을 디오니소스적 단계에까지 격앙시켜서 비극의 주인공이 무대 위에 등장하게 될 때 관중이 가면쓴 그의 흉칙한 모습을 그대로 보는 것이 아니라, 자기들의 황홀경 속에서 태어난 환영의 인물을 보게끔 만든다는 과제가 주어지게 되었다. 우리는 한번 다음을 생각해 보자. 아드메토스 왕은 얼마 전에 사별(死別)한 왕비 알케스티스를 깊이 생각하고 있고 왕비의 모습의 생생한 기억에 몸은 초췌해져 있다. 갑자기 몸매와 걸음걸이가 유사한 어떤 부인이 얼굴을 가리운 채 그의 앞에 이끌려 온다. 순간적으로 떨려오는 불안, 순간적 비교, 본능적 확신……, 이것은 디오니소스적으로 격앙된 관객이, 무대 위로 신이 등장하는 것을 볼 때의 감정과 유사하다. 관객은 이때 이미 신의 고뇌와 완전히 일치가 되어 있는 상태다. 자기도 모르는 사이에 그 관객은 마치 마술에 홀린 것처럼 그의 영혼 앞에서 떨고 있는 신의 형상을, 저 가면쓴 등장인물 위에 겹치고는 가면쓴 인물의 현실성을 망령 같은 비현실성 속으로 녹여버린다. 이것이 아폴로적 꿈의 상태이며, 이 상태 속에서 일상의 세계는 가리워지고 하나의 새로운 세계가 그것보다 더 명료하고, 더 명백하고, 더 인상적으로, 그리고 끊임없이 새롭게 바뀌면서 우리들의 눈앞에 나타나게 되는 것이다. 이 때문에 그리이스 비극 속에는 전반적으로 양식상의 대립이 나타나게 된다. 합창단이라는 디오니소스적 서정시 속에서의 언어, 색채, 움직임, 말의 힘 등은 디오니소스적인 것과는 완전히 다른 표현영역을 차지하는, 무대 위의 아폴로적 꿈의 세계에 있어서의 그것들과 서로 차이가 나는 것이다. 아폴로적 현상 속에 객관화되어 나타난 디오니소스는 이제 더이상, 합창단의 음악 같은 〈끝없는 바다, 난무하는 파도, 격렬한 생활〉[23]이 아니고 또한 디오니소스의 시종이 신의 접근을 알고 감격할 때의 힘, 단지 느껴질 뿐이며 결코 형상화되지는 않는 그 힘도 결코 아니다. 이제 디오니소스 시종자에게는 무대 위에 서사적 형상들의 명료성과 확고성이 보인다. 이제 디오니소스가 힘을 가지고 말하는 것이 아니라 서사적 주인공의 입장에서 호메로스의 언어를 사용하여 말하는 것이다.

9

그리이스 비극의 아폴로적 부분, 즉 대화에서 표현되는 것은 모두 간단하고, 투명하며 아름답게 보인다. 이런 의미에서 대화는 그리이스인의 모사(模寫)이다. 그리이스인의 본성은 춤에서 나타난다. 춤 속에서는 가장 커다란 디오니소스적 힘은 아주 숨겨져 있으면서 그 동작의 유연성과 풍부함 속에서 드러나 보이기 때문이다. 소포클레스의 주인공의 언어는 그 아폴로적 정확성과 명쾌성에 의하여 우리를 몹시 놀라게 한다. 그래서 우리는 그 언어의 본질의 가장 깊은 토대까지도 보았다는 생각이 들게 되고 이러한 토대에 이르는 길이 그렇게 짧은 데에 약간 놀라게 된다. 그러나 우리가 한번 표면에 나타나 보이는 주인공의 성격에서 눈을 다른 곳으로 돌려 보면——주인공의 성격은 어두운 담벼락에 던져진 한조각 빛 이외의 아무것도 아니며 전적으로 하나의 현상에 지나지 않는다——우리는 오히려 이 밝은 영상 속에 나타나는 신화(神話) 속으로 빨려들게 되고 갑자기 우리에게 잘 알려진 어떤 광학적 현상과는 정 반대의 현상 하나를 체험하게 된다. 우리가 태양을 눈으로 보려고 열심히 노력하다가 눈이 부셔서 몸을 돌릴 때, 하나의 치료수단으로서 어두운 색조의 그림자가 눈앞에 나타나게 된다. 소포클레스의 주인공의 저 광학현상은 정 반대이다. 간단히 말하면, 마스크(가면)의 아폴로적 성격, 이것이 자연의 내부의 공포스러운 것을 들여다 본 것에 대한 필연적 보충현상이다. 말하자면 소름끼치는 밤을 들여다 본 눈을 치료하기 위한 한조각 빛인 것이다. 우리는 〈그리이스인의 명랑성〉이라는 중요한 개념을 이러한 의미에서만 정당하게 이해했다고 믿어도 좋은 것이다. 반면에 물론 우리는 이 개념을, 위험이 없는 만족상태에서의 명랑성으로 잘못 이해하는 경우를 요즈음 어느 곳에서나 보게 된다.

그리이스 연극 속에서 가장 고통스러워하는 인물인, 불행한 오이디푸

---

23) 괴테의 『파우스트 Faust』에서 인용. 505—507행.

스를 소포클레스는 고상한 인물로 해석하고 있다. 오이디푸스는 지혜로 왔음에도 불구하고 미망(迷妄)과 비참에 빠져든다. 그는 그러나 자기의 커다란 고통을 통해서 마침내 축복에 넘친 마력을 자기 주위에 발휘하게 되고 이 마력은 그의 사후(死後)에도 계속 영향을 미친다. 고귀한 인간은 죄를 범하지 않는다 라고 그 깊이있는 시인은 말하고자 하는 것이다. 그의 행위에 의해서 모든 법률, 모든 자연스러운 질서, 더우기 도덕세계까지다 무너져 버릴지라도 바로 이 행위에 의해서 영향력 있는, 보다 높은 마법의 동그라미가 그려지고 이 힘으로 파괴된 세계의 폐허 위에 하나의 새로운 세계가 세워진다. 소포클레스가 종교적 사상가인 한, 그는 우리에게 이것을 말하고자 한 것이다. 시인으로서의 소포클레스는 우선 우리에게, 기이하게 얽혀 있는 사건을 제시한다. 오이디푸스는 이 사건들의 한마디 한마디를 천천히 풀어나가 마지막에는 스스로가 파멸하게 된다. 이러한 변증론(辯證論)적 해결에 대한, 진정한 그리이스인들의 기쁨은 실로 대단한 것이어서 이로 말미암아 작품 전체에 명랑한 분위기가 감돌고 있으며, 이 명랑성은 작품 도처에서 그 사건 진행의 공포스러운 조건들의 힘을 빼앗아버리고 있다. 〈콜로노스의 오이디푸스〉에서 우리는 똑같은 명랑성을 보게 된다. 그러나 여기서 명랑성은 불멸의 찬양을 받으며 우뚝 솟아 있다. 자기에게 마주치는 모든 것에 대해서 순전히 〈인종자(忍從者)〉의 태도로 몸을 내맡기기만 하는, 극도의 불행에 빠진 노인과 이 세상의 것으로는 생각되지 않는 명랑성이 대조를 이루고 있다. 이 명랑성은 신의 나라에서 내려와서 우리에게 다음과 같이 가르쳐 준다. 주인공은 자신의 극도의 수동성 속에서 최고의 능동성을 얻게 되고 이 능동성은 그의 생애를 훨씬 넘어선 시기에까지 영향을 미친다. 반면, 젊은 시절의 그의 의식적 노력과 정진(精進)은 그에게 단지 수동성만을 가져다 주었을 뿐이다. 이렇게 하여 오이디푸스 이야기의, 인간의 눈으로는 해결할 수 없을 정도로 얽혀진 줄거리의 전개부가 서서히 풀려나간다. 그리고 변증론이라는 신적(神的)인 것의 모사(模寫) 속에서 우리는 가장 깊은 인간적 기쁨에 사로잡히게 된다. 우리의 소포클레스에 대한 이러한 해석이 정당한 것이라 할지라도 우리는 여전히, 이것으로써 이 신화의 내용이 충분히 설명되어진 것인가를 물어야 할 것이다. 이와 같은 질문을 던지면 이제, 그 시인의 구상 전체는 저 한조각 광선 이외의 아무것도 아니라는 점이 드러난다. 이 빛은 우리가 나락(奈落) 속을 들여다 보고 난 후에, 우리를 치료해 줄 수 있는 자연이 우리 앞에 제시해 준 것이다. 자기 아버지의 살해자 오이디푸스, 자기 어머니의 남편 오이디푸스, 스핑크스의 수수께끼를 푼 자 오이디푸스. 이와 같은 운명적 행위의 신비스러운 삼면상(三面相)은 도대체 우리에게 무엇을 말해 주고 있는 것일까? 태고적의, 특히 페르시아의 민간 신앙 하나가 있다. 현명한 마법사는 근친상간에 의해서만 태어날 수 있다는 이 신앙을, 우리는 수수께끼를 풀고 자기 어머니를 해방시키는 오이디푸스와 관련시켜서 곧 다음과 같이 해석해야 한다. 예언적이고 마법적인 힘이 현재와 미래의 속박을 풀고, 개별화라는 불변의 법칙을 깨뜨리고, 자연 고유의 마법까지도 어느 정도 깨뜨려버리는 사태가 발생하기 직전 단계에서는 그 원인으로서 거대한 비(非) 자연적 사건이——마치 그 이야기 속의 근친상간처럼——선행해야만 한다라고. 왜냐하면, 인간이 자연에 거역하여 승리를 거둠을 통해서, 즉 비자연성을 통해서가 아니라면 인간은 자연이 자기의 심오한 뜻을 밝히도록 만들 수가 없기 때문이다, 이러한 인식이 오이디푸스의 운명의 저 공포스러운 삼면상(三面相) 속에 새겨져 있는 것을 나는 보는 것이다. 자연의——저 이중 성격의 스핑크스[24]의——수수께끼를 푼 사람은 아버지의 살해자이며 어머니의 남편으로서도 성스러운 자연질서를 파괴해야만 한다. 게다가 이 신화는 우리에게 다음과 같이 속삭이고 싶어하는 듯이 보인다. 지혜라는 것, 게다가 바로 디오니소스적 지혜라는 것은 자연에 거역하는 하나의 만행이노라고, 자기의 지혜에 의하여 자연을 파멸의 구렁텅이에 빠뜨리는 자는 그 자신의 자연도 해체되어 버리는 운명을 맛보아야 한다고. 「지혜의 칼끝은 지혜로운 자에게 향한다. 지혜는 자연에 대한 범죄이다.」 이러한 문구를 이 신화는 우리에게 외치고 있는 것이다. 그러나 이 그리이스 시인이 신화라는, 거대하고 공포스러운 멤논의 기둥 Memnonssäule[25]을 마치 햇빛처럼 부드럽게 쓰다듬자 이 기둥은 갑자기 노래부르기 시작한 것이다. 소포클레스의 선율로.

---

24) 얼굴은 인간, 몸은 사자. 고대 그리이스에서의 표현 속에는 스핑크스 Sphinx가 날개도 가지고 있었다 함.

　　니체의, 근친상간에 관한 해석은 바그너 Wagner에게 영향받았고 따라서 「바그너의 경우 Der Fall Wagner」의 4절과 비교되어야 할 것이다.

25) 멤논의 기둥이란 이집트 왕 아메노피스 Amenophis 3세의 두 개의 거대한 조각상 중의 하나로 고대에 붙여진 이름이다. 나일강과 왕들의 계곡 사이의 이집트 테에베 근처에, 카르낙으로부터 강을 가로질러 서 있다. 아침에 태양의 첫번째 광선이 그 풍화된 조각상을 비추면 그것이 음악적인 소리를 발했다고 전해진다. 이 현상은 지진이 이 조각상을 더욱 파괴해버린 다음부터는 나타나지 않았다. 〈멤논의 조상(彫像)〉은 입센 Ibsen의 『페르 귄트. Peer Gynt』(1867년) 4막에도 나온다.

수동성의 영광에 대하여 나는 이제 능동성의 영광을 대치시켜 보겠다. 이 영광은 에스킬로스의 〈프로메테우스〉의 것이다. 여기서 에스킬로스가 사상가의 입장에서 우리에게 말해 주어야 했던 것, 그러나 그가 시인의 입장에서 비유적 형상으로 말했기 때문에 우리는 단지 예감할 수밖에 없는 것, 그것을 젊은 괴테는 프로메테우스의 과감한 말 속에서 우리에게 드러내 보여줄 수 있었다.

　　여기 나는 앉아, 인간을 만든다.
　　내 형상을 따라
　　나와 닮은 한 종족을,
　　이것은 괴로와하고, 울며,
　　즐거워하고 기뻐하며
　　그리고 그대의 종족을 거들떠도 안 본다.
　　나처럼. [26]

거인의 경지로 드높아가는 인간은 스스로 자기 문화를 전취(戰取)하며, 신들에게 인간과 결속하도록 강요한다. 인간은 자기 스스로 얻어낸 지식을 가지고 신들의 목숨을 수중에 넣고 그들을 규제한다. 그러나 그 기본 사상으로 미루어 보아 불경(不敬)의 찬가(讚歌)인 프로메테우스의 노래 중 가장 경탄할 만한 것은 〈정의〉를 향한 에스킬로스의 깊은 경도(傾倒)인 것이다. 한편으로는 대담한 〈개인〉의 측정할 수 없을 정도의 고통, 또다른 한편으로는 신들의 곤경, 게다가 신들의 황혼의 예감이 있는 상태 하에서 그 두 가지 고통의 세계의 화해, 즉 형이상학적 통일을 강요하는 힘, 이 모든 것은 에스킬로스의 세계관의 요점과 주제를 매우 강력히 시사해 준다. 그의 세계관에 의하면 영원한 정의로서의 운명의 여신 모이라는 신과 인간 위에 군림하는 것이다. 에스킬로스가 올림푸스 세계를 정의의 저울에 놓아본다는 기막힌 대담성을 보고 우리는 다음을 깨달아야 한다. 명상적인 그리이스인은 형이상학적 사유를 위한 확고부동한 기반을 비밀스럽게 지니고 있었고 그의 모든 회의의 발작은 올림푸스 신들에게 발산되었다는 것을 말이다. 그리이스 예술가는 특히 신들에 관하여는 상호의존이라는 막연한 감정을 가지고 있었다. 그리고 바로 에스킬로스의 프로메테우스에 이 감정이 상징화되어 있다. 거인적 예술가 소포클레스는 인간을 창조하고 올림푸스 신들을 멸망시킬 수도 있다는 반항적 신념을 가지고 있었다. 그는 이것을 그의 지혜에 의하여 알아내게 된 바, 그의 지혜의 대가로 그는 영원한 고통이라는 것을 받

──────
26) 괴테의 시(詩).

아야 했다. 영원한 고통을 받음으로써도 충분히 그 대가를 치러내지 못할, 위대한 예술가의 위대한 〈능력〉, 〈예술가〉라는 쓰디 쓴 자부심, 이것이 에스킬로스 문학의 내용이자 영혼이다. 이에 비해, 소포클레스는 오이디푸스 속에서 〈성자(聖者)의 승전가(勝戰歌)〉를 연주하고 있다. 그러나 에스킬로스가 신화에 대해 내린 저 해석으로도 이 신화의 무시무시한 공포의 깊이가 제대로 측량되어진 것은 아니다. 오히려 예술가의 생성(生成)의 기쁨, 어떠한 불행에도 굽히지 않는 예술적 창조의 명랑성 등은 비애의 검은 호수에 비치는 밝은 구름과 하늘의 모습에 지나지 않는다. 프로메테우스의 전설은 아리안 계 민족사회 전체의 근원적 재산이며 심오하고 비극적인 것에 대한 그들의 재능에 대한 기록이다. 게다가 이 신화가 아리안 종족의 본질에 대하여 갖는 의미는, 득죄신화(得罪神話)가 셈 족의 본질에 대하여 갖는 특징적 의미와 같다는 사실과, 두 신화 사이에는 누이와 오빠 사이 같은 친척 관계가 성립하고 있다는 사실은 어느 정도의 타당성을 지니고 있다.[27] 프로메테우스 신화의 전제가 되는 것은, 발전해가는 문화의 진정한 수호신으로서의 〈불〉에 대하여 원시 인류가 부여했던 엄청난 가치성이다. 그러나 인간이 자유자재로 불을 다스린다는 것과, 사물을 태우는 번갯불이나 따뜻한 태양열 등등의 하늘의 선물에 의하지 않고서도 불을 얻어낸다는 것은 저 명상적 원시인들에게는 신적(神的)인 자연에 대한 모독이며 약탈이라고 생각되었다. 이렇게 해서, 최초의 철학적 문제의식은 인간과 신과의 사이에 귀찮고 풀 수 없는 모순을 설정하고 이것을 모든 문화의 입구에 하나의 바위덩어리처럼 세워놓게 된다. 인간이 획득할 수 있는 최선, 최고의 것을 인간은 모독행위에 의하여 얻어내었고 이제 다시금 그 대가, 말하자면 홍수 같은 비애와 고뇌 모두를 받아야 하게 되었다. 모욕당한 하늘의 신들은 발전하고자 숭고히 노력하는 인류를 이것을 가지고 괴롭힌다. 이는 매우 신랄한 생각이다. 이 생각은 인간이 모독행위에 대해 부여한 〈존엄성〉이라는 것에 의하여 셈 족의 득죄신화와 독특하게 구별되어진다. 셈족의 이 신화에서는 악(惡)의 근원으로 간주되어지는 것은 호기심, 거짓에 속아넘어 감, 유혹에 약함, 호색(好色), 요컨대 일련의 주로 여성적인 정념(情念)이다. 이에 비해 아리안 족의 사고방식의 탁월성은 〈능동적 죄〉를 원래의 프로메테우스적 덕목으로 간주하는 숭고성에 있다. 이로써 동시에 염세주의적 비극의 윤리적 토대

---

27) 바그너에게서 결별한 후 니체는 〈아리안 족의〉라는 용어와 〈셈 족의〉라는 용어를 좀더 불확실하게 사용한다.

가 인간의 죄악의 〈정당화〉임이 발견되고 게다가 이것은 인간의 죄와
이에 따른 고통의 정당화에까지 이르른다. 사물의 본질에 내재하는 재
앙——내성적 아리안은 성격적으로 사물을 엉터리로 해석하지 못한
다——세계의 심장부 속의 모순이 아리안의 눈에는 다양하게 개별화
된, 예컨대 인간의 또는 신의 세계들로 나타나게 된다. 개별화된 세계
는 개체로서 독립하고 있는 경우에는 제각기 옳지만, 그러나 각각 다른
세계와 병존하고 있을 때에는 각각의 세계는 스스로의 개별화 때문에
고민하지 않을 수 없다. 개별적인 것이 보편적인 것으로 되고자 하는
영웅적 충동이 생기면, 즉 개별화의 속박을 넘어서서 저 〈하나〉의 세계
의 본질 자체에 동화되고자 할 때, 개별적인 것은 사물 속에 내재하는
근원적 모순을 떠맡게 된다. 즉 모독하고 고통받는 것이다. 아리안 족에
의해서는 모독이 남성으로, 셈 족에 의해서는 죄악이 여성으로 이해되어
지고 최초의 모독이 남성에 의해서, 최초의 죄악이 여성에 의해서 행해
지는 것은 이 때문인 것이다. 게다가 마녀들의 합창은 이렇게 말하고
있다.

　　　그건 아무것도 아닌 셈이야.
　　　천 걸음 걸으면 여자는 그 정도 갈 수 있지.
　　　하지만 여자가 제아무리 서둘러도
　　　남자는 한 걸음에 앞지르는 걸.[28]

　　프로메테우스 전설의 가장 깊은 핵심——거인적 노력을 하는 개인은
필연적으로 모독을 범한다 라는 점——을 이해하는 사람은, 이와 동시
에 이 염세주의 사상의 비(非) 아폴로적 성격을 느끼지 않을 수 없다.
왜냐하면 아폴로가 개개의 사물을 안정시키는 수단은 개체의 경계선을 긋
고, 자기를 알 것과 절도를 지킬 것을 요구함으로써 가장 신성한 세계 법
칙으로서의 이 경계선을 늘상 상기시키는 것이기 때문이다. 그러나 이러
한 아폴로적 경향에 의해서 형식이 굳어져 이집트적 딱딱함과 차가움으
로 변하는 것을 막기 위하여, 즉 호수 위의 개개의 물결에 그 궤도와 영
역을 지정해 주려는 노력 때문에 호수 전체의 움직임이 죽어버리는 일이
일어나지 않도록 하기 위하여, 아폴로적인 데만 기울어진 〈의지〉가 그리
이스 정신을 혼탁하게 만들고자 침투해 들어가서 만들어 놓는 저 소
경계(小境界) 모두를 수시로 디오니소스적인 것의 거대한 물결이 차단해
버린다. 이때 갑자기 밀려온 디오니소스적 밀물이 개체라고 하는 개개의
작은 물결을 자기 등에 짊어지는 것은, 프로메테우스의 형제 아틀라

───────────
　　28) 괴테의 『파우스트』 3982-85행.

76

스가 지구를 짊어지는 것과 같다. 말하자면 아틀라스가 모든 개체들을 만들어 내면서 이것들을 넓은 등에 짊어지고 점점 높이, 점점 멀리 옮겨 가는 것과도 같은 이러한 충동은 프로메테우스와 디오니소스 양자의 공통점이다. 에스킬로스의 프로메테우스는 이런 점을 보아 틀림없이 디오니소스가 행한 분장이다. 반면에 저 앞서 말한 바 있는, 에스킬로스의 정의에 대한 깊은 경도는 그의 부계(父系) 혈통이 개별화와 정의의 신인 아폴로에 연결된다는 점을 드러내주고 있다. 따라서 에스킬로스의 프로메테우스가 가진 이중성, 즉 아폴로적이면서 디오니소스적인 성격은 다음과 같은 개념 공식으로 표현될 수 있다. 「모든 현존하는 것은 정당한 동시에 정당하지 않으며, 어느 것이나 동일한 자격을 가지고 있다.」 이것이 너의 세계다. 이것이 세계라 불리는 것이다 ! [29]

10

그리이스 비극이 그 가장 오래된 형태에서는 디오니소스의 고뇌만을 표현하였고 오랜 시간이 경과하는 동안에도 무대 주인공은 디오니소스밖에 없다는 것은 의심할 여지없이 전승(傳承)에 나타나 있다. 그러나 에우리피데스에 이르는 시기까지도 무대 주인공으로 디오니소스가 빠진 적은 한번도 없었고 그리이스 무대상의 유명한 주인공 모두는, 예컨대 프로메테우스, 오이디푸스 등등은 저 원래의 주인공 디오니소스가 분장한 것에 지나지 않는다는 점도 그 정도로 확실하게 주장되어질 수가 있다. 이 모든 분장 뒤에는 어떤 신이 숨어 있다는 점은 그 유명한 인물들이 그렇게 놀라운 전형적 〈이상성〉을 갖추고 있었다는 데 대한 근본적 이유가 된다. 누가 주장했었는지는 잘 모르겠지만 모든 개체는 개체 그 자체인 점에서 우스꽝스럽고 따라서 비극적이 못된다 라고 하는 주장이 있다. 이것은 다음처럼 해석될 것이다. 그리이스인은 일반적으로 개인이 비극무대 위에 있는 것을 참을 수 〈없었다〉라고. 실제로 그들은 그렇게 느꼈던 것 같다. 이는 〈이데아〉를 〈이도울〉, 즉 모상(模像)과 구별하여 평가한 플라톤의 사고방식이 그리이스 본질에 깊이 뿌리박고 있는 것과 마찬가지이다. 플라톤의 말을 빌어 우리는 그리이스 무대의 비극적 인물들에 관하여 다음처럼 말할 수 있을 것이다. 유일하게 진실로 실재하는 디오니소스는 다양한 인물들로 등장하고, 말하자면 어떤 투쟁하는 영웅의 모습을 한 채, 개개의 의지들의 그물망 속에 휘말린 상태로 등장하는 것이다 라고. 이렇게 하여 등장한 신이 말하고 행동하면, 그

29) 괴테의 『파우스트』 409행.

는 방황하고 노력하고 피로와하는 개인을 닮게 되는 것이다. 그리고 그
가 대체로 이러한 서사적으로 분명한 성격을 지니고 〈나타난다〉는 것은
꿈의 해석자 아폴로의 영향 때문이다. 아폴로는 저 비유적 현상들을 통
하여 합창단에게 합창단 자신의 디오니소스적 상태를 해명해 준다. 그러
나 실제로는 저 주인공은 고통스러워하는 신비의 디오니소스, 개별화의
고통을 한몸에 받는 저 신(神)인 것이다. 디오니소스에 관해서는 놀라운
신화가 다음과 같은 이야기를 전해 주고 있다. 디오니소스는 소년 시절,
거인에게 갈기갈기 찢겨지고 그 후 찢겨진 상태 그대로 제그레우스로 숭
배되고 있다고. 이 이야기 속에 암시되어 있는 것은, 디오니소스의 원래
의 〈고통〉인 이러한 분해(分解)는 세계의 지(地), 수(水), 화(火), 풍(風)
으로의 분화(分化)와 같은 것이고, 따라서 우리는 개별화의 상태를 모든
고뇌의 원천이자 근원으로서 그 자체를 비난해야 할 것으로 생각해야
한다는 것이다. 이 디오니소스의 웃음으로부터 올림푸스 신들이 탄생했
고 그의 눈물로부터 인간이 탄생했다. 저 갈래갈래 찢겨진 신이라는 상
태 때문에, 디오니소스는 무시무시하게 잔인한 마신(魔神)과 상냥하고
부드러운 주인이라는 이중의 면모를 지니게 된다. 그러나 에폭푸테스[30]
들의 희망은 디오니소스의 부활에 집중되었고 우리는 이 부활에 의해서
개별화의 종말이 이루어진다는 것을 느끼고 있지 않으면 안 된다. 에폭
푸테스들의 소란스런 환호의 노래는 이 세번째로 나타나는 디오니소스
에 대한 것이었다. 그리고 이러한 희망이 있었기에 갈기갈기 찢겨진,
개체로 분화된 세계의 얼굴에 기쁨의 미소가 번질 수 있는 것이다. 신
화는 이것을 영원한 슬픔에 잠겨 있는 데메테르를 통하여 구체화하고
있다. 사람들이 그녀에게, 그녀가 디오니소스를 〈또 한번〉 잉태할 수 있
노라고 말해 주었을 때 그녀는 처음으로 다시 〈기뻐했다〉. 위에서 말한
몇 가지 견해들 속에는 이미 심오한 염세주의적 세계관의 모든 구성요소
가 들어 있고 따라서 동시에 〈비극의 비밀스런 가르침〉이 함께 들어 있
게 된다. 현존하는 모든 것은 하나라는 기본인식, 개체화는 악의 근본
원인이며 예술은 개체화의 속박을 파괴할 수 있다는 희망이며, 다시 도
래할 통일에 대한 예감이라는 견해 등이 말이다.

앞서 시사한 바처럼, 호메로스의 서사시는 올림푸스 문화의 시이며,
올림푸스 문화는 이 시의 힘으로 거인전쟁의 공포를 극복하는 올림푸스
승전가를 부른 것이다. 이제 비극문학의 강력한 영향 하에서 호메로스
적 신화는 새로이 탄생되고 이러한 전생(轉生) 속에서 그동안 올림푸스

30) 신비 Mysterium——또는 비제(秘祭)——를 보는 것이 허용된 자.

문화까지도 어쩌면 더 심오한 세계관에 정복당해 버렸다는 것을 보여주게 된다. 반항적 거인 프로메테우스는 올림푸스에 사는 자기의 박해자에게 박해자가 적당한 시기에 자기와 협정을 맺지 않는다면 박해자의 지배권은 극도의 위험에 빠질 것이라고 통고하였다. 깜짝 놀라서 자기의 종말을 걱정하게 된 제우스 신이 거인들과 동맹을 맺는 것이 에스킬로스에 나타나 있다. 이렇게 하여 예전의 거인시대가 저승에서 헤어나와 다시 빛을 보게 되었다. 자연의 거칠고 황량한 철학이, 춤추며 지나가는 호메로스적 세계의 신화를 진리가 담긴 사나운 표정으로 노려보았다. 호메로스적 신화는 이 여신의 불꽃이 이글거리는 눈을 보고 창백해지고 몸을 떤다. 결국 호메로스적 신화에게 디오니소스적 예술가의 무쇠 주먹이 새로운 신을 섬기라고 강요한다. 디오니소스적 진리는 신화의 전체 영역을 〈자기〉의 인식을 표현하는 상징적 수단으로 넘겨받고, 부분적으로 비극이라는 공개적 제전에서, 또 부분적으로 극형식의 비제(秘祭)라는 비밀스런 행사에서 항상 옛 신화의 껍질을 쓰고 표현되어진다. 프로메테우스를 독수리로부터 해방시키고 신화를 디오니소스적 지혜의 시녀로 만들어 버리는 이것은 무슨 힘일까? 이것은 음악의 헤라클레스적 힘이다. 비극 속에서 최고로 발현되는 이 힘은 신화를 해석하여 새롭고도 가장 심오한 의미를 부여할 수 있는 힘이다. 이것은 우리가 음악의 가장 강력한 능력으로서 앞서 이미 그 특징을 지적한 바와 같은데 이를 설명하면 다음과 같다. 모든 신화는 운명적으로 점차 소위 역사적 현실이라는 좁은 테두리 속으로 기어들어가서 후대에 의해, 역사적 요청을 지녔던 일회적 사건으로 다루어짐을 피할 수 없다. 그리고 그리이스인은 이미 명민하기는 하지만 자의적인 태도로 그들의 청춘기의 신화적 꿈 전체를 하나의 역사상으로 실재했던 〈초기의 역사〉로 바꾸어 버리는 단계에 완전히 들어서 있었다. 종교가 사멸하는 방식도 늘 이런 것이었다. 즉 종교가 지닌 여러가지 신화적 전제들이 정통적 교리의 엄격한 지성적 눈길에 의해 이미 끝나버린 역사적 사건들의 총체로 체계화되고 사람들이 신화의 신빙성을 조심스럽게 변호하면서도, 신화의 자연적 연명(延命)과 지속적 성장에 대해서는 눈쌀을 찌푸릴 때, 즉 신화에 대한 감각이 사멸하고 그 대신 종교를 역사적 토대 위에 세울 것이 요구되어질 때 종교는 사멸한다. 그리하여 이 죽어가는 신화를 이제 디오니소스적 음악의 새로 탄생한 영혼이 붙잡아 준다. 그리고 신화는 다시 한번 이제까지는 한번도 보여주지 못하던 색깔을 띠고, 형이상학적 세계에 대한, 동경에 가득 찬 예감을 불러일으키는 향기를 흩뿌리며 피어오르게 되는 것이다. 이렇게 최후로 불타오른 뒤에 신화는 사그라진다. 그 잎은 시들어 버리고, 곧 고대의 풍자적 루키아노스들이 바람 앞에서 굴러다니는 퇴색하고 시들어버린 꽃송이들을 잡고자 손을 뻗는다. 신화가 그 가장 깊은 내용과 이것에 대한 가장 표현력 있는 형식을 얻게 된 것은 비극을 통해서였다. 이 비극 속에서 신화는 다시 한번 몸을 일으킨 것이다. 상처입은 영웅처럼, 그리고 최후의 안간힘과 죽어가는 자의 지혜에 넘치는 평온함이 그의 눈 속에서 최후의 힘찬 빛을 발하며 타오르는 것처럼. 모독자 에우리피데스여, 네가 이 죽어가는 자에게 다시 한번 고역(苦役)을 강요하려 하였을 때 너는 무얼하려 했던 것이냐? 그는 너의 폭력의 손아귀에서 죽었다. 그리고 나자 너는 헤라클레스의 원숭이처럼 낡은 장신구를 머리에 올려놓을 줄밖에 모르던 모조(模造)되고 변조된 신화를 필요로 하게 되었다. 그리고 네게서 신화가 죽은 것처럼 네게서 음악의 영혼도 죽었다. 비록 네가 탐욕의 손을 뻗어 음악의 모든 화원(花園)을 약탈했다 하더라도 네 손에 붙잡힌 것을 너는 변조된 모조음악에 갖다 바쳤다. 그리고 네가 디오니소스를 떠났기에 아폴로도 너를 떠났다. 모든 정열을 그 보금자리에서 몰아내어 네 울타리에 감금해 보거라. 네 주인공의 대사를 위해서 소피스트식 변론술을 연마해 보거라. 그래도 역시 네 주인공들은 모조되고 변조된 정열밖에 가지지 못하며 모방되고 변조된 말밖에 하지 못한다.

11

그리이스 비극은 그와 관련있는 그 이전의 모든 예술 쟝르들과는 다른 양상으로 죽어갔다. 그것은 풀 길 없는 갈등 때문에 자살하여 비극적으로 끝났다. 반면에 다른 예술들은 장수하여 가장 아름답고 고요하게 숨졌다. 많은 훌륭한 자손을 남긴 채 고요히 생명과 분리되는 것이 행복한 자연상태에 어울리는 것이라 한다면, 저 비극 이전에 나타난 예술의 종말은 그런 행복한 자연상태를 우리에게 보여주는 것이라 하겠다. 그들은 서서히 사라져갔다. 그리고 죽어가는 이의 눈앞에는 이미 다음 세대의 모습이 보였으며 그들은 기운찬 모습으로 커가고 있는 것이었다. 이에 반해 그리이스 비극의 죽음에 의하여는 거대하고, 도처에서 통절하게 느껴지는 공허가 발생했다. 옛날 티베리우스 시대에 그리이스 뱃사람들이 절해의 고도에서 「위대한 판(牧羊神)이 죽었다」고 하는 처절한 외침을 들은 것처럼, 이제 「비극은 죽었다. 시 자체도 비극과 함께 사라졌다. 빨리 가라, 너희들 말라빠져 앙상한 아류(亞流)들아, 모두 서둘러

라, 어서 저승으로, 거기서 너희들은 옛날 거장들의 빵부스러기를 한번
쯤 배불리 먹을 수 있을 게다」하는 소리가 비애에 가득 찬 곡성(哭聲)처
럼 그리이스 세계 도처에 울려퍼졌다.

그러나 어쨌든 새로운 예술 장르 하나가 태어나서 비극을 자기네 선
구자 겸 스승으로 숭배하게 된다. 여기서 우리는 놀랍게도 다음을 인식
하지 않을 수 없다. 이 새로운 예술 장르는 확실히 자기 어머니의 모습
을 닮고 있었고 그것도 어머니가 자기의 오랜 동안의 죽음과의 싸움에
서 보여 주었던 모습을 닮고 있었던 것이다. 비극이 자기의 죽음과 투쟁
을 벌이게끔 종용한 자는 바로 〈에우리피데스〉였다. 저 나중에 발생한
예술 장르는 〈신(新)아티카 희극〉[31]으로 알려져 있다. 이 희극 속에는
비극의 타락한 형태가 명맥을 유지하고 있으며 너무도 비참한 비극의
횡사(橫死)가 기록되어 있다.

이런 연관성을 보면, 새로운 희극의 작가들이 비극작가 에우리피데스
에 대해 지니고 있던 열렬한 애착이 납득된다. 따라서, 에우리피데스가
지금도 제정신이라는 확신만 자기에게 선다면, 저승에서 그를 방문할
수 있기 위해서만이라도 자기가 목매달아 죽어도 좋다고 한 필레몬의
소원은 하등 이상하게 생각되지 않는다. 그러나 에우리피데스가 메난드
로스 및 필레몬과 어떤 점을 공통되게 가지고 있었는가. 무엇이 그 두
사람에게 그렇게 자극적이고 모범적으로 영향을 미쳤는가 하는 점을,
장황함을 피하여 몹시 짧은 말로 표현한다면, 〈관객〉이 에우리피데스에
의해서 무대 위로 올라오게 되었다고만 말하면 충분하다. 에우리피데스
이전의 프로메테우스적 비극작가들이 자기네 주인공을 어떤 소재로부터
취해 왔는가, 그리고 현실의 충실한 모습을 무대 위에 올려놓는다는 의도
가 그들과는 얼마나 거리가 먼 것인가 하는 것을 이해하는 사람은 에우
리피데스가 전혀 다른 경향을 소지하고 있었다는 점도 이해할 수 있을
것이다. 그에 의하여, 일상생활을 하는 인간이 관객석으로부터 무대 위

---

31) 소위 낡은 희극의 대표자는 아리스토파네스(Aristophanes · 기원전 약 448
    -380)이었다. 「새로운 희극은 대략 336년에 퍼지기 시작했다. 그 특징은,
    구성과 인물이 발달되어 있었고 당시의 생활을 거기서 이끌어낸 인물에
    의해 표현하였으며, 낭만적 사랑을 주제로 도입하였고, 유모어 대신에 위
    트를 도입하였다는 점이다. 새로운 희극은 아리스토파네스의 희극보다는
    에우리피데스의 비극(예컨대 〈이온 Ion〉같은 작품)을 더 많이 닮았다. 합
    창단에 관해서 말하자면, 이것은 막간(幕間)을 표시하기 위해 공연하는
    음악가와 무용수의 집단으로 퇴화되어 버렸다. 새로운 희극은 사실상 현대
    극의 명백한 조상이 되는 셈이지만 그 도덕적 수준은 놀랄 정도로 저속했
    다」(The Oxford Companion to Classical Literature, 116면).

로 올라오게 된 것이다. 전에는 단지 크고 눈에 띄는 특징만을 표현했던 거울이 이제는 자연의 조잡한 선(線)까지도 착실하게 재현하는 꼼꼼한 충실성을 보여주게 되었다. 고대 예술상의 전형적 그리이스인인 오디세우스는 이제 새로운 시인들의 손에 의하여 그레클루스의 모습으로 전락하게 되었고 이 인물은 이후 선량하고 눈치있는 종이 되어 연극의 흥미의 중심에 놓이게 된다. 에우리피데스가 아리스토파네스의 『개구리』속에서 자기 자신의 신비의 처방약으로 비극을 그 과대한 비만증으로부터 구제하였노라고 하면서 자기 공적을 내세우는 것을[32] 특히 그의 주인공들에게서 역력히 알 수 있다. 본질적으로 관객들은 이제 에우리피데스의 무대 위에서 자기의 분신을 보게 되었고 그 분신이 그렇게도 말을 잘하는 것을 보고 기뻐하게 되었다. 그러나 기쁨은 이에 그치지 않았다. 사람들은 스스로 에우리피데스에게서 말하는 법을 배웠고 에우리피데스는 스스로 에스킬로스와의 경연(競演)에서 이를 자찬하고 있다. 민중은 이제 자기 덕분에 교활한 소피스트 논법에 의거하여 교묘하게 관찰하고 토론하고 추론(推論)하는 것을 배우게 되었다는 것이다. 에우리피데스에 의한 공중(公衆) 언어의 이러한 변혁은 새로운 희극을 가능하게 하였는데 이 변화에 의해서 에우리피데스 이후에는 일상 다반사를 무대 위에서 표현하는 방법과 격언법(格言法)은 누구나 아는 것이 되어버렸기 때문이다. 그때까지 언어의 성격을 규정한 것은 비극에서는 반신(半神)이었고 희극에서는 술취한 사티로스, 혹은 반인(半人)이었는데 이제는 서민적 범용성(凡庸性)이 발언권을 얻게 되었고 에우리피데스는 여기에 자기의 모든 정치적 희망을 걸었다. 그래서 아리스토파네스 작품 속에 나오는 에우리피데스는 누구나 쉽게 판단내릴 수 있는 보편적이고 누구나 알고 있는 일상적인 삶과 충동을 자기가 표현해 내었노라고하면서 자화자찬을 하게 되는 것이다. 이제 모든 대중이 철학을 하고, 전에는 없었던 영리한 머리로 땅과 재산을 관리하며 소송을 행하게 되었다면 이것은 자기의 공적이며, 자기가 민중 속에 심어 놓은 지혜의 성과라는 것이다.

그리하여 이제 새로운 희극은 이렇게 준비되고 계몽되어진 대중 앞에 등장할 수 있게 되었던 것이다. 이 희극의 합창교사는 다름아닌 에우리피데스였다. 물론 이 경우 연습해야 할 필요성이 있었던 것은 관객이라고 하는 합창단이었지만, 이 합창단이 에우리피데스 식의 음조로 노래 부르는 연습을 끝내자 마자, 마치 장기놀이처럼 약삭빠르고 교활한 것

---

32) 937행 이하.

이 계속 승리하는 저 새로운 희극이 탄생된 것이다. 그러나 합창교사 에우리피데스의 인기는 끝일 줄을 몰랐다. 뿐만 아니라 비극 작가가 비극 문학과 마찬가지로 이미 죽어버린 지 오래라는 것을 모르는 사람은, 그에게서 좀더 배우기 위해서 죽음도 불사하겠다고 할 정도였다. 그러나 그리이스인은 이미 자신의 불멸성에 대한 믿음을 비극과 함께 포기해 버렸으며 이상적 과거에 대한 믿음뿐 아니라 이상적 미래에 대한 믿음까지도 버리고 있었다. 「늙으면 가볍고 변덕스럽다」[33]라는 유명한 묘비명 속의 말은 노년기의 고대 그리이스 세계에 대하여도 해당된다. 찰나주의·기지·경솔·변덕은 그들의 최고의 숭배 대상이었다. 최소한 그 의식상태(意識狀態) 속에는 제 5 신분, 즉 노예계급이 들어앉아 있는 것이다. 그리고 이제 대체로 〈그리이스의 명랑성〉이 거론될 때에는, 무거운 책임을 질 줄 모르며 큰 일을 위해 노력할 줄 모르고, 현재보다 과거나 미래의 어떤 것을 더 높게 평가할 줄도 모르는 노예들의 명랑성이 거론되어진다. 이러한 가짜 〈그리이스의 명랑성〉에 대하여, 기독교 초기 400년 동안의, 신을 외경하고 명상적이었던 사람들은 격분의 감정을 누를 수 없었다. 그들에게는 진지와 공포로부터의 이런 여성적 도피, 안이한 향락에 대한 비겁한 자기 만족이 경멸할 만한 것으로뿐만 아니라 원래부터 반(反)기독교적 태도인 것으로 보였다. 그리고 수백년간 지속되어 온 고대 그리이스 세계의 세계관에 분홍빛 색깔의 명랑성이라는 딱지가 집요하게 붙게 된 것은 그들의 영향 때문이라고 보아야 한다. 이것은 마치 비극의 탄생, 비제(秘祭), 피타코라스, 헤라클레이토스 등이 있었던 저 B. C. 6세기가 전혀 존재치 않았었고 더우기 그 위대한 시대의 예술작품마저 전혀 없었다고 간주하는 듯한 평가이다. 그러나 이것들은 모두가, 그러한 노년기의 노예적 생존 기쁨과 명랑성에 근거를 두고는 설명해 낼 수 없는 것들이며 그것들의 존재 근거는 아주 다른 세계관 위에 놓여 있었던 것이다.

에우리피데스가 관객들을 무대 위로 이끌어올려서 관객들이 연극을 제대로 판단할 수 있는 능력을 처음으로 갖추게 되었다고 주장하게 된다면, 혹시 고대 비극예술은 관중에 대한 잘못된 관계를 계속 벗어나지 못하고 있었던 것 같은 착각이 들게 된다. 그리고 예술작품과 관객 사이의 정당한 관계를 수립하고자 하였던 에우리피데스의 급진적 경향이 소포클레스를 넘어서는 하나의 진보가 아닐까 하고 생각하게 되는 사람이

---

33) 젊은 괴테의 6행시(六行詩)『묘비명 *Grabschrift*』에서의 인용.

있을지도 모른다. 그러나 〈관객〉이란 하나의 단어에 지나지 않으며 절대로 동질적인 집단이 아니며 그 양도 일정치 않은 것이다. 그 숫자에 있어서만 세력을 측정할 수 있는 관객에게 예술가가 자신을 적응시켜야 할 의무는 절대로 주어지지 않는다. 그러니 예술가는 자기의 재능과 의도 어느 쪽을 보든지, 자기가 이러한 관객 어느 누구보다도 우월하다는 자신만 있다면, 자기보다 열등한 능력의 관객들의 집단적 평판을 무시하고 비교적 높은 능력을 가진 몇 명의 관객만을 염두에 두기만 하면 되는 것이다. 사실 그리이스 예술가 중에서 에우리피데스만큼 자기 만족과 커다란 자신감을 가지고 일생 동안 관객을 다루었던 작가는 없었다. 그는 대중이 그의 발아래 꿇어 엎드릴 때에도 기고만장한 반항심을 가지고 자기 고유의 경향, 즉 그가 대중을 사로잡게 해 준 그 경향에 대하여 정면공격을 가하기도 했다. 만약 그가 관객이라는 악당들을 조금만치라도 높게 평가했었다면, 그는 생애의 중도에 도달하기도 전에 쓰라린 실패의 타격 끝에 무너져버리고 말았을지도 모른다. 이러한 점을 음미해 볼 때, 우리는 에우리피데스가 관중을 무대 위로 끌어올려서 진정한 판단능력을 갖추게 해 주었다 라는 우리의 말이 잠정적 결론에 불과하다는 것과 우리는 그의 경향에 대한 보다 깊은 이해를 추구해야 한다는 것을 느끼게 된다. 오히려 거꾸로 에스킬로스와 소포클레스가 그들의 일생과 그들이 죽은 후에까지도 민중의 전적인 사랑을 향수하였다는 사실은 도처에서 알 수 있다. 따라서 그들에 대하여 예술작품과 관객 사이의 불균형을 거론한다는 것은 있을 수 없다. 부단히 창작에 전념한 재능 많은 에우리피데스를, 가장 위대한 예술가라는 칭송의 태양이 빛나고 민중의 사랑이라는 맑은 하늘이 펼쳐져 있는 길 위에서 추방해 버린 것은 무엇이었을까? 관객에 대한 어떤 견해가 그로 하여금 관객에게 등을 돌리게 하였을까? 어찌하여 그는 자기의 관중이 자기를 높이 평가하고 있음에도 불구하고 관중을 경멸할 수 있었을까?

에우리피데스는 느끼기를——이것이 방금 제시된 수수께끼의 해답이다——물론 자기가 대중들보다 위에 있다고는 느꼈으나 자기 관객 중의 두 명에게만은 그렇지 못하였다. 그는 관중들을 무대 위로 불러 왔지만, 그는 저 두 명의 관객만이 자기 예술 모두에 대한 판단력있는 비평가이자 거장이라고 생각했다. 그들의 안내와 경고를 좇으며 그는 그때까지 축제공연 때마다 눈에 보이지 않게 관객석에 자리를 잡는 합창단으로서의 느낌과 열정과 체험 등의 세계 전체를 자기 연극의 주인공의 영혼 속에 주입시켰다. 두 사람의 요구에 따라 그는 새로운 등장인물마다에게 새로운 말과 새로운 목소리를 부여하였다. 그리고 그가 관중들의 심판에 의해 다시금 비판받음을 느꼈을 때 그가 자기 작품에 대한 타당한 판결과, 성공을 약속하는 격려의 말을 들을 수 있었던 것은 저 두 사람의 목소리에서뿐이었다.

이 두 명의 관객 중 한 명은 에우리피데스 자신, 시인이 아닌 〈사상가로서의〉에우리피데스였다. 그에 관하여 사람들은 다음과 같이 말해도 좋을 것이다. 레싱 Lessing에게서와 마찬가지로, 에우리피데스의 〈비판적〉재능이 비범하고 풍부했기 때문에, 생산적 예술충동이 형성되었다고까지는 못해도, 적어도 자극받게 되었노라고 말이다. 이러한 재능, 즉 그의 비판적 사고의 명민성을 총동원하여 그는 극장 속에 앉아서, 마치 퇴색한 그림에서 선과 선, 획과 획을 남김없이 관찰하듯이, 자기의 위대한 선구자들의 걸작품을 재인식하는 데 여념이 없었다. 그리고 이제, 에스킬로스의 비극의 보다 깊은 비밀을 잘 알고 있는 사람들에게는 하등 이상할 것이 없는 일이 그에게 일어났다. 그는 선 하나, 획 하나마다에서 도시 헤아릴 수 없는 어떤 것을 발견했다. 이것은 사람의 눈을 현혹시킬 정도의 명확성, 그리고 배경(背景)의 수수께끼 같은 깊이, 아니 그보다도 그 무한성인 것이다. 가장 명료한 형체도, 불확실한 것, 해명할 수 없는 것을 암시하는 듯한 혜성의 꼬리 같은 것을 가지고 있었다. 이와 똑같은 희미한 안개가 연극의 구조와 합창단의 의미 위에도 서려 있었다. 그리고 윤리적 문제의 해결은 그에게 얼마나 의혹을 자아내었던가! 신화의 취급도 얼마나 이상했는가! 행운과 불행의 분배는 얼마나 불균형적인가! 고대 비극의 언어도 그에게는 몹시 불쾌한 것이었고 최소한 이해할 수 없는 것이었다. 특히 그는 사태가 단순한 것에 비해서는 너무 화려하게 묘사되어 있는 것과, 성격이 순박한 것에 비해서는 너무나 수사(修辭)가 많고 기괴한 사건이 많은 것을 발견하였다. 그래서 그는 불안한 가운데, 꼼꼼히 생각하며 극장에 앉아서, 관객인 그가 자기의 위대한 선구자들을 이해하지 못하겠노라 스스로 인정하였다. 그러나 그에게는 지성(知性)이 모든 창작과 감상의 본래의 뿌리라고 생각되었기 때문에 그는 자기 주위를 돌아보면서 묻지 않을 수 없었다. 아무도 자기와 같이 생각하지 않는가, 말하자면 저 헤아릴 수 없는 느낌을 솔직히 인정하는 자는 없는가고. 그러나 많은 사람들이 최고 수준의 사람들까지도 그의 질문에 대해서는 불신의 조소를 던졌다. 그러나 아무도 그에게 왜 그의 숙고와 이의(異意)에 비하여 위대한 거장이 더 정당한 것인가를 설명해 주진 못했다. 이런 괴로운 상태에서 그는 〈다른 관객 하나〉를 발견했다. 이 관객은 비극을 모르고 있으며 따라서 비극을 중요시하지도 않았다. 이 자와 연합하여 그는 과감히 자기의 고립을 탈피하여 에스킬로스와 소포클레스의 예술작품에 싸움을 걸었다. 반박 논문을 통해서는 아니지만, 〈자기의〉 비극관을 전통적 비극관에 대결시키는 극작가의 입장에서.

12

우리가 이 다른 관객의 이름을 들기 전에 우리는 잠깐 멈춰 서서 에스킬로스의 비극의 본질 속에 놓여 있는 모순된 것, 헤아릴 수 없는 것에 관한 앞서 말한 바 인상을 돌이켜 보자. 에스킬로스 비극에 있어서의 〈합창단〉과 〈비극의 주인공〉에 대해 우리가 의아한 느낌을 받았던 것이 기억난다. 우리는 이 두 가지를 우리의 습관과 전통에 의거하여 상호 조화시킬 수가 없었던 것이다. 그러나 결국 우리는 이 이중성 자체를 그리이스 비극의 근원이자 본질인 것으로, 다시 말해 서로 얽혀있는 두 가지 예술충동의 표현, 〈아폴로적인 것과 디오니소스적인 것〉의 표현으로 재발견하게 되었다.

저 근원적이고 전능적인 디오니소스적 요소를 비극에서 제거시키고 비극을 완전히 새롭게 비(非)디오니소스적 예술, 도덕, 세계관 위에 건립하는 것, 이것이 이제 우리들 눈앞에 밝게 떠오르는 에우리피데스의 경향이다.

에우리피데스는 손수 자기 인생의 황혼기에 이러한 경향의 가치와 중요성을 당시의 사람들에게 가장 강력히 가르쳐 주었다. 도대체 디오니소스적인 것은 존속해도 좋은가? 그것은 강제로 그리이스 영토에서 추방되면 안 되는가? 그것이 가능하다면 물론 그래야 한다고 그 시인은 말한다. 그러나 디오니소스 신은 너무나 강했다. 가장 현명한 반대자도 ——바커스의 시녀들에 나오는 펜테우스 같은 자도——모르는 사이에 디오니소스에게 매혹되어 그 후에는 이러한 매혹상태 안에서 액운 속에 빠져드는 것이다. 카드무스와 티레시아스 두 노인의 판단은 노년의 이 작가의 판단처럼 보인다. 가장 현명한 몇몇 사람의 숙고로는 저 오래된 전통, 저 끝없이 번져가는 디오니소스에 대한 숭배를 꺾을 수는 없다. 게다가 그런 놀라운 힘에 대해서는 최소한 조심스러운 외교적 동조(同調)를 보여주는 것이 낫다. 그러나 이때에도 신이 그렇게 미적지근한 동조에 화가 나서 그 외교관——여기서는 카드무스——을 용으로 변신시켜 버리게 되는 일도 항상 있을 수 있다. 에우리피데스는 우리에게 이상과 같이 말했다. 그는 영웅적인 힘을 내어 일생의 오랜 동안 디오니소스에게 거역해 왔었다. 그러나 결국 자기의 적을 찬양하며 스스로 목숨을 끊음으로써 일생에 종지부를 찍었다. 그는 공포스럽고 더이상 참아낼 수 없는 현기증에서 빠져나가기 위하여 탑 위에서 몸을 던지는, 어지러워하는 자와 같았다. 저 비극 바커스의 시녀들은 에우리피데스의 경향이 실천에 옮겨지는 것에 대해 그 스스로 제기한 정지신호(靜止信號)였다. 아아, 그러나 이미 그것은 실행에 옮겨지고 말았다! 놀라운 일이 벌어진 것이다. 그 시인이 멈추라고 소리쳤을 때는 이미 그의 경향이 승리를 거두고 난 뒤였다. 디오니소스는 이미 비극 무대에서 사라져 버렸고 그것도 에우리피데스 속에서 말하는 악마적인 어떤 힘에 의해서였다. 에우리피데스도 어떤 의미에서는 가면에 지나지 않았다. 그의 속에서 말을 하는 그 신은 디오니소스는 아니었고 아폴로도 아니었다. 그것은 새로 태어난 마신(魔神), 〈소크라테스〉였다. 이것은 새로운 대립이다. 디오니소스와 소크라테스, 그리고 그리이스 비극 예술 작품은 이 대립 속에서 몰락해 갔다. 에우리피데스가 자기의 취소행위로 우리를 위로하려 하였다손 치더라도 이것은 성공되지 못했다. 가장 훌륭했던 신전은 이제 폐허가 되어버렸다. 그것이야말로 가장 훌륭한 신전이었노라고 하는 파괴자의 비탄과 고백은 우리에게 아무 소용이 없다. 파괴의 벌로서 에우리피데스가 모든 시대의 예술 비평가들에 의해 용으로 변해 버렸다 치더라도 이러한 값싼 보상에 누가 만족하겠는가?

우리는 이제 〈소크라테스적〉 경향에 접근해 가자. 이것으로 에우리피데스는 에스킬로스의 비극에 싸움을 걸고 승리했던 것이다.

우리는 이제 이렇게 물어야 한다. 연극을 단지 비 디오니소스적인 것 위에만 세우려 했던 에우리피데스의 의도가 그 최고의 이상상태로 관철되었을 때 어떤 목적이 이루어질 수 있는 것일까? 만일 연극이 음악이라는 모태(母胎)로부터, 즉 디오니소스적인 것의 신비스러운 어스름 속에서 태어나지 않는다고 하면, 연극의 형태 중 어떤 것이 또 있을 수 있을 것인가? 단지 〈연극화된 서사시〉만이 있을 수 있다. 물론 이 속에서 이제 아폴로적 예술 영역은 〈비극적〉 작용력을 얻을 수 없다. 이 경우 표현된 사건의 내용은 중요치 않다. 게다가 나는 주장하고 싶다. 괴테는 자기가 계획했던 『나우지카 Nausikaa』 속에서 저 목가적 존재의 자살──5막에 집어넣을 예정이었다──을 표현하여 비극적 감동력을 부여하는 일을 해낼 수가 없었노라고. 아폴로적 서사성(叙事性)의 힘은, 공포스러운 사물들을 가상의 기쁨과 가상을 통한 구원의 기쁨을 통하여 마

술적으로 가리워버릴 정도로 커다란 것이다. 극적 서사시 작가는 서사
음유 시인과 마찬가지로 자기가 떠올리는 영상에 완전히 몰입될 수가 없
다. 그는 언제나 조용히 움직이지 않으며 커다란 눈으로 자기 〈앞에〉있
는 형상들을 관조한다. 극화된 서사시 속의 배우는 근본적으로 늘 음유
시인인 것이다. 그의 모든 연기 위에는 내면의 꿈이라는 영감이 떠돌고
있다. 따라서 그는 절대로 완전한 배우가 되지 못하는 것이다.

  이러한 아폴로적 연극의 이상에 대해 에우리피데스의 작품은 어떤 연
관이 있을까? 그것은 고대의 엄숙한 음유시인에 대한 후세의 음유시인
의 관계와 같다. 후세의 음유시인은 플라톤의 『이온』에서 자기의 본질
을 다음과 같이 말하고 있다. 「슬픈 일을 말할 때면 나의 눈은 눈물로
가득 찬다. 그러나 내가 무섭고 놀라운 일을 말할 때면 내 머리칼은 송
연해지고 가슴은 두근거린다.」여기서 우리는 저, 가상 속에서의 서사적
망아(忘我)라는 것을 전혀 찾아볼 수 없다. 진정한 배우의 무감각한 냉
담도 마찬가지로 찾아볼 수 없다. 이 진정한 배우는 바로 자기의 최고
의 연기 속에서는 완전한 가상, 가상의 기쁨 자체인 것이다. 에우리피데
스는 두근거리는 가슴을 안고, 머리털을 하늘로 곤두세우는 배우이다.
소크라테스적 사상가로서 그는 계획을 세우고 열정적인 배우로서 계획을
실천에 옮겼다. 그는 계획에 있어서도 실천에 있어서도 순수한 예술가는
되지 못한다. 그래서 에우리피데스의 연극은 차가운 동시에 불같고 딱딱
하게 얼어버릴 수 있으면서 불타오를 수도 있는 것이다. 아폴로적인 서사
시의 효과에 도달한다는 것은 따라서 그에겐 불가능했다. 반면에 한편으
로 그의 연극은 디오니소스적 요소를 가능한 한 배제했고, 이제 감동력
을 얻기 위하여 새로운 감동수단을 필요로 한다. 이 새로운 감동수단은
더이상 아폴로적인 것과 디오니소스적인 것이라는 두 개의 유일한 예술충
동 속에는 속할 수가 없다. 이것은 아폴로적 관조 대신에 냉정한 역설적
〈사상〉을, 디오니소스적 황홀 대신에 불같은 〈격정〉을 도입한다. 그리
고 이것이 아무리 사실주의적으로 모방되어 있다고 하더라도 이것은 예
술의 에테르〔정기(精氣)〕속에 담그어졌던 사상과 격정은 아니다.

  우리가 이상과 같이, 에우리피데스는 연극을 아폴로적인 것 위에만
세우려는 계획을 거의 성공시키지 못했고, 오히려 비 디오니소스적 경
향 때문에 자연주의적이고 비 예술적인 상태로 빠져버렸다는 점을 알
게 된 이상, 우리는 이제 〈미학적 소크라테스주의〉의 본질에 더 가까
이 접근해가도 좋을 것이다. 이것의 최고의 법칙은 아마도 다음일 것이
다. 「아름답기 위해서는 모든 것이 지적(知的)이어야 한다.」이것은 소

크라테스의 원칙 「아는 자만이 유덕(有德)하다」와 병행한다. 이 기준을 손에 들고 에우리피데스는 모든 개체를 측정하였고, 그것을 이 원리에 맞게 수정하였다. 언어를, 성격을, 극의 구조를, 합창곡을. 우리가 소포클레스의 비극에 비교하여 그렇게도 자주 에우리피데스에게 있어서의 문학적 결손과 퇴보라고 간주하는 것은 주로 저 철저한 비판과정의 산물이고 저 과감한 이지성(理知性)의 산물이다. 에우리피데스의 〈서시(序詩)〉는 합리주의적 방법의 생산성의 한 예가 된다. 에우리피데스의 연극 중에서 서시만큼 우리의 무대기술에 적합하지 않은 것은 없다. 작품의 서두에 단 한 사람이 무대 위에 등장해서 자기가 누구인가, 무엇이 줄거리의 시작인가, 지금까지 있었던 사건이 무엇인가, 작품의 흐름 속에서 어떤 일이 일어나는가 등을 이야기한다는 것은 근대의 연극작가에게는 긴장의 효과에 대한 용서할 수 없는 고의적 포기행위인 것이다. 사람들은 이제부터 일어날 모든 것을 알고 있다. 누가 이 일이 실제로 일어날까 하고 기다려 보겠는가? 여기에는 예언적 꿈이 후에 일어날 사건에 대해서 갖는 긴장된 관계는 전혀 없다. 에우리피데스는 완전히 다른 것을 생각하였던 것이다. 비극의 효과는 절대로 서사적 긴장, 지금 그리고 후에 일어날 일의 매혹적인 불투명성에 있는 것이 아니다. 오히려 저 장대한 수사학적·서정시적 장면에 있는 것이다. 이 장면 속에서는 주인공의 열정과 변론술이 물결처럼 부풀어오른다. 줄거리를 위해서가 아니라 격정을 위해서 모든 것이 준비되어 있는 것이다. 그리고 격정을 위해 마련된 것이 아닌 것은 배척해야 할 것으로 통했다. 그러나 관중이 마음껏 그런 장면에 몰두하는 것을 가장 방해하는 것은 관객이 모르고 있는 전후 맥락, 앞서 이야기의 조직에 있어서의 공백이다. 관객이 이러저러한 인물이 의미하는 바, 성격과 의도들끼리의 이러저러한 갈등의 원인 등을 마음 속으로 계산해 내어야 하는 한 주인공의 행위와 고통 속으로의 그의 몰입과 고통과 공포에 대한 숨을 죽인 공감 등은 아직도 불가능하다. 에스킬로스나 소포클레스의 비극은 관객들에게 일막에서 우연히 작품 이해에 필요한 실마리를 어느 정도 제공하기 위하여 재치있는 기교를 쓰고 있다. 〈필연적인〉일에 가면을 씌워 우연적인 것으로 나타나게 만드는 저 고상한 예술가적 재능이 나타나 보이는 한 예가 이것이다. 에우리피데스는 다음과 같이 믿었다. 이 비극의 일막에서 관객은 선행된 이야기의 계산문제를 풀기 위한 불안상태에 놓여 있게 되고 따라서 일막의 문학적 아름다움과 감흥을 느낄 수 없노라고. 그래서 그는 서시를 일막의 앞에다 놓고 사람들이 믿을 만한 등장인물에게 낭독시킨 것이다. 대중을 향해서 비극 줄거리의 경과를 보장하고 신화의 실재성에 대한 모든 의혹을 제거하는 일은 종종 어떤 신이 맡아야 했다. 이것은 데카르트가 경험적 세계의 실재성을 증명하기 위해서 오로지 신의 성실성, 거짓말을 못하는 신의 성격에 호소한 것과 흡사한 방법이다. 에우리피데스는 신의 진실성을 자기 연극의 마지막에 또 한번 필요로 한다. 자기 주인공의 미래를 관객들에게 보장하기 위해서다. 이것은 악명높은 기계장치의 신 deus ex machina의 임무이다. 서사시적 과거 조명과 미래 조명 사이에 극적·서정적 현재가, 원래의 〈연극〉이 놓여 있는 것이다.

따라서 무엇보다도 시인으로서의 에우리피데스는 자기의 의식적 인식의 반영에 지나지 않는다. 그리고 바로 이것이 그에게 그리이스 예술 역사에서의 기념할 만한 지위를 얻게 해 주었다. 에우리피데스는 자기의 비평적·생산적 창작에 관련하여 아낙사고라스 저서의 첫머리에 있는 말을 살려보고 싶었던 것 같다. 이 말은 바로 「맨 처음에는 무엇이나 혼돈이었다. 여기에 누우스[이성(理性)]³⁴⁾가 와서 질서를 창조하였다」이었다. 그리고 아낙사고라스가 마치 술취한 자들 속의 최초의 안 취한 사람³⁵⁾처럼 철학자들 사이에 자기의 〈누우스〉를 가지고 등장했을 때, 에우리피데스도 다른 비극작가들과 자기의 관계를 비슷한 비유로 이해하였을지도 모른다. 만물의 유일한 질서요 지배자인 누우스가 예술 창작에서 아직도 배제되어 있었다면 아직도 모든 것은 혼돈스러운 근원적 혼미상태 그대로였을 것이다. 에우리피데스는 이렇게 판결내릴 수밖에 없었다. 그는 이렇게 〈술취한〉 시인들을 최초로 〈안 취한 자〉의 입장에서 단죄해야 했었다. 소포클레스가 에스킬로스에 관하여, 그는 무의식적으로 해도 옳은 일을 한다 라고 말했던 것은 확실히 에우리피데스적 의미에서 한 말은 아니다. 에우리피데스는 에스킬로스가 무의식적으로 창작하기 〈때문에〉 옳지 못한 것을 만들어낸다 라는 정도의 의미로만 이 말을 통용시켰을 것이다. 신과 같은 플라톤마저 시인의 창조적 능력에 관해서는, 이것이 의식적 통찰력이 아닌 경우, 거의 대부분 반어적으로 이것을 예언자나 해몽가의 천품에 비교하고 있다. 시인이 의식을 상실하여 어떠한 지성도 그의 내부에 깃들어 있지 않게 될 때까지, 그는 시를 쓸 수 없다고 플라톤은 말한다. 에우리피데스는 플라톤도 기도

---

34) 그리이스 단어. 인용문은 현존하는 사료들 속에서 이것과 꼭같은 형태로 발견되는 것은 아니다.

35) 아리스토텔레스, 『형이상학』 984b.

(企圖)한 것을 자기도 기도하여 비이지적 (非理知的) 시인과 대립하는 것을 세상에 제시하려 하였다. 그의 미학적 근본명제 「아름답기 위해서는 모든 것은 의식적이어야 한다」는 내가 말한 바처럼 「선(善)하기 위해서는 모든 것은 의식적이어야 한다」라는 소크라테스의 명제와 일치한다. 따라서 에우리피데스는 우리에게 미학적 소크라테스주의의 시인으로 간주되어 무방하다. 그러나 소크라테스는 고대 비극을 모르고 있고 따라서 중요시하지 않는 저 〈두번째 관객〉이다. 그와 동맹을 맺어 에우리피데스는 새로운 예술창조의 선구자가 되고자 했다. 이 결합에 의해 고대 비극이 몰락해 갔다면 결국 미학적 소크라테스주의는 살인적 원리인 것이다. 그러나 고대 예술의 디오니소스적인 것에 대한 싸움의 성격을 지닌 이상 우리는 소크라테스를 디오니소스의 적, 새로운 오르페우스로 인식한다. 오르페우스는 디오니소스에게 반기를 들었고, 비록 확실히 아테네 법정의 디오니소스 여자 시종들에 의해 갈기갈기 찢기게 된다고는 하지만, 그 강력한 신까지 도망가야 하게끔 만들었다. 디오니소스는 그가 에도의 왕 뤼쿠르고스에게서 도망칠 때처럼 깊은 바다 속으로 도망갔다. 그는 차츰 온 세상에 퍼져가는 비제(秘祭)의 물결 속에 몸을 숨긴 것이다.

13

소크라테스가 그 경향상 에우리피데스와 밀접한 관계를 가지고 있었다는 점을 당시 고대인들도 간과하지 않았다. 이러한 정확한 통찰은 소크라테스가 에우리피데스의 시작(詩作)을 도와주곤 했다는 풍문이 가장 웅변적으로 표현해주고 있다. 아테네의 〈훌륭한 옛날〉을 찬양하는 사람들이 현재의 민중 선동가들을 손꼽을 때면 두 사람의 이름이 들먹거려졌다. 옛날 마라톤을 하던 정신과 육체의 건장한 기풍이 그 힘이 점차로 쇠약해지는 통에 점차로 괴이쩍은 계몽에 희생이 되어간 것은 그 두 사람의 영향 때문이었다. 이러한 식의 말투로 반은 분개하고 반은 경멸하면서, 아리스토파네스의 희극은 이 두 사람에 관해 표현하곤 했다. 근대인들에게는 놀라운 일이었다. 근대인은 에우리피데스쯤이야 버려도 상관은 없는 일이지만 소크라테스가 제일 최상의 〈소피스트〉로, 모든 소피스트적 노력의 거울이며 총화로 아리스토파네스의 작품에 표현되어 있다는 것은 암만 생각해도 근대인에게는 놀라지 않을 수 없는 일이었다. 이 경우 아리스토파네스를 놈팡이 거짓말장이, 시단(詩壇)에 있어서의 알키비아데스로 간주하여 망신시켜버리는 것이 유일한 마음의 위로가 되었었다. 나는 이 자리에서 아리스토파네스의 뿌리깊은 본능을 이러한 비난에 대해서 옹호하고자 하지는 않는다. 나는 그저 소크라테스와 에우리피데스의 밀접한 관계를 고대인의 느낌을 통하여 증명하기만 하면 된다. 이런 의미에서 내게는 다음의 생각이 떠오른다. 소크라테스는 비극예술의 적대자로서 극장 방문을 삼가고 있었지만 에우리피데스의 새 작품이 상연될 때에만 관객석에 자리를 잡았었다. 그러나 가장 유명한 사실은 델포이의 신탁(神託)에 두 사람의 이름이 나란히 병기되어 있다는 것이다. 델포이의 신탁은 소크라테스를 인간 중의 최고의 지자(知者)로 기록하였고 동시에 지혜 경쟁의 이등상은 에우리피데스에게 주었다.

이 시상대에 설 세번째 사람으로는 소포클레스가 지적된다. 그는 에스킬로스와는 달리 무엇이 옳은지 그가 〈알고 있기〉때문에, 그는 옳은 일을 한다는 평판을 받아도 좋다는 것이다. 명백히 이 〈알고 있음〉의 명확성의 정도가 이 세 사람을 당시의 〈지자(知者)〉로 일컬어지게 하였던 것이다.

소크라테스가 자신이 〈아무것도 모르고 있음〉을 고백할 수 있는 유일한 사람임을 발견했노라 했을 때, 그는 지식과 통찰력에 대한 새롭고도 전례 없는 저 존중에 대하여 가장 날카로운 한마디를 던졌다고 할 수 있다. 그는 아테네 시가를 두루 돌아다니며 대(大)정치가, 연설가, 시인, 예술가들과 비판적으로 대화를 나누는 중에 도처에서 알고 있다는 환상을 마주치게 되었던 것이다. 그는 놀라움에 가득 차서, 저 유명인사들 모두가 자기의 직업에 대하여 정당하거나 확실한 통찰을 가지고 있지 못하며, 자기 직업을 단지 본능적으로 수행해 나가고 있다는 것을 알게 되었다. 〈단지 본능에 의해서〉 이 표현에 의해서 우리는 소크라테스적 경향의 핵심을 엿볼 수 있다. 이 표현으로 소크라테스는 기존의 예술과 기존의 윤리 모두를 비판하였던 것이다. 그가 검토의 시선을 돌리는 곳마다 그는 통찰력의 결여와 착각의 기승을 보았고 그 결과 기존의 것의 도착(倒錯)상태와 이 상태의 배척의 의무를 결론내리게 되었다. 결국 이 한가지 점을 존재하는 것들에게 고쳐주어야 한다고 그는 생각했다. 하나의 개체인 그는 무시(無視)와 우월에 가득 찬 표정으로 아주 새로운 종류의 문화, 예술, 윤리의 선구자의 입장에서 하나의 세계, 그리이스 세계로 걸어들어 온 것이다. 이 세계의 치맛자락을 우리가 외경스러운 마음으로 살짝 건드리기만 해도 그것은 가장 커다란 행복으로 우리에게 생각되어질 그런 세계 속으로.

이것이 바로 커다란 의혹거리이다. 우리가 소크라테스 앞에 서면 매번 우리를 사로잡아서 항상 고대세계에 있어서의 이러한 기현상(寄現像)의 의미가 무엇이고 그 목적은 무엇인가를 알아내고 싶게 만드는 것이 바로 이것인 것이다. 호메로스, 핀다로스 그리고 에스킬로스로서, 피디아스로서, 페리클레스로서, 피티아와 디오니소스로서, 가장 깊은 심연(深淵)이자 가장 높은 정상으로서 우리의 경탄과 숭배의 대상임이 명백한 그리이스의 본질을 하나의 개인의 입장에서 감히 부정해도 되는 자는 과연 누구란 말인가? 이러한 마법의 술을 흙바닥에 쏟아버릴 정도로 과감한 행동은 어떤 마적(魔的)인 힘에서 나오는 걸까? 인간들 중에서 가장 고귀한 인간들의 영혼의 합창단에게 다음과 같은 소리를 들어야 하는 반신(半神)은 도대체 누구인가? 「슬프도다! 슬프도다! 너는 이 아름다운 세계를 억센 주먹으로 파괴하였도다. 세계는 무너졌고 세계는 쓰러졌도다!」[36]

우리에게 소크라테스의 본질을 이해할 수 있는 열쇠를 제공해 주는 것은 〈소크라테스의 다이모니온[마신(魔神)]〉이라 이름붙은 저 기이한 현상이다. 그의 거대한 오성능력이 흔들리기 시작하는 특별한 상태에서 그는 그 순간 들려 오는 신의 목소리에 의하여 확고한 발판을 얻었다. 이 목소리가 들려 오면 이것은 늘 무엇인가를 〈하지 말라고 경고한다〉. 이 몹시 비정상적 인물에게 있어서는 본능적 지혜라는 것이 종종 의식적 인식을 〈제지하기 위하여〉만 나타나는 것이다. 그러나 모든 생산적 인간에게 있어서 본능이란 것은 바로 창조적이고 긍정적인 힘이 되는 것이고 의식은 비판적이고 경고적으로 나타난다. 소크라테스에게 있어서는 본능이 비판자가 되고 의식이 창조자가 된다. 그는 〈결함에서 태어난〉 괴물이 아닐 수 없다. 그리고 우리가 여기서 인식하는 괴물적 〈결함〉은 모든 신화적 소질의 결함이다. 따라서 소크라테스는 특별한 〈비 신비가(非神秘家)〉로 불려도 좋을 것이다. 신비가에게 저 본능적 지혜가 지나치게 발달해 있는 것처럼, 비 신비가에게는 논리적 천성이 과도히 발달해 있는 것이다. 한편 소크라테스에게서 보이는 논리적 흐름은 역류(逆流)하는 법이 없었다. 이러한 막힘 없는 흐름 속에는 일종의 자연력이 들어 있었다. 이것은 우리가 스스로 경악해 마지 않을 만큼 몹시 거대한 본능적 힘이 우리를 몰고갈 때 느끼는 것과 유사한 자연력이다. 소크라테스의 삶의 방향의 신적(神的)인 소박성과 확고성을 플라톤의 저서에서 약간이라도 느껴 본 사람은 소크라테스의 〈뒤에서〉 소크라테스

---

36) 괴테의 『파우스트』 1607-11행.

를 물고 가고 있는 논리적 소크라테스주의의 거대한 추진력도 아울러 느낄 것이다. 이것은 소크라테스라는 그림자를 통해서야 발견되어질 수 있다. 소크라테스 자신도 이러한 관계를 직감하고 있었다는 점은 그의 고상하고 진지한 태도에 잘 나타나고 있는데, 이 태도로써 그는 신이 자기를 소명했음을 도처에, 그리고 재판관들 앞에서 확실히 보여주었던 것이다. 이 점에 있어서 그를 부정한다는 것은 불가능하다. 그렇다고 해도 본능을 해체시켜버리는 그의 영향 또한 그대로 시인할 수는 없는 노릇이다. 그가 판결의 유일한 형태인 추방형을 선고받으려 한 때 그리이스 국가 법정 앞에 끌려갔을 때는 바로 이러한 풀 수 없는 갈등이 일어난 때였다. 만일 소크라테스를 철저히 수수께끼 같은 사람, 무어라 이름붙일 수 없는 사람, 해명할 수 없는 사람으로서 국외로 추방했다면, 어떤 후세의 사람도 그리이스인이 부끄러운 짓을 했다고 책망할 권리를 가지지 못했을 것이다. 그러나 단순한 추방이 아니라 사형이 그에게 언도되었다. 이것은 소크라테스 스스로, 죽음 앞에서 들기 마련인 공포를 하나도 느끼지 않는 명료하기 이를 데 없는 정신상태 하에서 그런 결과가 나오게 만든 것처럼 보인다. 그는 죽음으로 걸어갔다. 플라톤의 묘사에 따르면, 소크라테스의 등 뒤의 의자나 땅바닥에서 연회의 동료들이 그에 관한, 진정한 문인(文人)에 관한 꿈을 꾸며 잠들어 있는 동안, 최후까지 남은 주객(酒客)으로서 먼 동이 틀 때 새로운 하루를 시작하기 위하여 그가 연회석을 떠나던 그때의 평온함을 가지고 그는 죽었던 것이다. 〈죽음에 임한 소크라테스〉는 고귀한 그리이스 청년들에게는 이제까지는 어디서도 볼 수 없던 새로운 이상이 되었다. 무엇보다도 그리이스 청년의 전형인 플라톤은 몽상가적 영혼의 열렬한 헌신으로 이 이상적 모습 앞에 무릎을 꿇은 것이다.

14

우리는 이제 소크라테스의 지클로프 같은 커다란 눈이 비극을 보는 것을 상상해 보자. 이 눈에는 한번도 예술적 감동의 불꽃이 타올라 본 적이 없다. 어찌하여 그 눈은 더오니소스적 나락(奈落) 속을 기뻐하며 들여다보지 않았을까? 도대체 이 눈은 플라톤이 말한 바 〈고상하고 찬양받는〉 예술작품 속에서 무엇을 보았던 것일까? 그는 아마 원인 없는 결과, 결과 없는 원인과 같은 진정 비합리적(非合理的)인 것을 보았던 듯하다. 게다가 이것은 너무 다채롭고 다양하여 사려깊은 기질에는 반감을 사고 민감하고 쉽게 매혹되는 영혼에게는 위험한 도화선이 된다.

94

우리는 그가 알고 있는 유일한 문학 장르가 무엇인지 알고 있다. 그것은『이솝 우화』이다. 그는 이것을 정직하고 선량한 겔레르트가 꿀벌과 암탉의 우화 속에서 시가(詩歌)를 찬미할 때와 같은 입장에서 이해하고 있다.

「너는 내게서 보리라, 그것이 어디에 소용있는지를,
　머리가 그리 좋지 못한 사람들에게, 진리를 비유로 설파하는 것.」

비극 예술이 〈그다지 머리가 좋지 못한〉 사람들, 즉 철학자가 아닌 사람들에게 호소한다는 것을 제외하고는 소크라테스에게 이것이 〈진리를 설파하는〉 것으로 보인 적은 한번도 없었다. 이것이 비극을 멀리해야 하는 두 가지 이유이다. 플라톤처럼, 소크라테스도 비극을 마음에 드는 것만 표현하고 유익한 것은 표현하지 않는, 대중에게 알랑거리는 예술로 간주했다. 따라서 그는 자기 제자들에게 이러한 비 철학적 유혹에 대해 절제심과 엄격한 거리를 유지하도록 권했다. 그 성과는 커서 당시 비극시인이었던 청년 플라톤은 소크라테스의 제자가 되기 위하여 맨 먼저 시작품을 불태워 버렸다. 그러나 어찌할 수 없는 어떤 천성(天性)이 있어, 소크라테스적 원리에 대항하게 되었다. 그러나 소크라테스적 원리의 힘은 너무도 거대하여, 저 천성의 힘과 균형을 이룸으로써 시가 (詩歌)를 새롭고 그때까지 알려진 바 없는, 약간 낮은 자리로 좌천시켜 버리게 되었다.

이 예가 방금 거론되었던 플라톤이다. 비극을 처형함에 있어서 확실히 자기 스승의 냉소적 태도에 절대로 뒤떨어지지 않는 그는, 그러나 몹시 깊은 예술가적 성향 때문에 하나의 예술형식을 만들어내지 않을 수 없었다. 이 형식은 그가 추방한 기존의 예술형식들과 내적으로 닮아 있다. 플라톤이 이전의 예술들에게 던지지 않을 수 없었던 주된 비난은 그것이 어떤 가상(假像)의 모방이라는 것, 즉 경험세계보다도 한 단계 낮은 영역에 속한다는 것이다. 이러한 비난은 무엇보다도 새로운 예술작품에는 해당되어서는 안 되었다. 그래서 우리는 플라톤이 현실을 초월하여 저 사이비 현실의 근저에 놓여 있는 이데아를 표현하고자 무진 애를 쓰는 것을 볼 수 있다. 그러나 이렇게 함으로써 사상가 플라톤은, 시인으로서의 그가 항상 고향처럼 생각하는 곳, 소포클레스 및 다른 이전의 예술가들이 앞서의 비난에 대해 엄숙히 항의하며 앉아 있는 곳에 먼 길을 우회하여 도착하게 된 것이다. 비극이 이전의 모든 예술 장르들을 자기 속에 흡수해 버렸다고 한다면, 약간 다른 의미에서이기는 하지만 플라톤의 대화편에 관하여도 똑같은 말이 해당될 수 있을 것이다.

그의 대화편은 기존의 모든 형식과 문체를 혼합함으로써 만들어졌는데, 따라서 이야기, 서정시, 연극의 사이에서, 운문과 산문의 사이에서 떠돌고 있으며 그럼으로써 통일된 언어형식이라는 이전의 엄격한 법칙을 깨뜨리고 있다. 이같은 방향을 계속 이어나간 것은 〈견유파(犬儒派)〉작가들이었다. 그들은 몹시 다양한 문체로, 운문과 산문형식 사이를 이리저리 떠돌며 〈광란의 소크라테스〉라는 문학적 형상을 만들어 낸 후 이 형상대로 그들의 삶을 살아나갔다. 플라톤의 대화편은 배를 난파당한 이전의 시가가 자기 자식들을 데리고 올라타 목숨을 구한 조각배와도 같았다. 좁은 선창 속에 몰려 들어가 소크라테스라는 한 명의 사공에게 겁정스럽게 복종하면서 그들은 이제 미지의 세계로 들어서게 되었다. 이 세계의 사람들은 이 행렬의 환상적 모습을 보는 데 결코 싫증을 내지 않았다. 사실 플라톤은 후세 전체를 위해서 새로운 예술형식의 모범을 제공하고 있다. 〈장편소설〉의 모범이 바로 그것이다. 이것은 무한히 높여진 이솝 우화(寓話)라고 할 수 있다. 이 속에서 시가는, 수백년 동안 변증론적 철학이 신학에 대하여 취했던 것과 마찬가지의 지위를 변증론적 철학에 대해 취하고 있다. 말하자면 〈시녀〉의 지위이다. 이것이 시가에 주어진 새로운 지위였다. 플라톤은 마신적인 소크라테스의 압력에 의하여 시가를 그런 위치로 전락시킨 것이다.

여기서는 〈철학적 사상〉이 예술을 능가하고 예술을 변증론의 줄기에 꼭 달라붙는 존재가 되도록 강요하고 있다. 〈아폴로적〉 경향은 논리적 형식주의 속에 들어앉아 버렸다. 우리는 에우리피데스에게서 이와 같은 것을 볼 수 있고 게다가 디오니소스적인 것을 자연주의적으로 묘사된 격정으로 번역하는 것을 아울러 볼 수 있다. 플라톤의 연극에 있어서의 변증론적 주인공인 소크라테스는 우리에게 에우리피데스의 주인공의 그와 유사한 성격을 기억나게 해준다. 이들은 이유와 반대 이유를 내세워 자기 행동을 정당화하고 그럼으로써 우리의 비극적 동정을 상실할 위험이 많다. 왜냐하면 변증론의 본질 속에는, 하나의 결론이 나올 때마다 요란스레 환호를 올리며, 차가운 명석성과 의식 속에서만 숨을 쉴 수 있는, 저 낙천주의적 요소가 있다는 것은 누구나 알고 있는 사실이기 때문이다. 낙천주의적 요소는 일단 비극 속에 침투해 들어가면 비극의 디오니소스적 영역을 점차 잠식하여 이것이 필연적으로 자살해 버리게끔 만든다. 이 자살은 시민극(市民劇)에로의 투신자살인 것이다. 독자들은 「덕은 지식이다. 죄가 행해지는 것은 무지에서부터다. 유덕한 자는 행복한 자이다」라고 하는 논리정연한 소크라테스의 명제를 기억할 것이

다. 이 세 개의 기본형식 속에 비극의 죽음이 가로놓여 있다. 왜냐하면 이제 유덕한 주인공은 변증론사(辯證論士)이어야 하며 이제 덕(德)과 지식, 신앙과 도덕 사이에는 어떤 필연적이고 명백한 연결이 있어야 하기 때문이다. 이제 에스킬로스식의 초월적 정의(正義) 해결은 상투적인 〈기계장치 신〉[37]을 사용하는 〈시적 정의〉라는 평면적이고 저질스러운 원리로 전락해 버렸기 때문인 것이다.

이 새로운 소크라테스적·낙천주의적 무대세계에 대하여 〈합창단〉과 비극의 음악적·디오니소스적 토대 전체는 어떤 모습으로 나타났을까? 우연적인 것으로, 그리고 없어도 좋을, 비극의 기원에 대한 추억 때문에 남아 있는 것으로 생각되어졌다. 그러나 우리는 합창단은 비극과 비극적인 것의 기원으로만 이해되어져야 한다는 것을 알고 있다. 이미 소포클레스에 있어서 합창단에 대한 난처한 감정이 보이고 있다. 이것은 이미 그에게서부터 비극의 디오니소스적 기반이 무너져가기 시작했다는 결정적 증거이다. 그는 더이상 합창단에게 연극효과의 중요한 부분을 위임하려 들지 않았고, 합창단의 영역을 합창단이 배우들과 협동하여 등장하는 정도로 제한시켜버렸다. 이는 마치 합창단이 합창석에서 무대 위로 밀려 올라간 듯이 보였다. 물론 이 때문에 합창단의 본질은 완전히 파괴되었다. 비록 아리스토텔레스가 합창단에 대한 이러한 견해에 찬동을 보였을지라도 이미 그 기능은 파괴된 것이다. 전승에 따르면, 소포클레스가 매번 자기의 연극상연을 통해서, 게다가 글을 통해서까지도 추천해 마지 않던, 합창단 위치의 후퇴는 합창단 〈파괴〉의 제 일보였다. 이 단계에 뒤이어 에우리피데스, 아가톤, 새로운 희극 등에서 급속도로 〈파괴〉가 이루어져 갔다. 낙천주의적 변증론은 그 삼단논법의 채찍을 휘둘러 비극에서 〈음악〉을 추방한다. 다시 말하면 그것은 비극의 본질을 무너뜨려버린 것이다. 이 비극의 본질이란 디오니소스적 상태의 발표이자 형상화이며, 음악의 가시적(可視的) 상징화이며, 디오니소스적 도취를 표현하는 꿈의 세계로 해석되지 않을 수 없기 때문이다.

---

37) 아리스토텔레스는 에우리피데스를 〈시인 중에서 가장 비극적인 자〉라고 불렀다. (『시학』 1453a)비록 니체가 아리스토텔레스보다는 시와 비극에 대하여 더 많은 감수성을 지니고 있기는 하지만, 아리스토텔레스의 이러한 평가는, 니체가 에우리피데스를 가장 낙천주의적인 자라고 평가한 것보다 더 정당한 듯하다. 확실히 에우리피데스는 〈덕망있는 자가 행복하다고는 믿지 않았다——그 반대이다——그리고 그의 비극 속에 변증론의 불꽃이 지독히 많이 나오는 것은, 비록 이것이 비극적 느낌을 손상시켜버리기는 하지만, 대개는 이성(理性)의 무용성(無用性), 즉 비극을 미연에 방지하는 데 있어서의 무능함을 시사해주고 있는 것이다.

그러니까 우리는 소크라테스 이전에 이미 활동하고 있던 반(反)디오니소스적 경향을 확인한 셈이다. 이 경향은 소크라테스 속에서 전례없이 커다랗게 표현되어진 것에 지나지 않는다. 그렇다면 우리는 움츠려들지 말고 물어야 할 것이다. 도대체 소크라테스라는 현상과 같은 그런 모든 현상은 어떻게 해석되어지는 것일까 하고. 이 현상을 우리는 플라톤의 대화를 읽고 만물을 해체해 버리는 부정적 힘으로 이해할 수가 있다. 그리고 소크라테스적 충동의 최초의 활동은 디오니소스적 비극을 해체하는 데에 집중되었지만 우리는 소크라테스의 심오한 인생체험을 고려해 볼 때 다음과 같이 묻지 않을 수 없게 된다. 소크라테스와 예술과의 사이에는 〈필연적〉으로 대립관계만이 성립되는 것인가, 〈예술가 소크라테스〉의 탄생이라는 것은 대체로 그 자체가 모순된 것인가 라고.

저 압제적 논리가(論理家) 소크라테스는, 가끔 예술에 대하여 생각하면서, 어떤 결함감, 어떤 공백감, 반쯤의 자책감, 어쩌면 의무를 게을리 했을지도 모른다는 느낌을 자신에 대하여 느꼈었다. 그가 옥중에서 자기 친구들에게 말하는 바처럼 그에게는 종종 똑같은 꿈이 찾아와서 〈소크라테스, 음악을 해라〉라는 똑같은 말만을 하곤 했었다. 그는 자기의 철학은 최고의 뮤우즈 예술이라고 생각하면서, 어떤 신이 그에게 저 〈비속하고 대중적인 음악〉을 일깨워 주려고 하나 보다고 잘못 생각함으로써 마지막 날까지 심기가 언짢았다. 그러나 마침내 그는 양심의 무거운 짐을 덜어내기 위하여 옥중에서, 이제까지 경멸했던 음악을 하는 것에 동의하였다. 아폴로에게 바치는 노래도 짓고 이솝 우화 두서너 개도 운문으로 바꾸어 놓은 것은 이런 심정에서였다. 그가 이렇게 습작을 하게 만든 것은 다이모니온의 경고하는 목소리와 비슷한 어떤 것이었다. 그것은 그가 야만족의 왕처럼 고귀한 신의 모습을 이해하지 못하고 이러한 자기의 몰이해 때문에 자기 신에게 죄를 지을 뻔했다는, 아폴로에 관한 통찰인 것이다. 소크라테스의 꿈에 관한 저 발언은 논리적 자연의 한계에 대한 걱정의 유일한 징조이다. 아마도——따라서 그는 물어야 했을 것이다——내게 이해되지 않는 것과 비합리적인 것은 서로 다른 것이 아닐까? 논리가가 추방되어진 지혜의 나라가 아마 있지 않을까? 어쩌면 예술은 과학에 대한 필수적인 상관물(相關物)이자 보충물이 아닐까?

15

이 최후의 예감에 가득 찬 물음의 의미를 우리는 받아들여 다음의 사항을 이야기해야 한다. 소크라테스의 영향은 지금에 이르기까지, 아니

미래에 이르기까지도 마치 석양에 점점 커져가는 그림자처럼 후세로 번져나갔다. 그는 〈예술〉의 새로운 창조를——그것도 형이상학적인 가장 넓고 가장 깊은 의미에 있어서의 예술을——늘 필연적인 일로 만들었다. 그리고 자기 스스로의 불멸성 속에서 예술의 무한성을 보장해 주었다.

이것이 인식될 수 있기 전까지는, 그리이스인들에 대한, 호메로스에서 소크라테스에 이르기까지의 그리이스인들에 대한 예술의 가장 내적인 의존성이 납득할 만하게 설명되어지기 전까지는, 우리는 그리이스인이 소크라테스를 이해하지 못한 것처럼 그리이스인을 이해하지 못한다. 거의 모든 시대가, 거의 모든 문화단계가 한 번 정도는 반드시 그리이스인에게서 해방되고자 몸부림쳤다. 왜냐하면 그리이스인 앞에 서면, 자기에게서 나온 모든 것, 언뜻 보아 완전히 독창적인 것, 그리고 진정으로 감탄할 만한 것들이 갑자기 색채와 생명을 잃어버리는 것 같고, 실패한 모사품으로, 아니 희화(戲畵)로 움츠러들어 버리기 때문이다. 그래서 자기네 나라의 것이 아닌 모든 시대의 것을 〈야만적〉이라고 뻔뻔하게 말하는 저 오만한 소민족(小民族)에 대한 가슴 속 분통이 새로이 또 한번 터져나오기 때문인 것이다. 도대체 저들은 누구인가 하고 사람들은 자문한다. 그들은 단지 일시적인 역사적 영광, 우스울 정도로 편협한 제도, 기이한 풍습상의 유능성만을 보여줄 수밖에 없고 게다가 추악한 악덕을 그 특징으로 하고 있으면서도, 다른 민족들에게 천재가 대중에게서 마땅히 받아야 할 존엄과 특별 대우를 요구하는 것이다. 유감스럽게도 사람들은 운이 없어서 그런 존재들을 간단하게 처리할 수 있는 독배(毒杯)를 발견해내지 못했다. 왜냐하면 질투, 중상모략, 격분이라는 어떠한 독에 의해서도 저 자족적(自足的)인 장려함은 파괴되지 않기 때문이다. 그래서 사람들은 그리이스인 앞에서 부끄러워하고 두려워하는 것이다. 이렇지 않기 위해서는 사람들은 진리를 어느 것보다도 존경하고 따라서 다음과 같은 진리를 인정할 수 있어야 한다. 그리이스인은 마부처럼 우리들의 문화뿐만 아니라 모든 문화들의 고삐를 쥐고 있다고. 그러나 이 마차와 말은 거의 늘상 너무도 초라한 소재여서 이것을 끄는 마부의 영광에는 합당치가 않다. 그래서 그는 그런 말들을 골짜기로 떨구어 넣는 것쯤은 장난으로 생각한다. 그들 자신은 아킬레우스의 도약(跳躍)으로 뛰어넘는다.

그러한 마부자리가 소크라테스에게도 적합한 것임을 증명하기 위해서는 그 이전에는 존재치 않았던 한 존재양식의, 즉 〈이론적 인간〉의 전형이 어떤 것인가를 그를 보고 인식하기만 하면 충분하다. 이 이론적

비극의 탄생 99

인간의 의미와 목적을 통찰해내는 것, 이것이 우리의 과제다. 이론적 인간도 눈앞에 있는 것에 대하여 한없는 기쁨을 느낀다. 예술가처럼. 그리고 역시 예술가처럼 이 기쁨에 의하여 염세주의의 실천철학과 암흑 속에서 빛나는 륑케우스의 눈[38]으로부터 보호받게 된다. 말하자면 예술가가 진리의 베일을 매번 벗기는 가운데에서도, 베일을 벗기고 난 다음에도 역시 베일로 남아 있는 것에 자기의 매혹당한 시선을 고정시킨다고 한다면, 이론적 인간은 벗겨진 베일에서 기쁨과 향락을 누리는 것이며 그의 최고의 목적은 항상 기쁜, 자기의 힘으로 이루어지는 베일 벗기기의 과정 자체에 있게 되는 것이다. 만일 학문에게 다른 어떤 것이 중요한 게 아니라 저 발가벗은 〈하나의〉 여신만이 중요했다고 한다면, 학문이란 존재치 않았을 것이다. 만일 그것만이 중요했다고 한다면 그것은 학문의 사도들에게 마치 지구 속으로 똑바로 하나의 구멍을 파고들어가는 사람들이 느끼는 것과 똑같은 느낌을 주게 될 것이기 때문이다. 이 사람들 각자는 이렇게 생각할 것이다. 자기가 평생 동안 아무리 노력한다 하더라도 거대한 깊이의 극히 작은 일부만을 파들어갈 수밖에 없다. 이 구멍은 자기가 보는 앞에서 바로 옆사람의 일에 의해 다시 막혀버리게 된다. 그러면 제 삼자는 자기 자신의 힘으로, 구멍을 뚫기 위한 새로운 장소 하나를 찾는 것이 나아 보일 것이다. 이제 어떤 사람이 이렇게 곧바로 뚫고 나가도 지구 반대편에 도달할 수는 없다는 생각을 증명해 버렸다고 할 때, 땅을 파들어가면서 보석을 발견한다든가 지하자원을 발굴한다든가 하는 데에서 오는 만족이 없다면, 누가 지금까지 뚫어온 구멍을 계속 더 뚫어나가려고 하겠는가. 따라서 가장 성실한 이론적 인간, 레싱Lessing은 자기에게 중요한 것은 진리 그 자체보다도 진리를 찾는 행위 자체인 것이라고 과감히 말했던 것이다. 학자들에게는 놀랍기도 하고 더더욱 화나는 일이기도 하지만 이 말로써 학문의 근본 비밀이 드러나게 되었다. 불손한 것은 전혀 아니었지만 과도하게 성실했던 이러한 하나의 인식 외에도 소크라테스라고 하는 인간을 통하여 처음으로 세상에 나타나게 된 의미심장한 〈망상〉 하나가 이론적 인간의 사고유형 중에 있다. 이것은 바로 사유(思惟)는 인과율의 실마리를 타고 존재의 가장 깊은 심연(深淵)에 도달한다. 그리고 사유는 존재를 인식할 수 있을 뿐만 아니라, 〈수정〉할 수도 있다는 저 흔들리지

---

38) 륑케우스Lynceus는 아르곤 Argon 호의 선원인데, 그는 시력이 몹시 예민하여 땅속을 꿰뚫어 볼 수가 있었고 거의 10마일 밖에 있는 사물들도 구별해 낼 줄 알았다.

않는 신념이다. 이러한 기고만장한 형이상학적 망상은 학문의 본성으로 주어진 것이며 학문을 점점 더 그 한계에까지 몰고 간다. 이 한계점에서 학문은 〈예술〉로 변하지 않을 수 없다. 「학문은, 이런 과정에 있어서, 원래 예술을 지향한다.」

우리가 이제 사유의 횃불을 들고 소크라테스를 비추어 보면 그는 우리에게 저 학문의 본성을 위하여 살아갔을 뿐 아니라——이보다 훨씬 더한 것은——그것을 위해 죽기도 하였던 최초의 인물로 나타나게 된다. 그래서 학문과 논거(論據)에 의해서 죽음의 공포에서 벗어난 인간인, 〈죽음에 임한 소크라테스〉의 모습은 하나의 문장(紋章)처럼 학문의 입구 위에 걸려서 누구에게나, 올바른 모습으로 나타나게 만드는 학문의 사명이 생각나게 만들고 있다. 그리고 만일 근거가 충분치 못할 때 결국 〈신화〉가 필요하게 된다. 나는 더우기 이것을 필연적 결과, 아니 오히려 학문의 목적이라고 방금 부른 바 있다.

학문의 사제 소크라테스가 죽은 후 철학의 여러 유파는 밀려왔다가 밀려가는 물결처럼 차례로 교체되어 갔다. 예상조차 할 수 없을 만한 보편성으로서 지식이 넓어져 학문은 이 때문에 높이 치켜올려져 재능있는 사람에게는 모두 학문이 본래의 임무로 되어버렸다. 그리고 학문은 이 무대로부터 다시는 추방되는 일이 없었다. 이 보편화된 지식욕 덕택에 사상이라는 공통의 그물망이 전 지구상에 펼쳐지게 되었고, 게다가 전 태양계에 걸친 법칙까지도 세울 수 있게 되었다. 실제로 이 모든 것을 현대의 놀랄만한 지식의 첨탑을 고려하여 생각해 볼 때 소크라테스 속에 이른바 세계사의 한 전환점과 소용돌이를 볼 수가 있다. 여기에는 다음과 같은 이유가 있다. 이러한 세계적 추세에 막대한 양의 힘이 소비되지만, 이 힘이 인식을 위해서가 아니라 개인과 민족의 실제적 목표에 사용된 경우를 생각해 보자. 그러면 각지에 파괴적 전투가 번져 민족 이동이 끊임없이 일어나고 삶에 대한 본능적 욕구는 약화될 것이다. 그리하여 자살은 상습적이 되고 개인은 피지 섬〔島〕의 주민처럼 자식은 양친을 목졸라 죽이고 친구는 친구를 그렇게 함으로써 자기 의무를 다하였다고 느끼게 될 것이다. 이것은 동정심에서 타민족을 살해한다는 극단적 윤리를 만들어내는 실천적 염세주의이다. 이러한 염세주의는 예술이 어떠한 형식으로 특히 종교와 학문이라는 형식으로 저 무서운 독기(毒氣)의 치료제 및 예방제 역할을 해지지 않는 곳에서는 어디서나 볼 수 있었으며 지금도 볼 수 있는 상태다. 이 실천적 염세주의 앞에서는 소크라테스는 이론적 낙천주의자의 원형이다. 앞서 언급한 바대로, 그는 사물의 본성을 규명한다는 것은 가능하다는 신념을 지니고, 지식과 인식에 만병통치의 약효를 인정하며, 오류야말로 악덕 그 자체라고 생각한다. 소크라테스적 인간에게는 논증(論證)을 철저히 기하고 진정한 인식을 오류와 가상과 구별하는 것이 가장 고귀한 사명, 유일하고 진정한 인간의 사명이라고까지 생각되어진다. 개념·판단·추리의 메카니즘은 이렇게 해서 소크라테스 이래 다른 모든 능력보다 높이 평가받게 되어 자연 최고의 활동, 자연의 가장 경탄스러운 선물로 간주되었다. 동정심·희생심·영웅심 등의 가장 숭고한 윤리적 행위까지도 그리고 아폴로적 그리이스인이 소프로쉬네[사려(思慮)]라고 부른 바, 쉽사리 얻기 어려운 잔잔한 바다와 같은 영혼의 저 고요함마저도 소크라테스와 그 동료 후계자들의 손에 의해서 현재까지 저 지적 변증론(知的辯證論)으로부터 연역되었으며, 따라서 전수가능한 것으로 간주되어 왔다. 단 한번이라도 소크라테스적 인식의 기쁨을 맛보고, 이 인식이 모든 현상계 위로 더욱 넓게 퍼져나가는 것을 몸으로 느끼는 자는 이때부터 이 인식의 세계정복을 완성하고 이 인식의 그물을 물샐틈 없이 치려는 것 이외에는 어떤 강한 충동, 삶으로 몰아가는 어떤 강한 충동도 이미 느끼지 못할 것이다. 그리하여 일단 이 충동에 휩싸인 사람은, 플라톤이 묘사한 소크라테스를 새로운 형식의 〈그리이스적 명랑성〉과 삶의 축복에 대한 교사로 보게 되는 것이다. 이 새로운 형식의 그것들은 행동 속에서 발산되고자 원하며, 이 발산은 주로 천재의 생산의 완성을 목표로 하는 산파술(産婆術)적이고 교육적인 감화를 고귀한 청년들에게 입힘으로써 이루어진다.

그러나 이제 학문은 자기의 강력한 망상에 자극받아 서둘러 자기의 한계에 도달한다. 여기서 논리의 본질 속에 숨어있는 학문의 낙천주의는 좌절된다. 왜냐하면 학문의 원주(圓周) 위에는 무수한 점이 있으며, 늘 이 원주를 측정할 수 있는 방법이 보이지 않는데 고귀하고 재능이 있는 인간은 생애의 중간에 도달하기도 전에 불가피하게 원주의 그러한 한계점[39]에 도달하여 거기서 해명할 수 없는 것을 응시하게 되기 때문이다. 논리가 그 한계점에서 헛되이 돌아가고 마침내 여기서 자기의 꼬리를 무는 것을 보고 몸서리칠 때, 새로운 형식의 인식, 〈비극적 인식〉

---

39) 야스퍼스의 유명한 한계상황 Grenzsituationen은 이 부분에 서술되어 있는 요점을 가다듬어 만들어낸 것이다. 그리고 니체의 〈난파〉라는 이미지는 역시 야스퍼스의 핵심 용어 중의 하나가 되었다. 이 대목은, 7절이 사르트르에 관계되는 것처럼, 야스퍼스의 실존주의와 밀접한 관계에 놓여 있다.

이 터져나오게 되는 것이다. 그 무서움을 참아내기 위해서도 보호 및 치료제로서의 예술이 필요하게 된다.

소크라테스에게 모범적으로 나타나고 있는 저 낙천주의적 인식에 대한 갈망은 진정 피로할 줄을 모른다. 그리이스인을 쳐다볼 수 있는 가장 강력한 눈으로 이제 우리는 우리를 둘러싸고 흐르는 그리이스 세계의 최고의 영역을 살펴보기로 하자. 그러면 우리는 소크라테스적 저 열망이 비극적 체념과 예술필요론으로 변모하게 되는 것을 알게 된다. 물론 이러한 열망은, 낮은 단계에서는 예술에 적대적으로 나타나고 특히 디오니소스적 비극예술을 마음 속으로 싫어하지 않을 수 없다. 이것은 소크라테스주의에 의해서 에스킬로스의 비극이 멸망하여가는 과정에서 실례를 들어 설명한 바와 같다.

이제 우리는 설레이는 마음으로 현재와 미래의 문을 두드려 보자. 저 〈변모〉로부터 이제는 새로운 천재가 만들어지고 〈음악을 하는 소크라테스〉[40]가 탄생하게 되는가? 비록 종교와 학문의 이름 아래라 하더라도 존재 위에 펼쳐진 예술의 그물은 이제부터 점점 더 튼튼하고 정교하게 짜여지게 되는가? 아니면 그것은 〈현재〉라 불리우는 불안하고 야만적인 번잡과 소용돌이 아래서 갈기갈기 찢어지는 운명에 놓이게 되는가? 마음을 죄면서, 그러나 희망을 버리지 않고 우리는 잠깐 옆으로 물러나 저 엄청난 싸움과 변화의 증인이 될 것을 허락받은 방관자가 되어 보자. 아아! 이를 바라보는 자는 역시 싸움에 가담해야 한다는 것, 이것이 이 싸움의 마력이로다! [41]

16

이상의 상세한 역사적 예에서 우리가 명백히 해두어야 하는 것은 음악의 정신이 소멸할 때 비극예술도 역시 멸망하고 음악의 정신에서만 비극예술이 탄생할 수 있다는 것이다. 이 주장의 기이한 느낌을 완화하면서 이 인식의 출처를 제시하기 위해 우리는 이제 자유로운 눈으로 현

---

40) 이것은 확실히 이상화된 자기 자신의 초상화이다. 니체는 피아노도 치고 노래도 작곡하였다.

41) 이 책은 이 지점에서 끝나야 좋았을 것이다. 이는 그 초판이 시사하는 바 그 제목은 「소크라테스와 그리이스 비극·음악의 정신으로부터의 비극의 탄생에 대한 근본적 이해 *Socrates und die griechische Tragödie · Ursprüngliche Fassung der Geburt der Tragödie aus dem Geiste der Musik*」이었다. 여기까지에서 주로 비극의 탄생과 죽음이 논의되어 온 것이고, 이 다음부터 나오는 비극의 재탄생에 관한 찬미는 이 책의 힘을 약화시키고 있다. 그래서 니체 자신도 후에 곧 이 점을 유감스러워했다.

대에 있어서의 유사한 현상을 관찰해야 한다. 내가 방금 말했듯이 우리의 현재 세계의 최고의 영역에서, 단족할 줄 모르는 낙천주의적 인식과 비극적 예술의 추구 사이에 벌어지는 싸움의 한가운데로 들어가야 한다. 이때 나는 어느 시대의 예술과 비극에 대항하는 모든 적대적 충동을 무시하고 싶다. 이러한 충동은 현대에도 예컨대 무대예술 가운데에도 소극(笑劇)과 발레만이 상당히 무성하여, 모든 이에게 향기롭지만은 않은 꽃을 피우고 있을 정도로 때를 만났다는 듯이 여기저기로 번져가고 있다. 나는 다만 비극적 세계관에 대한 〈가장 고귀한 적대세력〉에 관해서만 말하고자 하고 있고 여기서 내가 말하는 가장 고귀한 적대세력이란 그 조상 소크라테스를 필두로 하는 그 가장 깊은 본질에 있어서 낙천주의적인 학문을 의미한다. 곧 〈비극의 재탄생〉——이것은 독일 본질의 재생을 위해 가장 다행스러운 희망이다 !——을 보장해 주는 듯한 세력의 이름도 열거할 것이다.

우리는 저 싸움의 한복판에 뛰어들기 전에 이제까지 손 안에 쥐고 있던 인식의 갑옷을 입기로 하자. 모든 예술작품의 생명의 원천으로서의 유일한 어떤 원리로부터 예술을 이끌어내는 것과는 달리 나는 그리이스인의 저 두 예술신 디오니소스와 아폴로에 시선을 두고 있으며, 그두 신 속에서 그 가장 깊은 본질로 보거나 그 가장 높은 목표로 보거나 서로 다른 두 예술세계의 생생하고 구체적인 대표자를 본다. 아폴로는 〈개별화의 원리〉를 밝혀주는 정령(精靈)으로서 내 앞에 서 있다. 가상에 의한 구제가 진정으로 달성되기 위해서는 아폴로에 의지할 수밖에 없다. 한편 디오니소스의 신비적 환호성에 의해서 개별화의 속박은 완전히 분해되고 존재의 어머니들[42]으로 가는 길, 사물의 가장 깊은 핵심에의 길이 열리게 된다. 조형예술과 음악[43]의 두 예술 사이에는 거대한 단절이

---

42) 괴테의 『파우스트』 6216행 이하에서 끌어온 비유.

43) 니체는 확실히 모든 음악을 〈디오니소스적인 것〉 속에 포함시키려고는 하지 않았다. 그리고 지금 단계로서는 모짜르트 Mozart의 음악을 바그너의 음악에 대치시킬 수 있는 것으로 간주할 수 있다는 생각은 떠오르지 않고 있었다. 모짜르트는 「비극의 탄생」 속에서는 언급되지 않고 있는 것이다. 그러나 그는 젊은 니체에 의해서 다른 책들 속에서 언급되고 있으며, 그 모두가 사랑과 존경을 표현하고 있다. 그러나 니체가 바그너의 이름은 지적하지 않은 채 바그너와 모짜르트의 차이점을 자기 책 속에 발표한 것은 단지 1880년, 바그너와의 결별 후 〈방랑자와 그의 그림자〉(165절) 속에서였다. 때때로 그는 이것과 그리고 「선악을 넘어서」 (1886)속에 있는 중요한 몇 대목을 「니체 대 바그너 Nietzsche contra Wagner」 속에 집어넣기도 했다. 모짜르트의 음악이 디오니소스적이 아니라는 생각이 니체에게 들었을 때 니체는 또한 바그너의 음악도 진정으로 디오니소스적인 것은 아니고 오히려 〈낭만주의적〉이고 〈퇴폐주의적〉이라는 점을 깨달았다. 「니체 대 바그너」를 참조하라.

놓여 있는데, 이것을 분명히 자각했던 위대한 자는 오직 한 사람뿐이었다. 그는 그리이스 신화의 상징적 안내도 받지 않고 음악에, 다른 모든 예술을 능가하는, 그리고 다른 모든 예술과는 다른 종류의 성격과 기원을 인정했다. 음악은 다른 모든 예술처럼 결코 현상의 모사(模寫)인 것은 아니다. 이것은 의지의 직접적 모사이다. 따라서 음악은 〈세계의 모든 물질적인 것〉에 대한 〈형이상학적인 것〉, 모든 현상에 대한 물 자체(物自體)의 묘사인 것이다. (쇼펜하우어 『의지와 표상으로서의 세계』 I권 310면) 이것은 모든 미학 가운데에서도 가장 중요한 인식이다. 미학을 꽤 엄격한 의미로 해석내린다면, 미학은 이러한 인식 위에서 시작되는 것이라고 말해도 좋다. 리하르트 바그너는 이 가장 중요한 인식에 도장을 찍어 이것이 영원한 진리인 것을 보증하고, 그 『베에토벤』 속에서 다음과 같이 말하고 있다. 음악을 측정하기 위해서는 모든 조형예술과는 아주 다른 미학원리에 따라야 하며, 미의 범주에 의존해서는 안 된다. 비록 종래의 그릇된 미학이 그릇되고 타락한 예술[44]의 수중에서 놀아나며 조형세계에서만 통용되는 미의 개념에 의거하여, 음악에게, 조형예술이 주는 것과 똑같은 효과, 즉 〈아름다운 형상에 대한 쾌감〉의 유발을 요구한다고 할지라도 말이다. 이상이 바그너의 견해이다. 나는 저 거대한 대립을 인식하게 되고 난 다음, 그리이스 비극의 본질에 접근하여 그리이스 영혼의 가장 심오한 제시를 알아내고자 하는 절실한 욕구를 느꼈다. 왜냐하면 비로소 나는 근대의 통속미학의 용어를 초월하여 비극의 근본문제를 머리 속에 생생하게 그려보는 마법의 능력을 가지게 되었다고 믿었기 때문이다. 이 마법을 통하여 나는 그리이스적인 것을 꿰뚫어보는 이상하리만큼 독자적인 통찰력이 주어졌고 따라서 우리에게 그렇게 뽐내고 있는 고전 그리이스학은 오늘날까지 대체로 그림자 놀이와 외적인 것에만 즐거워할 줄밖에 몰랐던 것처럼 생각되어졌다.

저, 그 자체로서 이미 분리되어 있는 아폴로적인 것과 디오니소스적인 것이라는 예술적 힘들이 함께 활동하게 되면 어떤 미적 효과가 나게 될 것인가 하는 질문을 가지고 나는 저 근본 문제를 취급해 보기로 하겠다. 좀더 짧은 형태로 묻는다면 음악과 형상 및 개념은 어떤 관계인가? 라는 물음을 가지고 리하르트 바그너가 바로 이 점에 있어서 그 표현의

---

44) 이 용어는 나치가 관청에 의해서 배격되던 수많은 현대 예술을 이 용어 아래 싸잡아버렸을 때 그 악명을 드날렸다. 그러나 니체가 모든 예술은 반드시 〈아름다운 형식〉을 추구해야 한다는 생각을 비판했던 반면, 나치는 〈아름다운 형식〉을 원했고, 아름다움을 추구하지 않는 예술에 대해서는 사납게 탄압했다.

둘도 없는 명료성을 칭찬해 마지 않았던 쇼펜하우어는 이 점에 관하여 극히 상세하게 다음과 같이 적었다. 나는 여기에 그 전문을 인용하겠다.

「이상의 모든 점에 의거하여, 우리는 현상으로 나타나는 세계, 혹은 자연과 음악 세계를 동일한 사물[45]의 서로 다른 두 표현으로 볼 수 있다, 따라서 이 동일한 사물 그 자체가 두 개의 대응체를 매개하는 유일한 것이 된다. 이것을 확실히 이해하기 위해서는 이 매개체를 확실히 이해함이 필요하다. 따라서 음악이 세계의 표현으로 간주되어질 때에는 하나의 최고 수준의 보편적 언어인 것이다. 음악의, 개념의 보편성에 대한 관계는, 후자의 개개의 사물에 대한 관계와 같다. 그러나 음악의 보편성은 저 공허한 추상의 보편성은 결코 아니다. 오히려 몹시 다른 종류의 것이며, 어디까지나 명확한 내용과 결부되어 있다. 이것은 이런 점에서 기하학 도형이나 숫자와 유사하다. 이것들은 모든 가능한 체험대상의 보편적 형식이며 모든 것에 〈선험적으로〉 적용될 수 있지만 전혀 추상적이 아니며 오히려 구체적이고 전적으로 명확하다. 의지의 모든 가능한 노력, 흥분, 표현들, 즉 이성이 감정이라는 넓고도 부정적인 개념으로 한꺼번에 간주해 버리는 저 인간 내면의 모든 상태들은 수없이 많이 있을 수 있는 선율들을 통하여 표현되어질 수 있다. 그러나 이것은 순수한 형식의 보편성 속에서, 소재를 사용하지 않고, 항상 물 자체(物自體)에 따라서, 현상에 따르는 것이 아니고 마치 내적(內的) 영혼 그 자체처럼 물체를 이용함이 없이 표현되는 것이다. 음악이 진정한 사물에 대하여 가지는 이러한 내적 관계는 다음과 같은 점도 설명해 준다. 어떤 장면, 줄거리, 사건, 환경에 있어서 어떤 음악이 흘러나오는 경우, 음악은 우리에게 그것들의 가장 비밀스러운 의미를 열어주는 듯이 보이며 그것들에 대한 가장 정확하고 명료한 주석으로 나타나게 된다. 이는 어떤 교향곡이 주는 인상에 심취해 있는 어떤 사람이 삶과 세계 자체의 가능한 모든 사태들이 그의 곁을 스치며 지나가는 것을 볼 때와 유사한 것이다. 그러나 그럼에도 불구하고 그는 깨어났을 때 그의 안전에서 움직이던 사물들과 저 선율 사이에서 어떤 유사성도 발견해 낼 수가 없다. 왜냐하면 음악이 다른 모든 예술과 차이나는 점은, 음악이 현상, 좀더 정확히 말하면, 의지의 적절한 대상의 모사가 아니라 의지 자체의 직접적 모사이고 따라서 세계의 모든 물체들에 대한 형이상적인 것, 모든 현상에 대한 물 자체를 묘사한다는 점이다. 사람들은 따라서 세계를 구체화된 음악, 구체화된 의지라고 불러도 좋을 것이다.

---

45) 의지.

여기서 곧바로 설명되어질 수 있는 것은 음악은 모든 정경을, 더우기 현실적 삶과 세계의 모든 장면을 보다 높은 의미를 가지고 나타나게 만들 수 있다는 점이다. 말할 나위도 없이 음악의 선율이, 주어진 현상의 내적 정신과 일치하면 할수록 현상들의 의미는 그만큼 더 높아진다. 한 편의 시를 노래로서, 구체적 묘사를 무언극으로서 혹은 이 양자를 오페라로서 음악에 복종시킬 수가 있는 것도 이 때문이다. 음악이라는 보편 언어에 종속되어 있는 그러한 인간생활의 개개의 그림들은 절대적으로 음악에 연결되어 있거나 일치하는 것은 아니다. 그것들은 음악에 대하여, 어떤 일반적 개념에 대한 임의의 실례(實例)의 관계를 맺고 있다. 이것들은, 음악의 순수 형식의 보편성 속에서 표현하는 것을 현실의 한 정경 속에서 표현한다. 왜냐하면 선율이라는 것은 보편 개념과 마찬가지로 어느 정도는 현실이 추상된 것이기 때문이다. 현실, 즉 개개 사물의 세계는 말하자면 구체적인 것, 특수하고 개별적인 것, 개별적 경우들을 개념의 보편성에게뿐 아니라 선율의 보편성에게도 제공해 준다. 이 두 보편성은 그러나 어떤 점에서는 상호 대립적이다. 그 이유는 이렇다. 개념은 무엇보다도 관조로부터 추상된 형식, 말하자면 사물들에게서 벗겨낸 외적 껍질, 그러니까 근본적 추상체(抽象體)에 불과하다. 반면에 음악은 모든 형체들에 앞서는 가장 내적인 핵심을, 혹은 사물의 핵심을 제공해 주는 것이다. 이러한 관계는 스콜라 학파의 말 속에서 충분히 설명되어질 수 있다. 그들은 다음과 같이 말했다. 개념은 〈사물 이후의 보편〉이지만 음악은 〈사물 이전의 보편〉이다, 그리고 현실은 〈사물 속의 보편〉인 것이다 라고. 그러나 일반적으로 어떤 작곡(作曲)과 어떤 구체적 묘사 사이에 관계가 없지 않다고 하는 것은, 이미 말한 바와 같이 두 개가 서로 판이하기는 하지만 두 개는 세계의 동일한 내적 본질을 표현한다는 점에 근거를 두고 있다. 이제 어떤 하나의 경우에 그러한 관계가 실제로 존재하고 있다고 한다면, 즉 음악가가 주어진 사물의 핵심을 이루고 있는 의지의 활동을 음악이라는 보편적 언어로 표현한다고 할 때, 시가(詩歌)의 음악, 오페라의 음악은 표현력이 풍부해진다. 어떤 선율과 어떤 현상 양자의 유사함을 작곡가가 발견해 낼 때에는, 그의 이성이 개입됨이 없는 상태에서, 세계의 본질에 관한 직접적 인식에 의거해야 하며 명확한 의도 하에, 개념에 의해 매개된 모방을 해서는 안 된다. 그렇지 않을 때 음악은 내적 본질, 의지를 말하는 것이 아니라 이것의 현상을 불충분하게 모방하게 된다. 이런 일은 본래 묘사 음악이 하는 일이다. 」(『의지와 표상으로서의 세계』 I 권, 309면) 이와 같이 우리는 쇼펜하우어의 이론에 따라서 음악을 의지의 언어로 직접 이해하는 동시에 우리에게 말을 걸어오는 저 영(靈)의 세계, 볼 수는 없지만 생기있게 움직이는 영의 세계를 음악에 의하여 구체화해 보고 싶은 공상을 가지게 되었다. 한편 형상과 개념은 참으로 이와 일치하는 음악의 영향을 받으면 높은 의미를 갖게 된다. 따라서 디오니소스적 예술은 아폴로적 예술에 대해서 보통 두 가지의 영향을 미친다. 첫째는 음악에 자극되어 디오니소스적 보편성을 〈비유의 형식으로 관조할〉 수 있다는 작용, 둘째는 음악이 비유적 현상에게 그 최고의 의미를 지니고 나타나게 한다는 것이다. 그다지 깊이 고찰할 필요가 없는 이 자명한 사실에서 나는 음악의 능력을 이끌어낸다. 음악은 〈신화〉를 낳는다. 저 가장 의미깊은 본보기, 즉 〈비극적 신화〉를. 음악은 디오니소스적 인식에 관해서 비유의 형식으로 이야기하는 모든 신화를 탄생시킨다. 나는 앞서 서정시인의 현상에 대해서 이렇게 말하였다. 음악은 서정시인 속에서 아폴로적 현상을 빌어 자기의 본질을 계시하려 한다고. 이 말의 의미는 음악이 최고로 고양(高揚)될 때에는 음악은 필연적으로 최고의 상징성을 얻으려 한다는 것이다. 이렇게 생각하면 음악은 그 본래의 디오니소스적 지혜에 대한 상징적 표현을 알고 있을 것이고 우리는 이것을 가능하다고 생각해야 한다. 그리고 디오니소스적 지혜의 이러한 상징적 표현을 만일 비극 속에서, 그리고 일반적으로 〈비극적인 것〉이라는 개념 속에서 찾지 않는다면 어디서 찾을 수 있겠는가?

보통 가상이라든가 미(美)라든가 하는 유일한 개념에 의해 설명되어지는 예술의 본질로부터는 비극적인 것을 제대로 이끌어 낼 수는 없다. 우리는 개체파멸의 환희를 음악의 정신에서야 비로소 이해할 수 있는 것이다. 여기서 우리에게 명백해지는 것은 디오니소스적 예술이라는 영원한 현상뿐이다. 디오니소스적 예술이야말로 말하자면 〈개별화의 원리〉의 배후에 있는 저 전능의 의지를 표현하는 예술, 모든 현상의 피안에 존재하며 어떠한 파괴에도 굴복하지 않는 영원한 생명을 표현하는 예술이다. 비극적인 것에 대하여 우리가 형이상학적 기쁨을 느끼는 것은 본능적이고 무의식적인 지혜, 디오니소스적 지혜가 형상 언어로 번역되어 있기 때문이다. 최고의 의지의 현상인 비극의 주인공이 파멸되는 것을 보고 우리는 쾌감을 느낄 것이다. 주인공은 다만 현상일 뿐이며 주인공의 파멸에 의해서 의지의 영원한 생명은 조금도 손상되는 일이 없기 때문이다. 「우리는 영원한 생명을 믿는다」라고 비극은 외친다. 그리고 음악은 이 생명의 직접적 이념이다. 조형예술은 이것과는 아주 다른 목표를 가지고 있다. 여기서는 아폴로가 〈현상의 영원성〉을 빛나게 찬미함으로써 개체의 고뇌를 극복한다. 여기서는 삶의 고뇌에 대해서 미(美)가 승리를 거둔다. 고통은 어떤 의미에서는 자연의 성질에서 말끔히 씻어진 것처럼 보인다. 이것에 대해서 이같은 자연이 디오니소스적 예술 및 그 비극적 상징법에 있어서는 그의 거짓없는 진실의 소리로 우리에게 이렇게 말한다. 「나를 닮아라 ! 현상의 부단한 변천 속에서 영원히 창조하고, 영원히 인간을 생존하게 만드는, 그리고 영원히 현상의 변천에 만족하는 나를 ! 」

/7

디오니소스적 예술도 우리로 하여금 생존의 영원한 기쁨을 느끼게 만든다. 우리는 단지 이러한 기쁨을 현상 속에서가 아니라 현상의 배후에서 찾으면 된다. 우리는 나타나는 모든 것이 슬픈 몰락을 준비하고 있어야 한다는 것을 알아야 한다. 우리는 개체존립의 공포 속을 들여다보지 않을 수 없다. 그러나 겁을 먹고 움츠려들어서는 안 된다. 형이상학적 위안이 일순간 우리를 덧없는 세상사로부터 이끌어내 주기 때문이다.

우리는 실제로 일순간 근원적 존재 자체가 되어서 그 제약없는 생존욕과 생존의 기쁨을 공감할 수 있다. 삶 속에 뛰어드는 수없이 많은 존재형식에 접할 때, 세계의지의 넘쳐나는 생산성에 접할 때, 우리는 투쟁, 고통, 현상의 파괴 같은 것들은 필연적인 것이라고 생각하게 된다. 우리는 바로 이 순간 고뇌의 난폭한 가시에 찔리게 된다. 이때 우리는 말하자면 존재의 헤아릴 수 없는 근원적 희열과 일체가 되고 이 희열의 불멸성과 영원성을 디오니소스적 황홀경 속에서 예감하게 된다. 공포와 동정심에도 불구하고 우리는 행복하게 사는 자이다. 개체로서가 아니라 〈유일한〉 생존자로서, 우리는 이 유일한 생존자의 생식(生殖)의 기쁨과 하나로 녹아 있는 것이다.

그리이스 비극의 성립 역사는, 그리이스인의 비극적 예술작품이 사실상 음악정신에서 탄생하였다는 것을 우리에게 분명히 말해 주고 있다. 이렇게 생각해야만 비로소 합창단의 근원적·경이적 의미도 제대로 파악하게 되었다고 할 수 있다. 그러나 우리가 동시에 인정해야 하는 것은 앞서 말한 비극적 신화의 의미가 그리이스 철학자들에게는 물론, 그리이스 시민들에게도 개념적으로 명확히 파악되어진 적은 한번도 없었다. 그리이스 비극의 주인공들이 하는 말은 그들의 행동보다는 피상적이다. 신화는 이야기되어진 말 속에서 제대로 표현된 적이 없다. 무대 장면의 구성이나 구체적 형상이, 시인 자신이 언어와 개념으로 표현한 것보다 훨씬 더 깊은 지혜를 내포하고 있다. 이와 같은 점은 셰익스피어에게서도 발견되는데, 예컨대 비슷한 의미에서 햄릿의 대사는 그의 행동보다는 피상적이다. 따라서 내가 앞서 언급한 햄릿에 관한 견해는 극의 말에서가 아니라 극 전체에서 통찰과 개관을 행함으로써 얻어질 수 있었다. 그러나 그리이스 비극은 우리 현대인에게 물론 언어의 연극으로만 전해오고 있다. 내가 앞서 암시해 둔 것처럼 신화와 언어의 불일치에 현혹되어, 우리는 자칫하면 비극을 실제보다도 천박하고 무의미한 것으로 생각하기 쉬우며 따라서 고대인의 증언에 의하면, 비극이 실제로 가졌으리라고 생각되는 효과보다도 피상적인 효과만을 가졌던 것처럼 생각하기 쉽다. 당시 신화에게 최고의 정신과 이상을 부여하는 것은 언어 시인에게는 불가능하였지만 창조적 음악가로서의 시인에게는 언제나 성공 가능하였기 때문이다. 이 일은 쉽사리 잊어버리기 쉬운 것이다. 물론 우리는 참된 비극이 가지고 있음에 틀림없는 저 비할 바 없는 위안을 어느 정도라도 느끼기 위해서는 이 음악적인 압도적 효과를 학문적 방법으로 재구성해야 한다. 그러나 이 압도적인 음악적 힘마저 우리는 그리이스인이 아닐진대 그 진정한 위력을 느낄 수는 없다. 우리는 그리이스인의 음악이 흐르는 것을 들으면서——우리에게 잘 알려지고, 친근하고 무한히 풍부한 음악에 비해서——자기의 역량을 아직 모르고 수줍게 노래하기 시작한 천재적 청년 음악가의 노래를 듣는다고 생각하게 될 것이기 때문이다. 그리이스인은 이집트 승려들의 말을 빌면 영원한 아이들이고 비극 예술에 있어서도 아이들에 지나지 않았다. 어떤 숭고한 장난감이 자기 손에 의해서 만들어졌는지 모르는 아이들, 그리고 이것이 망가진 것조차도 모르는 아이들이었다.

현상적·신화적 계시에 도달하고자 하는 음악의 정신은 서정시에서 발단되고 아티카 비극에 이르기까지 차차 고조되어 가지만, 풍만하게 전개되는가 하면 곧 중단되곤 하였다. 그러다가 그리이스 예술의 표면에서 그 자취를 감춘다. 그러나 이러한 노력 속에서 일단 탄생된 디오니소스적 세계관은 그 후에도 비제(秘祭) 속에 계속 살아남아, 실로 미묘한 변신과 변형을 취하면서 진지한 마음을 계속 매혹시킨다. 이와 같은 디오니소스적 세계관이 언제 다시 그 신비스러운 심연 속에서 떠올라 올 날은 없을까?

여기서 우리를 사로잡는 것은 다음의 질문이다. 비극을 파괴한 힘이 모든 시대에 대하여 비극적 세계관의 예술적 재탄생을 가로막을 정도의 힘을 가지고 있는가? 고대 비극이 지식과 학문의 낙천주의에로의 충동에 의하여 제 궤도에서 벗어나게 되었다면 이러한 사실로부터 〈이론적 세계관〉과 〈비극적 세계관〉 사이의 영원한 갈등이라는 것이 추론될 수 있을 것이다. 그리고 학문의 정신이 자기의 한계에 도달하여 이 한계의 확인에 의해 보편타당성에 대한 요구가 무너지게 된 후에야 비극의 재탄생이 필요하게 되어진다. 우리는 이런 문화형태에 앞서 말한 바의 의미에서, 〈음악을 하는 소크라테스〉[46]라는 이름을 붙여줄 수 있을 것이다. 이러한 대조를 함으로써 나는 학문의 정신이라는 것을 자연의 구명(究明) 가능성과 지식의 보편적 치료능력에 대한 소크라테스라는 인간을 통해 처음으로 나타난 저 신념으로 이해하는 것이다.

이 쉴줄 모르고 전진하는 학문정신의 결과를 생각해 보는 사람은 〈신화〉가 이것 때문에 멸망했다는 것, 이 파멸에 의해서 문학도 역시 자연의 이상적 지반으로부터 추방되어 고향을 잃었다는 것을 곧 상기할 것이다. 신화를 다시 그 태내(胎內)에서 낳는 힘이 음악에 있다는 우리의 기대가 옳다고 한다면, 우리는 학문정신이 음악의 신화 창조적 힘을 적대적으로 대하고 있는 장소를 찾아내야 한다. 이것은 〈아티카의 새로운 주신찬가〉에 있다. 아티카의 새로운 음악은 내적 본질, 즉 의지 자체를 표현하는 것이 아닌 개념의 매개에 의한 모방형식으로 현상을 불충분하게 재현하는 것에 지나지 않았다. 진정 음악적 재능이 있는 사람들은 소크라테스의 예술 파괴적 경향에 대해서 느낀 것과 같은 혐오스러운 마음으로 이 내적으로 타락한 음악에 등을 돌렸다. 아리스토파네스는 소크라테스 자신과 에우리피데스의 비극과 새로운 주신찬가 작가들의 음악을 똑같이 미워하고 있는데, 확실한 이해력을 가진 그의 본능은 여기서도 확실히 정곡을 찔렀다고 할 수 있다. 음악은 이 새로운 주신찬가로 인해서 전투라든가 해상의 폭풍 같은 현상들의 모사로 변해버렸다.

이 때문에 음악은 그 신화창조의 힘을 완전히 잃어버렸다. 대체로 묘사음악이 어떤 상징적 음과 인생 및 자연 사이의 외면적 유사성을 찾아내어 우리의 흥취를 돋구고 우리의 오성(悟性)을 만족시키려 할 때, 우리는 신화적인 것을 수용할 수 없는 감정상태만을 얻게 될 것이다. 새로운 주신찬가 음악이 신화창조의 힘을 가질 수 없게 된 것은 이 때문이다. 신화는 무한한 것을 응시하는 보편성과 진리의 유일한 실례로서 자기를 직관적으로 이해할 것을 요구한다. 진실로 디오니소스적 음악은 세계의지의 이러한 보편적 거울로 우리에게 나타난다. 이 거울 속에서

46) 15절 주 40) 참조.

직관적으로 느껴지는 신화는 우리 감수성에는 곧 영원한 진리의 **모상**
(母像)으로 느껴지게 된다. 이와 반대로, 새로운 주신찬가의 회화(繪畫)
적 음악, 즉 음에 의한 회화적 묘사에 의해서, 직관적으로 느껴져야 할
신화는 그 신화적 성격을 상실해버리고 마는 것이다. 이렇게 되면 음악
은 현상의 초라한 묘사로 타락하여 그 때문에 현상 자체보다도 훨씬 **초**
라한 것이 되어버린다. 이 초라함 때문에 우리의 감각에 현상 자체를
한층 끌어내려 버리게 되고 따라서, 예를 들면, 음악적으로 모방된 전
투는 진군의 소음과 호령소리에 그치게 되고 우리의 상상력은 이러한
피상적인 것에 얽매이게 되고 마는 것이다. 따라서 음에 의한 회화적
모사라고 하는 것은 어느모로 보나 신화 창조의 힘을 가진 참된 음악
의 대립물이다. 이것은 디오니소스적 음악에 의해서 개개의 현상이 세
계의 모습으로 충실하게 확장되어 나가는 것과는 큰 대조를 이루고 있
다. 비 디오니소스적 정신이 새로운 주신찬가의 발전에 있어 자기로부
터 음악을 소외시키고 현상의 노예로 끌어내린 것은 당당한 승리였다.

보다 높은 의미에서 에우리피데스는 전혀 비 음악적 인물로 불리워야
하겠지만, 이러한 이유 때문에 새로운 주신찬가의 열렬한 애호가가 되
었고 도둑처럼 대담하게 그 음악의 효과적 기교와 수법을 이용하였다.

우리는 이 비 디오니소스적이고 반(反) 신화적인 정신력이 또다른 방
향으로 활동하고 있음을 볼 수 있다. 우리가 시선을 쏟게 되는 점은
소포클레스 이후의 연극에 있어서의 〈성격묘사〉와 심리적 섬세화의 현
저한 우세이다. 성격은 더이상 불멸의 전형(典形)으로 확대되어지지 않
는다. 반대로 정교하고 섬세한 특징과 정교한 강약 배치에 의해서 그리
고 또한 모든 측면의 매우 미묘한 명확성에 의해서 하나의 개인으로 활
동하게 된다. 그 결과 관객은 신화를 전혀 느끼지 않게 되며, 강한 사
실성과 예술가의 모방능력을 느끼게 될 뿐이다. 여기에서 인식되는 것
도 또한 보편적인 것을 압도한 현상의 승리이며 개개의, 말하자면 해부
학 표본에 대한 희열이다. 우리는 이 단계에서 이미 이론적 세계의 공
기를 호흡하고 있다고 할 수 있다. 이론적 세계에서는 학문적 인식이
세계법칙의 예술적 반영보다도 높이 평가되어 있는 것이다. 성격적인
것의 한 선까지도 묘사하려고 하는 이 움직임은 그 후 급속도로 진행해
간다. 소포클레스는 여전히 성격 전체를 묘사하고 이들 성격의 전개를
위하여 신화를 사용하고 있음에 비하여 에우리피데스에 이르면 벌써 격
렬한 정열 속에서나 나타날 수 있는 개개의 커다란 성격적 특징들만이
묘사되고 있다. 그리고 아티카의 새로운 희극에 이르러서는, 경솔한 노

인이라든가, 기만당한 무장이라든가, 교활한 노예 등, 요컨대 오직 〈하나〉의 표정밖에 없는 가면만이 지칠 줄 모르게 되풀이될 뿐이다. 음악의 신화 형성의 정신은 지금은 어디로 가버렸는가? 이때 역시 남아 있는 음악은 선정적(煽情的) 음악이든가 회상적(回想的) 음악이든가 둘 중의 하나이다. 즉 피로하고 둔감한 신경의 자극제이든가 회화적 음악이든가 둘 중의 하나이며, 전자에 있어서는 음악에 맞춰진 가사 같은 건 있거나 말거나 거의 문제가 되지 않는다. 이미 에우리피데스의 음악에 있어서도 주인공이나 합창단이 노래를 부르기 시작하게 되면 실로 방탕기가 서리곤 하였다. 하물며 그의 추종자들의 희극에 있어서는 어땠을 것인가?

그러나 새로운 비 디오니소스적 정신이 가장 잘 나타난 곳은 새로운 연극의 〈결말부〉이다. 고대 비극에서는 형이상학적 위로가 마지막에 가서 반드시 느껴졌고 이것 없이는 비극의 기쁨이란 해명될 수가 없다. 아마도 다른 어떤 세계로부터 흘러나오는 화해(和解)의 소리가 가장 순수하게 울려퍼지는 곳은 콜로누스의 오이디푸스에서일 것이다. 이제 음악의 영혼이 비극에서 사라져 버리자 엄격한 의미에서 비극은 죽어버렸다. 아무 곳에서도 저 형이상학적 위안을 받을 수 없었기 때문이다. 따라서 사람들은 비극적 충돌의 현세적 해결을 모색했다. 주인공은 운명에 의해 충분히 시련을 겪은 다음 호화로운 결혼이나 신의 은총에 의해 응분의 보상을 받았다. 주인공은 노예투사처럼 되어버렸다. 사람들은 그가 죽도록 고생하고 만신창이가 된 다음에 그에게 임의의 자유를 선사하는 것이다. 〈기계장치 신〉이 형이상학적 위로의 자리에 대신 들어섰다. 나는 비극적 세계관이 도처에서 완전히 물밀듯 밀려오는 비 디오니소스적 정신에 의해 파괴되어버렸다고는 말하지 않겠다. 우리는 단지 그것이 예술로부터 쫓겨나 비제(秘祭)라는 변형된 형태로 소위 지하세계에 도주하지 않을 수 없었다는 것을 알고 있을 뿐이다. 그러나 이미 앞서 노쇠한 비생산적 생존욕이라고 간주된 바 있는 저 〈그리이스적 명랑성〉의 형식 속에서 나타나는 그 정신의 독기서린 숨결이 그리이스 본질의 피부라는 몹시 광대한 지역 위에는 떠다니고 있는 것이다. 이러한 명랑성은 고대 그리이스인의 엄숙한 〈소박성〉과는 반대의 것이다. 이 소박성은 앞서 설명한 것처럼 어두운 심연으로부터 자라나온, 아폴로적 문화의 꽃으로, 즉 그리이스적 의지가 자기네의 미적 거울을 가지고 고통과 고통의 지혜에 대하여 거두어 올린 승리로 이해될 수 있다. 〈그리이스적 명랑성〉과는 다른 명랑성 중의 최고의 형식, 즉 알렉산드리아적 명랑성은 〈이론적 인간의〉 명랑성이다. 이것은 내가 방금 비 디오니소스 적 정신으로부터 추출해 낸 특징들을 똑같이 갖추고 있다. 이것이 디오 니소스적 지혜와 예술에 싸움을 건다는 것, 이것이 신화를 해체하려 한 다는 것, 이것이 형이상학적 위안 대신에 현세적 조화, 아니 고유한 기 계장치의 신, 즉 기계와 도가니의 신, 바꾸어 말하면 고도의 이기주의 에 봉사하기 위하여 인식되거나 이용되거나 하는 자연의 정령(精靈)의 힘을 등장시킨다는 것, 이것이 지식에 의한 세계의 개선과 학문에 의해 인도된 삶을 믿고 있고 실제로도 개개의 인간을 해결가능한 과제라는 몹시 좁은 굴레 속에 가두어 놓을 수도 있다는 것, 그리하여 그 속의 인 간은 이렇게 말한다는 것, 「인생이여 나는 그대를 원한다. 그대는 인식 할 만한 가치가 있기 때문이다」라고. 이상이 알렉산드리아적 명랑성의 특징인 것이다.

18

여기 하나의 현상이 있다. 의지는 사물 위에 환영을 펴고 이 환영의 힘을 빌어 피조물을 삶에다 굳게 얽어매어 피조물을 좋든 싫든 살아가 게끔 강요한다. 탐욕적 의지는 언제나 사는 수단을 발견해 준다. 환영의 종류에는 여러가지가 있다. 소크라테스적 인식의 기쁨에 매혹된 사람, 생존의 영원한 상처를 고칠 수 있다는 망상에 매혹된 사람도 있을 것이 다. 또다른 어떤 사람은 자신의 눈앞에 아른거리는 유혹적 예술미의 베일에 혹하기도 할 것이다. 또 어떤 사람은 소용돌이치는 현상의 배후 에 영원한 삶이 항존(恒存)하고 있다는 형이상학적 위로에 농락당하기도 할 것이다. 이 외에도 의지가 매순간 마련해 주는 보다 지속하고 강력 한 환상들에 대해서는 말하지 않겠다. 이러한 환상의 세 단계는 비교적 고귀한 천성을 지닌 사람들의 것으로서, 그들은 생존의 무거운 부담과 압력을 범상한 사람들 이상으로 불쾌히 느끼고 있으며 잘 선택된 자극 제가 아니면 불쾌감을 잊을 수 없는 사람들이다. 우리들이 문화라고 부 르는 것은 모두 이와 같은 자극제들에 의하여 성립하고 있다. 이리하여 이 세 가지 환상의 단계는 혼합의 비율에 따라 〈소크라테스적〉 문화, 〈예 술적〉 문화, 〈비극적〉 문화라고 특징적으로 불리워지는 문화를 갖게 된 다. 또한 역사적 증명이 가능하다면 이를 알렉산드리아 문화, 그리이스 적 문화, 불교적 문화[47]라고 불러도 좋을 것이다.

---

47) 니체가 발표한 모든 책에 이 말이 나온다.

우리의 근대세계 전체는 알렉산드리아적[48] 문화의 그물 속에 사로잡혀 있다. 여기서 이상으로 여기고 있는 인간은 고도의 인식능력을 구비하고 있고 학문을 위해 일하고 있는 〈이론적 인간〉을 말한다. 그는 소크라테스를 원상(原像)으로 하고 시조로 여긴다. 근대의 교육수단의 근본을 캐면 모두 이 이상을 목표로 하고 있다. 이론적 인간 이외의 모든 존재는 이 이상(理想)의 근처에 가기 위하여 무진 애를 써야 하는, 교육의 의도에서 벗어난 존재, 겨우 허락받은 존재인 것이다. 오랜 동안에 걸쳐 근대세계에서 교양인이라고 하면 학식있는 자라는 존재 속에서나 발견되어져 왔다. 우리의 문학예술 자체는 학식에 의한 모조작업으로부터 발전되어 나와야 했다. 우리들의 시 형식이 모국어가 아니라 학자들의 용어에 의하여 예술적 실험을 거친 결과 만들어지게 되었다는 것은 지금도 운율의 주요 효과 속에서 알 수 있는 바이다. 그 자체로 이해하기 쉬운 근대의 문화인(文化人) 〈파우스트〉는 그리이스인에게는 얼마나 이해할 수 없는 자로 보일 것인가! 파우스트는 동서고금의 학문을 다 섭렵하고서도 역시 해소되지 않는 갈증, 너무나도 지나친 지식욕에 불타서 마침내는 마술과 악마에게 몸을 파는 것이다. 근대인이 저 소크라테스적 지식욕의 한계를 느끼기 시작했고 황량하고 넓은 지식의 바다에서 탈출하여 해안에 도달하기를 원했다는 사실을 알기 위해서라면, 파우스트를 소크라테스 옆에 앉혀 놓고 비교해 보기만 하면 된다. 괴테가 에케르만에게 나폴레옹에 관하여 「이보게, 정말 행동의 생산성이라는 것도 있다네」하고 말했을 때, 그는 우아하고 소박하게, 비 이론적 인간이 근대인에게는 아주 믿을 수 없고 놀라움을 불러일으키는 존재이기 때문에 이렇게 기괴한 존재방식을 이해하고 허용할 수 있기 위해서는 자기 같은 사람의 지혜가 필요함을 상기시킨 것이었다.

---

48) 그리이스 문학의 알렉산드리아 시기 Alexandrian period를 바로 전(前) 시기인 아티카 시대로부터 구별하는 일은 드물지 않다. 피디아스 Phidias 나 프락시텔레스 Praxiteles 이외에도 위대한 비극시인들과 투키디데스 Thucydides, 플라톤, 아리스토텔레스 등이 아테네 시민과 교류하고 있었으며 이들은 모두 지극히 생산적이었던 기원전 5세기, 4세기에 속한다.
 기원전 300년부터 기원전 30년까지의 그리이스 세계의 지성의 중심지였던 알렉산드리아는 이렇다할 만한 창작적 성과는 남기지 못했지만, 그 이전의 다른 어떠한 장서(藏書)들이 도저히 따라갈 수 없을 거대한 도서관과 여러 사람의 극히 뛰어난 학자들에 의해서 자기 영광을 획득할 수 있었다. 확실히 어떤 사람은 아직도 시를 썼고 많은 양의 산문을 만들어냈지만, 전체적으로는 과학자와 고전학자들의 업적이 보다 중요하다. 니체는 명백하게 독일의 9세기가 몇 가지 중요한 점에서 알렉산드리아 문명과 놀라울 정도로 유사하다고 생각하고 있었다.

이제 사람들은 소크라데스적 문화의 울타리 안에 숨겨져 있는 것을 감추어서는 안 된다! 아무것에도 제약받지 않는다고 큰소리치는 낙천주의를! 이 낙천주의의 열매가 성숙한 때에도 그대들은 놀라지 말아야 한다. 최하층의 민중에 이르기까지, 이런 문화에 익어버린 사회는 차차 높아지는 욕망의 물결에 전율하기 시작했다. 그러한 보편적 지식문화의 가능성에 대한 믿음은 점차적으로 알렉산드리아적 지상(地上)의 행복에 대한 위협적 요구로, 에우리피데스의 〈기계장치 신〉에 대한 애원으로 바뀌어가고 있다. 사람들은 알고 있어야 한다. 오랜 동안에 걸쳐서 알렉산드리아적 문화가 존재하기 위해서는 노예계급이 필요했다. 그럼에도 불구하고 이 문화는 낙천주의적 인생관 때문에 노예계급의 필요성을 부정하고 있다. 그래서 〈인간의 존엄〉이라든가 〈노동의 신성〉이라든가 하는 아름다운 유혹적 문구와 위로의 말이 사용되고 있을 뿐이다. 이러한 말의 효과가 남용되어질 때, 이 문화는 차차 무서운 파멸을 향하여 치달리게 될 것이다. 자기의 존재가 부당하게 처우되고 있음을 느끼는 야만적 노예계급보다 더 무서운 것은 없다. 그들은 자기를 위해서뿐 아니라 자손만대의 사람들을 위해서 복수의 기회를 엿보고 있기 때문이다.

그와 같이 긴박한 때를 당하여 누가 태연하게 근대의 창백하게 지처버린 종교에 구원을 요청하려고 할 것인가? 현대의 종교 자체가 그 근원적 측면에서 학자적 종교로 타락해 버리고 따라서 모든 종교의 필수전제인 신화는 이미 도처에서 반신불수가 되어버렸다. 종교 영역에 있어서도 방금 내가 근대사회의 파멸의 싹이라고 부른 저 낙천주의적 정신이 주도권을 쥐게 되었던 것이다.

이론적 문화의 울타리 안에서 잠자고 있는 재앙은 점차로 근대인을 불안케 하기 시작했고 근대인은 자기의 경험을 총동원하여 불안하게 자기 자신도 별로 믿지 않는, 재앙방지 수단을 찾고 있다. 결국 근대인은 자기 자신의 필연적 말로를 예감하기 시작한 것이다. 그러는 사이에 보편적 재능을 풍부히 가지고 있는 사람들은 믿을 수 없을 만큼 끈기있게 인식 일반의 한계와 제약을 규정하여 그럼으로써 보편 타당성과 보편적 합목적성(合目的性)에 대한 학문의 요구를 결정적으로 부정해버리기 위하여 학문 자체라는 무기를 사용할 줄을 알고 있었다. 이러한 증명을 행함에 있어서 제일 먼저 밝혀진 것은 학문의 망상이란 인과율의 손길에 인도되어 사물의 가장 내적 본질을 규명해 낼 수 있다고 굳게 믿는 것이라는 점이다. 〈칸트〉와 〈쇼펜하우어〉의 커다란 용기와 지혜는 가장 힘든 승리를 쟁취했다. 이 승리는 우리 문화의 근간을 이루고 있는 논리의 본질 속에 숨겨져 있는 낙천주의에 대한 승리였다. 이 낙천주의는 의심할 수 없는 영원한 진리aeternae veritates에 의거하여 세계의 모든 수수께끼의 인식가능함과 규명가능함을 믿고 있으며, 공간, 시간, 인과율을 최고의 보편타당성을 지닌 법칙으로 간주하고 있다. 그러나 칸트는 다음을 밝혀내었다. 공간, 시간, 인과율은 원래 마야의 수작인 단순한 현상들을 최고의 유일한 현실로 승격시키고 이것으로 사물의 가장 내적인 진실된 본질을 대치시키며 이럼으로써 본질에 관한 진정한 인식을 불가능하게 만드는 데에 도움이 될 뿐이다. 즉 쇼펜하우어의 말을 빌면, 꿈꾸는 자를 더 깊이 잠들게 만들어 버린다는 것이다. (『의지와 표상으로서의 세계』 I권 498면) 이러한 인식으로 인해 하나의 문화가 생겨난다. 이 문화를 나는 감히 비극적이라 부르겠다. 이 문화의 가장 중요한 특징은 최고의 목적으로서의 학문 대신에 지혜를 중시한다는 점이다. 이 지혜는 학문의 유혹적 오도(誤導)에 넘어가지 않고 확고한 시선으로 세계 전체의 모습을 응시하며 그런 속에서 동정적 사랑에 의해 영원한 고통을 자기·자신의 고통으로 이해하는 지혜이다. 우리는, 우리의 다음 세대가 대담한 눈초리로 괴물을 향해 영웅적으로 행진하는 것을 상상해 보자. 그리고 완전하고 충실한 가운데에서 〈용감히 살아가기〉[49] 위하여, 모든 낙천주의의 나약한 원리들에 과감히 등을 돌리는 거룡(巨龍) 정벌자들의 당당한 용감성과 대담한 발걸음을 생각해 보자. 진지함과 두려움에 대한 스스로의 교육을 함에 있어서, 이러한 문화의 비극적 인간이 하나의 새로운 예술, 즉 〈형이상학적 위안의 예술〉 다시 말해서, 그들에게 어울리는 헬레나와도 같은 비극을 열망하여 파우스트처럼

    나는 그래서는 안 되는가?
    몹시도 큰 동경이 지니는 힘으로
    그 오직 하나뿐인 여인을
    소생시켜서는?

하고 소리쳐야 한다는 것은 〈어쩔 수 없는 일〉이 아닌가?[50]

그러나 소크라테스적 문화는 두 가지 측면으로부터, 즉 하나는 점차 예감하기 시작한 자신의 말로에 대한 공포로부터, 다른 하나는 소크라

---

49) 이 인용은 괴테의 시 「공동 참회 *Generalbeichte*」에서 나왔다. 이 시는 1802년에 씌어졌고 하나의 화려한 반(反)블레세 (혹은 속물) 선언문이라 할 수 있다.
50) 이러한 상상과 생각은 후에 니체 자신에 의해서 그의 〈자기 비판의 시도〉의 마지막 절에서 조소당하고 있다.

테스적 문화 자신이 그 토대의 영원한 타당성에 대하여 이미 이전과 같이 소박한 믿음을 갖지 않게 되었다는 점으로부터 공포감을 얻게 되고 그 무오류성(無誤謬性)의 왕홀(王笏)마저도 떨리는 손으로 간신히 쥐고 있게 된다. 결국 오늘날 소크라테스적 문화의 춤추는 사고(思考)가 새로운 대상을 끌어안기 위하여 항상 새로운 것을 동경하고 돌진하다가는 마치 메피스토펠레스가 그의 매력적인 라미아를 추방해버린 것처럼[51] 갑자기 그 대상을 밀쳐버리는 모습은 실로 슬픈 연극이 아닐 수 없다. 이것이 실로 근대 문화의 근원적 고뇌, 〈파탄〉의 징조이다. 이론적 인간은 자기의 말로에 놀라 불안스러워하며 이미 생존의 가공할 빙류(氷流)에 몸을 맡기는 용기마저 잃고 강가에서 우왕좌왕하고 있는 것이다. 이론적 인간은 벌써 무엇이거나 사물을 완전한 모습으로 붙잡으려 들지 않는다. 사물에 깃든 잔학성을 응시하며 사물의 전모를 붙잡으려 하는 의욕은 벌써 없어졌다. 그는 낙천주의적 세계관에 의하여 이렇게 나약해져버린 것이다. 게다가 스스로도 이렇게 느끼고 있다. 학문의 원리 위에 세워진 문화가 〈비논리적(非論理的)〉으로 되기 시작하면, 다시 말해서 자기가 자기의 말로를 두려워하면 이런 문화는 몰락하게 마련이라고.

현재의 예술은 이러한 보편적 위기를 여실히 보여주고 있다. 현재의 예술가들은 새삼스럽게 위대한 생산적 시대와 천재들에게 매달려 이것을 모방해 보았자 소용없다. 새삼스러이 근대인을 위안하기 위하여, 그의 주변에 〈세계문학〉을 모두 모아, 아담이 동물들에게 이름을 붙인 것처럼, 모든 시대의 예술 형식과 예술가에게 제각기 이름을 붙일 수 있도록 현대인을 그 가운데에 앉혀놓아 보았자 헛수고다. 근대인은, 말하자면 영원히 굶주린 자이며, 환희도 힘도 모르는 〈비평가〉이며, 결국은 도서관원, 인쇄 교정자이며, 책의 먼지와 활자의 오식으로 언젠가는 눈이 멀 알렉산드리아적 인간인 것이다.

19

이 근대의 소크라테스적 문화의 가장 내면적 내용을 〈오페라의 문화〉라고 부를 수 있다. 왜냐하면 이 문화는 오페라의 영역에 있어서의 그들의 의욕과 지식을 솔직히 인정하기 때문이다. 이 점은 우리가 오페라의 발생과 그 발전상의 사실을 아폴로적인 것과 디오니소스적인 것이라는 영원한 진리와 비교해 봄으로써 알 수 있다. 나는 우선 무대조(無臺調·stilo rappresentativo)와 음송조(吟誦調)의 발생을 염두에 두고 있다. 이 전혀

---

51) 괴테의 『파우스트』 Ⅱ부 7769행 이하. 고전적 발푸르기스의 밤.

외면적이고 불경건한 오페라 음악이 팔레스트리나라는 참으로 숭고하고 신성한 음악이 탄생한 직후에 모든 참된 음악의 재생으로서 열광적인 인기를 끌고 환영과 보호를 받았다는 것은 믿을만한 일일까? 그리고 누가 그 플로렌스 사회의 유흥적 생활과 그들 연극 가수들의 허영심만이 오페라의 급격한 보급의 원인이라고 생각하고 싶어하겠는가? 꼭같은 시대에 꼭같은 민족 속에서 중세의 기독교도들이 한덩어리가 되어 이루어놓은 팔레스트리나적 화음의 대전당(大殿堂) 근처에서 저런 반(半) 음악적 화법(話法)에 대한 정열이 눈을 뜨게 되었다는 사실을 나는 음송조의 본질 속에 공생(共生)하고 있는 〈예술 외적(外的) 경향〉 때문이라고밖에 설명할 수가 없다.

노래 속에서 가사를 확실히 알아들으려고 하는 청중에게 가수는 노래를 부른다기보다는 말을 하는 편에 치우고 이러한 반(半)가요 속에서 가사의 감정적 표현을 강화함으로써 영합한다. 이러한 감정 강조를 통하여 그는 말의 이해를 용이하게 하고 나머지 반인 음악을 압도한다. 이제 그가 빠지기 쉬운 위험은 그가 적절치 못한 시기에 음악에 중점을 두게 될 때 발생한다. 이렇게 되면 곧 말의 감정과 명료성이 손상되어 버리는 때문이다. 한편 그는 늘 자기 목소리의 음악적 발성과 노련한 표현을 하고 싶은 충동을 느끼게 된다. 여기에 〈시인〉이 도움을 준다. 시인은 그에게 서정적 감탄, 단어 및 문장의 반복을 위한 기회를 충분히 제공할 줄 아는 것이다. 이제 이러한 대목에서 가수는 말을 고려에 넣지 않은 채 순수히 음악적인 요소 속에서 휴식을 취할 수 있다. 반밖에 노래로 불리워지지 않는 감정에 가득 찬 호소적 이야기와 완전히 노래로 불리워지는 감탄부분의 상호교체는 〈무대조〉의 본질인데 곧 청중의 개념과 표상에 작용하다가는 어느새 청중의 음악적 소양에 작용한다는 식의 이러한 조급한 교체의 노력은 몹시 부자연스러우며, 디오니소스적인 것과 아폴로적인 것이라는 두 가지 예술충동에 대하여는 내적으로 똑같이 모순된다. 따라서 음송조의 기원에 관하여, 음송조의 기원은 모든 예술적 본능의 외부에 놓여 있는 것이라고 추론해야 한다. 음송조는 이러한 사실에 따라서 서사적 낭독과 서정적 낭독의 혼합체로서 정의내려져야 하지만 그렇다고 해서 내적으로 안정된 혼합체임은 결코 아니다. 이러한 안정된 혼합은 그러한 서로 완전히 성질이 다른 것들 사이에서는 이루어질 수 없다. 자연의 영역이나 체험의 영역 어느 곳에서도 그러한 모범은 아예 찾아볼 수 없는 극도로 모자이크적인 조합에 불과한 것이다.

「그러나 이러한 것은 〈음송조의 창시자들〉의 의도는 아니었다.」 오히려 그들 자신과 그들의 시대는 저 〈무대조〉를 통하여 고대 음악의 비밀이 풀리게 되고 이로 인하여 비로소 오르페우스와 암피온의, 그리고 그리이스 비극의 거대한 영향력을 설명할 수 있게 된다고 믿고 있었다. 그 새로운 양식은 영향력이 풍부한 고대 그리이스의 음악의 부활로 간주되었다. 호메로스의 세계를 〈원시세계〉로 간주하는 일반적이고 몹시 대중적인 견해에 의거하여 사람들은 이제 다시금 인류의 낙원적 초기로 거슬러 올라와 있다는 꿈 속에 몰두해도 되게 되었다. 인류의 이 낙원에 있어서는 음악도, 전원극(田園劇) 속에서 시인들이 감동적으로 표현하고 있는 저 탁월한 순수성, 힘, 무죄(無罪)상태 들을 꼭 지니고 있을 것이라고 사람들은 믿고 있었다. 여기서 우리는 진정 현대 고유의 예술 장르인 오페라의 가장 내적 본질을 보게 된다. 어떤 커다란 필요가 여기서 하나의 예술을 무리하게 만들어낸다. 그러나 이 필요는 미학적인 것은 아니다. 이것은 목가(牧歌)에의 그리움과 예술적이고 선량한 인간의 태고적 존재에 대한 믿음이다. 음송조는 그 원시인의 언어의 부활로 여겨졌고 오페라는 이 목가적이고 모험적이며 선량한 인간이 사는 땅의 부활로 여겨졌다. 이 인간은 동시에 항상 어떤 자연적 예술충동에 따라 행동한다. 그는 자기가 하는 말 모두를 반드시 약간은 노래부르고 그리하여 감정이 격해질 때에는 곧장 힘껏 소리내어 노래하는 인간인 것이다. 이렇게 새로 창조된 낙원에 사는 예술가의 형상에 의하여 당시의 인문주의자들은 그 자체로서 부패하고 타락한 기독교적 인간들의 사고방식에 싸움을 걸었고 따라서 오페라는 선량한 인간이 지니는 정 반대의 교리로 이해되어질 수가 있다. 그러나 그와 동시에 염세주의에 대한 위로수단도 발견된 것이라 할 수 있는데 당시의 진지한 사람들은 모든 사태들의 불투명성의 두려움 때문에 염세주의에 강하게 이끌리고 있던 상태였다. 그러나 이런 점들은 그다지 중요한 것이 아니다. 우리가 다음과 같은 사실을 아는 것만으로 충분한 것이다. 이러한 고유한 예술형식의 발생원인과 고유한 매력은 완전히 비(非)미학적인 욕구의 충족에 있었으며, 인간 그 자체를 낙천주의적으로 찬양하고, 원시인을 날 때부터 선량하고 예술적인 인간으로 파악하는 데 있었던 것이다. 오페라의 이러한 원리는, 우리가 현재의 사회주의 운동을 고려할 때 더이상 흘려버릴 수 없는 어떤 위협적이고 공포스러운 〈요구〉로 점차 변해가고 있다. 〈선량한 원시인〉은 자기의 권리를 찾으려 한다. 이 얼마나 낙원적인 기대인가 !

　　오페라는 현대의 알렉산드리아 문화와 동일한 원리 위에 세워져 있다

120

고 나는 생각해 왔지만, 이 견해를 확실히 뒷받침하기 위해서 또 하나의 확증을 들기로 하겠다. 오페라는 이론적 인간의 산물, 즉 세속적 산물이며 예술가의 산물이 아니다. 오페라는 모든 예술의 역사 속에서 가장 기괴한 사실의 하나이다. 여기서 요구된 것은 문자 그대로 비음악적 청중이었다. 오페라의 청중은 우선 말을 이해해야 하고, 그 결과 가사가 대위법(對位法)을 지배하게 되는 성악의 기법이 발견되지 않는 한 음악의 재생은 기대할 수 없다고 하였다. 이는 마치 주인이 하인을 지배해야 된다는 것과 같았다. 왜냐하면 말이라는 것은 반주되는 화음의 체계보다도 훨씬 고귀하며 이는 영혼이 육체보다 고귀한 것과 마찬가지라는 것이다. 오페라의 발생기에 있어서는 음악의 형상과 말의 결합은, 이런 견해에서 보이는 바와 같이 속물과도 같고 비음악적인 난폭한 취급을 당하고 있었다. 플로렌스의 상류 속물사회에서 기생하고 있었던 시인, 가수들의 손에 의해서 오페라가 처음으로 실험되었던 당시도 이와 같은 난폭한 미학에 근거를 두고 실험이 행해졌다. 오페라 작가는 예술적 무능력과 자기 자신이 비예술적 인간이라는 점으로 인하여 일종의 예술을 만들어내게 된 것이다. 그는 음악의 디오니소스적 깊이를 상상도 하지 못하므로 음악의 맛이란 그에게는 무대조에 있는 오성적인 말과 소리의 감정적 수사학, 그리고 성악의 기법에 대한 쾌감으로 타락해 버렸던 것이다. 그는 환영을 보는 능력이 없으므로 도구 취급자와 무대 장치가를 멋대로 혹사한다. 그는 예술가의 진정한 본질을 파악하지 못하기 때문에 결국 자기의 취미에 알맞는 예술적 원시 인간, 즉 정열에 휩싸여 노래 부르거나 시를 읊던가 하는 인간을 눈앞에 불러내는 요술을 부리는 것이다. 그는 노래와 시를 만들어내기 위해서는 정열만 가지고 있으면 충분한 어떤 시대 속으로 자기가 들어오게 되었다 라고 꿈꾸고 있다. 마치 가극의 효과가 예술적인 것을 만들어 낼 수 있기나 한 것처럼. 오페라의 전제는 예술가적 상태에 대한 그릇된 믿음이다. 그리고 그것도 원래 감수성을 지니기만 한 사람이라면 누구나 예술가이다 라는 저 목가적 신앙인 것이다. 이러한 믿음의 의미를 고려해 볼 때, 가극이란 예술에 있어서의 속물근성의 표현이다. 이 속물근성은 이론적 인간의 명랑한 낙천주의에서 자기의 법칙을 물려받고 있다.

우리가 오페라의 발생에 있어서 중요한, 방금까지 묘사된 두 가지의 사고방식을 하나의 개념으로 통합하고자 한다면 우리는 그것을 〈오페라의 목가적 경향〉이라고 말하면 될 것이다. 우리는 쉴러의 설명과 표현법을 빌려보자. 자연과 이상이란 비애의 대상이든가 환희의 대상이다. 자연이 상실된 것으로 묘사되고 이상이 도달되지 못하는 것으로 묘사될 때에는 이들은 모두 비애의 대상이다. 양자가 현실적인 것으로서 생각되어질 때 이들은 환희의 대상이다. 첫째의 경우는 비교적 좁은 의미에 있어서 엘레지[비가]를, 둘째의 경우는 극히 넓은 의미에 있어서 목가(牧歌)를 나타낸다. 쉴러의 이러한 견해를 보고 우리는 곧 오페라 발생에 있어서의 그 두 가지 사고방식의 공통적 특징을 알아낼 수가 있게 된다. 그 속에서는 이상이란 도달할 수 있는 것, 자연이란 상실되지 않은 것으로 받아들여지고 있는 것이다. 이러한 느낌에 따르면 인간이 자연의 품에 안겨 있고 이러한 자연성 속에서 낙원적 선량과 예술적 천성이라는 인간의 이상이 실현되어진 원시시대가 있었던 것이 된다. 그러한 완성된 원시인의 후예가 우리 모두이어야 하고 더우기 우리는 그들을 충실히 모방해야만 하는 것이다. 우리 자신이 이러한 원시인을 다시금 인식하기 위해서 넘쳐흐르는 지식과 풍부한 문화를 자발적으로 버리기만 하면 된다. 즉 우리는 우리의 것을 약간만 버리면 되는 것이다. 문예부흥기의 교양인은 그리스 비극을 오페라적으로 모조함으로써 자연과 이상의 그러한 화음으로, 목가적인 현실로 돌아갈 수 있었다. 그는 낙원의 입구까지 도달하기 위해서 이 비극을 단테가 버어질을 이용했던 것처럼 이용했다. 그러나 그는 여기서부터는 독자적으로 전진하여 그리스 최고 예술형식의 모방으로부터 〈만물의 부흥〉으로, 인간의 원시적인 예술세계의 모방으로 이행해 갔다. 이론적 문화의 울타리 속에 놓여 있으면서 이처럼 대담하게 노력하는 것은 얼마나 확신에 찬 축복인 것인가! 〈인간 그 자체〉가 영원히 유덕한 오페라의 주인공이며 영원히 피리를 불고 노래를 부르는 목자라는 신앙, 그리고 인간은 언젠가 한번쯤은 잠시 자기를 상실하게 된다고 할지라도, 인간은 마침내는 항시 자기의 본래의 모습을 영원한 목자로서 재발견하게 됨에 틀림없다는 신앙으로밖에 그 축복을 설명할 수 없다. 이것은 소크라테스적 세계관의 깊이로부터 달콤하게 사람의 마음을 사로잡는 한줄기 향기처럼 솟아오르는 낙천주의의 열매 이외에 아무것도 아니다.

따라서 오페라의 얼굴에는 영원한 상실을 슬퍼하는 비가적 고통은 떠오르지 않는다. 오히려 사람들이 최소한 매순간 사실이라고 믿을 수 있는, 영원한 부활의 명랑성과 목가적 현실에 대한 안일한 기쁨이 나타나 있다. 이 경우 어쩌면 사람들은 이 현실이 단지 환상적이고 분별없는 장난거리에 지나지 않는다는 것을 한번쯤 예감하게 될는지도 모른다. 그리고 이 장난거리를 진정한 자연의 무서운 엄숙성에 의해서 인류 초기에 진정한 원시적 정경과 비교할 수 있는 사람이라면, 누구나 이 상상의 현실에 대해서 구역질나는 목소리로, 허깨비야 꺼져라 라고 외치지 않을 수 없을 것이다. 그럼에도 불구하고 사람들이 유령을 내쫓을 때처럼 큰 호통을 한번만 치면 오페라라는 어린애 장난 같은 건 쉽게 처리될 수 있다고 생각한다면 그건 잘못된 판단일 것이다. 오페라를 전면시키려고 한다면 저 알렉산드리아적 명랑성과 일전(一戰)을 맞이할 각오가 필요하다. 바로 오페라에서 알렉산드리아적 명랑성이 그 본질을 매우 소박하게 나타내고 있으며 오페라야말로 그 본래의 예술형식이다. 이와 같은 예술형식으로부터 예술 그 자체를 위해서 무엇을 기대할 수 있을 것인가? 오페라라는 예술형식의 기원은 워낙 미적 영역과는 상관이 없다. 오히려 오페라는 반(半)도덕적 분야로부터 몰래 예술적 영역으로 넘어왔던 것이며 이러한 잡종적 태생을 어디서도 감출 수 없는 것이다.

오페라라는 이 기생충적 존재가 진정한 예술의 나무를 먹고 자란 것이 아닌 이상 어떤 나무에서 양분을 취하며 살고 있는가를 밝혀내야 할 것이다. 진정한 엄숙성이라고 부를 만한 예술의 최고 과제는 어두운 전율 속을 응시한 눈을 구제하고, 가상이라는 효과적 향유(香油)의 도움을 받아 의지격동의 경련(痙攣)으로부터 구원하는 것이다. 그러나 오페라의 목가적 유혹 밑에서는 그리고 알렉산드리아적 대중영합의 예술 아래에서는 예술의 이 진정한 과제가 공허한 기분전환의 오락적 경향으로 타락해 버린다는 것은 대체로 예상할 수 있는 것이다. 내가 〈무대조〉의 본질에 대해서 말을 했을 때의 그러한 혼합양식 속에서 디오니소스적인 것과 아폴로적인 것이라는 영원한 진리는 어떻게 될 것인가? 이 혼합양식에서는 음악은 하인으로 가사는 주인으로 간주되고 음악은 육체로 가사는 정신으로 비유되고 있는 것이다. 여기서 최고의 목표로 되어 있는 것은 해설적 음성그림일 뿐이다. 이 점은 앞서 말한 새로운 아티카 주신찬가에서와 마찬가지이다. 음악은 디오니소스적인 세계의 거울이라는 진정한 존엄성을 박탈당하고 현상의 노예가 되어 현상의 형식적인 존재만을 모방함으로써 선과 균형의 유희 속에서 외면적 즐거움을 일으키려고 하는 일 이외에는 아무것도 할 일이 남아 있지 않다. 음악 그 자체에 미친 오페라의 불행한 영향은 엄밀히 관찰하면 현대음악의 발전 전체와 일치한다. 오페라의 발생과 오페라에 의해 대표되는 문화의 본질 속에 깃들어 있는 낙천주의는 음악으로부터 그 디오니소스적 세계관을 박탈하고 음악에 형식유희적이고 오락적인 성격을 새겨넣는 데 성공하였다. 이러한 변화에 비교될 수 있는 것은 에스킬로스적 인간이 알렉산드리아적으로 명랑한 인간으로 변모하게 됐다는 것뿐이다.

  그러나 우리가 이상에서 실례로 제시한 바와 같이 디오니소스적 정신
의 소멸을, 몹시 눈에 띄기는 하지만 전혀 설명할 수 없었던 그리이스적
인간의 변모와 퇴화에 관련시키는 것이 정당하다고 한다면, 우리에게
우리의 현재 세계 속에서 〈정 반대의 과정, 즉 디오니소스적 정신의 점
진적 각성〉의 조짐이 나타났다고 할 때 우리의 기쁨은 얼마나 클 것인
가! 헤라클레스의 신적인 힘이 옴팔레[52]의 끝없는 강제노동 속에서 영
원히 잠들어버린다는 것은 있을 수 없다. 결국 독일 정신의 디오니소스
적 기반으로부터는 하나의 힘이 솟아나오게 되었다. 이 힘은 소크라스
적 문화의 근본조건과는 아무 관계도 없으며 그것에 의하여 설명되어질
수도 옹호받을 수도 없다. 오히려 이 문화에 의해서 두렵고 공포스러운
것으로, 막강하고 적대적인 것으로 받아들여지는 〈독일 음악〉인 것이다.
우리는 독일 음악이 바하에서 베에토벤으로, 베에토벤에서 바그너로 힘
차게 흐르는 것을 보고 이 점을 이해할 수 있다. 인식욕에 불타는 우리
시대의 소크라테스주의는 아무리 유리한 입장에 있다고 하더라도 이 한
없이 깊은 곳에서부터 솟아오르는 다이몬을 어떻게 대처해야 할지 모르
고 있다. 오페라의 멜로디라는 톱니와 아라베스크를 손아귀에 쥐었던들
둔주곡(遁走曲)과 대위법적 변증론이라는 주관의 도움을 빌어본들, 그
세 배나 강력히 빛나는 저 다이몬을 굴복시키고 입을 열게 하는 방식은
도저히 발견되지 않는 것이다. 요즈음 우리의 미학자들이 영원한 미(美)
와 고상함과는 거리가 먼 동작으로, 자기 자신만의 〈아름다움〉이라는
잠자리채를 들고 자기 앞에서 기이한 삶을 살아가며 움직이는 음악의
정령을 때려잡으러 뛰어다니는 꼴은 얼마나 가관인가! 음악 애호가들
이 지치지 않고, 아름다움이여! 아름다움이여! 하고 외치고 있을 때,
한번 그들에게 가까이 가서 자세히 들여다 보라. 그들이 아름다움의 품
안에서 곱직 자라난 자연의 총아처럼 보이는지 아니면 그들이 오히려
자기 자신의 조잡함을 숨기기 위해 어떤 은폐의 기만적 형식을 찾고, 자
기의 둔감하고 맨숭맨숭한 감수성을 감추기 위해 미학적 변명을 내세우
려 하는 것이나 아닌지를. 이런 사람의 예로서 나는 오토 얀Otto Jahn[53]

---

52) 헤라클레스Herakles를 일년 동안 강제로 억류시킨 리디아Lydia의 여왕.
53) 오토 얀Otto Jahn은, 니체의 아버지, 리하르트 바그너, 키에르케고르
   Kierkegaard와 같은 해인 1813년에 태어나서 1869년에 죽었다. 그는 본
   Bonn에서 고전 문헌학자로 일했으며 처음에는 니체의 스승 리츨 Ritschl
   교수와 친구였다가 나중에는 적이 되었다. 그의 수많은 발표작은 그리이
   스 비극에 관한 논문들, 고대 조각에 관한 논문들, 도자기, 그림에 관한
   논문들, 모짜르트의 생애에 대한 것, 음악에 관한 소논문 등이 포함되어
   있다.

을 든다. 그러나 독일 음악 앞에서는 사기꾼이나 위선자는 주의하는 것
이 좋을 것이다. 우리의 문화 전체 속에서 유일하게 깨끗하고 맑고 순
수한 불의 요정이 바로 독일 음악이기 때문이다. 에페소스의 위대한 헤
라클레이토스의 가르침처럼 독일 음악이라는 이 불의 요정으로부터 만
물이 이중(二重)의 원을 그리며 흘러나와 다시금 그리로 흘러들어가는
것이다. 우리가 지금 문화·교양·문명이라고 부르는 모든 것은 한번은
꼭 거짓없는 재판관 디오니소스 앞으로 나아가야만 하는 것이다.

　그러면 우리는 다음을 생각해 보자. 어떻게 하여 똑같은 근원에서 흘
러내려 오는 〈독일 철학〉의 정신이 칸트와 쇼펜하우어를 시켜서 학문적
소크라테스주의의 한계를 증명함으로써 그 만족한 생존욕을 파괴할 수
있었을까? 어찌하여 이 증명을 통하여 윤리와 예술에 대한 끝없이 깊
고 진지한 견해가 생겨날 수 있었을까? 우리가 바로 개념적으로 파악
된 〈디오니소스적 지혜〉라고 부르는 그 견해가 말이다. 독일 음악과 독
일 철학의 통일의 신비는 우리에게 하나의 새로운 존재방식을 가르쳐
주고 있다. 이 존재방식의 내용에 관하여는 우리가 그리이스를 생각해
봄으로써 예감할 수가 있다. 우리는 지금 두개의 상이한 존재형식의 경
계선상에 서 있다. 따라서 모든 변화와 모든 투쟁이 고전적, 교훈적으
로 아로새겨져 있는 그리이스라는 모범은 우리에게 한없는 가치를 지니
고 있는 것이다. 다만 우리는 알렉산드리아 시대로부터 거슬러 올라가
서 비극의 시대로 향하는 것처럼 〈거꾸로 된〉 순서를 따라 그리이스 본
질의 위대한 중요 시기를 유추적으로 두루 체험하고 있는 것이다. 이때
우리들은 어떤 비극적 시대의 탄생이 독일 정신에 대하여 자기 자신에
로의 복귀 혹은 축복해 마지 않을 자기 재발견을 의미해야만 하는 것
같은 느낌을 받게 된다. 이러한 복귀야말로 외부로부터 거쳐들어오는
거대한 힘이, 구제할 길 없는 형식적 야만성 속에서 한가히 살아온 독일
정신을 자기의 형식의 노예로 만들어버린 지 오랜 시간 후에 이루어지는
것이다. 이제 마침내 독일 정신은 자기 본질의 근원으로 되돌아가서 로
마 문명의 보호를 받지 않으면서 모든 민족들에게 용감하고 자유롭게
이리 오라고 외쳐도 되는 것이다. 단지 이렇게 되기 위해서는 독일 정
신은 어떤 민족에게 의연히 배운다는 자세만 갖추면 된다. 그 민족에게
서 배울 수 있다는 것만으로 이미 하나의 드높은 명예이며 드물게 좋은
일인, 그리이스 민족에게서 우리는 지금 〈비극의 재탄생〉을 체험하고
있고 이것이 어디에서 오는지도 모르며 어디로 가고자 하는지도 알 수
가 없는 상태다. 이러한 최고의 사표(師表)를 필요로 하는 때는 바로 지

금이 아닌가?

20

언젠가는 공정한 재판관의 시선 아래에서 어느 시대와 어떤 사람들이 지금까지 독일 정신이 그리이스인들에게서 무엇인가를 배울 수 있도록 가장 열심히 노력했는가가 저울질될 것이다. 일단 우리가 이러한 유일무이한 찬양을 받아야 할 것이 괴테, 쉴러, 빙켈만Winckelmann의 가장 고귀한 문화적 투쟁이라고 확신에 차서 받아들일 때, 여기에 항상 덧붙여져야 할 사실은 그 시대와 그 투쟁이 남긴 영향력이 있은 이래로 똑같은 길을 걸어가서 교양과 그리이스인에게 이르고자 하는 후배들의 노력이 어쩐 일인지 점점 약해져갔다는 것이다. 그 투쟁은 따라서 어떤 중요한 점 때문에 그리이스 본질의 핵심 속으로 뚫고 들어갈 수 없었으며 그리이스 문화와 독일 문화 사이에 지속적인 사랑의 결합을 맺어주는 데 성공하지 못했다고 할 수 있다. 우리는 독일 정신에 대하여 의기소침해지지 않기 위해서 이와 같은 결론을 내리지 말았어야 했을 것인가? 어쨌든 그 결과 무의식적 결핍감이 진지한 사람들에게 자기가 저 선배들을 따라 이 길로 선배들보다 더 멀리 나아가게 된다면 진짜로 목적지에 도달하게 될 것인가 하는 의기소침한 회의의 심정을 불러일으키게 되었다. 그래서 우리는 그 시대 이래 그리이스 사람이 우리의 교양에 대하여 지니는 가치에 관한 판단이 점점 위험하게 변질되어가는 모습을 보게 되는 것이다. 그리이스 문화에 대한 동정적(同情的) 생각에서 나온 말이 정신과 정신 외적 여러 분야에서 들려오게 된다. 한편으로는 완전히 쓸모없는 미사여구들이 〈그리이스적 조화〉, 〈그리이스적 미(美)〉, 〈그리이스적 명랑성〉 하며 시시덕거리고 있다. 그리고 독일의 교양을 육성하기 위하여 그리이스라는 강물을 지치지 않고 퍼올리는 것이 자기들의 영광이어야 하는 단체 자체가, 즉 고등교육기관의 교사회(會) 자체가 기껏해야 그리이스 사람들과 적당한 시기에 편리하게 타협해서 종종 학생들이 그리이스의 이상(理想)에 대하여 회의를 품은 나머지 포기해 버린다든가 모든 고대 강의시간의 진정한 목적에 등을 완전히 돌려 버린다든가 하게끔 가르쳐 주고 있다. 대체로 그 교사사회 중에서 고대문서 교정의 실력자나 혹은 만국 언어 연구가가 되는 데에 완전히 몰두해 버리지는 않은 사람이라면, 그는 아마도 그리이스 고대를 다른 나라의 고대와 마찬가지로 〈역사적〉으로 이해하려고 노력하기는 할 것이다. 그러나 그 방법이라는 게 항상 요즈음 우리의 교양있는 역사서술의 방법에 따라 교만하게 연구하는 방법인 것이다. 그 결과로 고등교육기관의 원래의 교육 능력은 현재 어느 시대보다도 허약하고 저하되어 있는 상태이다. 교양에 관한 모든 점에서 고등교육 교사들을 능가한 것은 매일 종이의 노예가 되고 있는 〈저널리스트〉였다. 선생들에게 남아있는 유일한 방법이란, 변신하여 저널리스트적으로 말하고 저널리즘 특유의 〈가벼운 우아함〉을 갖추어 명랑하고 교양있는 나비가 돼서 날아다니는 것뿐이다. 이와 같은 현대의 그와 같은 교양인들은 도대체 어떤 비참한 혼란상태에서 저 현상을 바라보아야 했을까? 이제까지 쉽게 이해되지 않았고 겨우 그리이스적 영혼의 가장 깊은 밑바닥과 비교함으로써 이해될 수 있는 저 현상, 디오니소스적 정신의 부활과 비극의 재생을! 우리가 현재 눈앞에 보는 것보다 더 소위 교양이라는 것과 원래의 예술이 서로 의심하고 반목하며 대립하고 있던 예술시기는 없다. 왜 그렇게 허약한 교양이 진정한 예술을 혐오하는가를 우리는 알고 있다. 그것은 교양이 예술에 의해서 멸망할까봐 두려워하기 때문이다. 그러나 하나의 커다란 문화, 즉 소크라테스적, 알렉산드리아적 문화는 현재의 교양처럼 화사하고 연약한 종말에 도달해버린 후 그 목숨이 끝나버린 것이 아닌가! 쉴러와 괴테 같은 영웅들도 그리이스의 마산(魔山)으로 통하는 마법의 문을 곧장 때려부술 수가 없었다. 그들의 용감한 투쟁에 의해서도, 괴테의 이피게니가 야만적 타우리스에서 고향을 그리며 바다 저 건너를 바라보는 것과 같은 동경의 눈길 이상을 얻어낼 수 없었다. 그렇다면 괴테의 아류들에게 남아있는 희망이란, 그들에게 갑자기 그때까지의 문화가 행했던 노력이 건드려보지 못한, 전혀 다른 측면에서 다시 깨어난 비극 음악의 소리가 울려퍼지는 가운데 마법의 문이 저절로 열려지는 것 이외에 무엇이 있을 수 있겠는가?

아무도 아직은 도래하지 않은 그리이스 고대의 재탄생에 대한 믿음을 잃어서는 안 된다. 왜냐하면 그 속에서만 우리는 음악이라는 불꽃의 마법에 의해 독일 정신을 혁신하고 조명한다는 희망을 발견할 수 있기 때문이다.[54] 현재의 문화의 허약과 황폐상태 속에서 미래에 대해 위안을 주는 어떤 기대를 불러일으킬 수 있는 것이 있다면 우리는 이 희망 외에 무엇을 들먹일 수 있겠는가? 헛되이도 우리는 땅 속에 군세게 뻗어있는 나무뿌리 하나만이라도 붙잡고, 풍요하고 건전한 토양을 한 조각만이라도 찾으려 무진 애를 쓴다. 그러나 도처에 먼지·토사·마비(麻痺)

---

54) 이러한 전해는 믿음에 대한 니체의 후기의 태도와는 매우 예리하게 대조되고 있다.

· 초췌(焦悴)뿐이다. 이럴 때 위로할 수 없이 고독한 사람은 뒤러 Dürrer 가 우리에게 그려준 죽음과 악마를 거느린 기사보다 더 좋은 자기 신세에 대한 상징을 찾을 수는 없을 것이다. 갑옷에 몸을 감춘 기사, 그 눈은 청동처럼 굳고 준엄하다. 공포의 나그네 길을 아무런 동요 없이 아무런 희망 없이 단지 홀로 말과 개를 거느리고 전진할 줄밖에 모른다. 이와 같은 뒤러의 기사는 바로 우리의 쇼펜하우어이다. 그에게는 아무 희망이 없었다. 그럼에도 불구하고 그는 그저 진리를 바랐던 것이다. 세상에 그와 견줄 만한 자는 없다.

그러나 내가 방금 음산하게 묘사한 우리의 지쳐버린 문화의 황량함은 이것이 디오니소스의 마술에 접했을 때 어떻게 변하는가! 일진광풍이 불어 모든 노쇠, 부패, 파손, 비애들을 휩싸고 소용돌이치며 붉은 먼지 구름 속에 휘감아 독수리처럼 멀리 데리고 간다. 멍청히 우리 눈은 사라져버린 것을 찾는다. 왜냐하면, 이때 우리 눈에 들어오는 것은, 우리가 마치 나락의 밑바닥에서 금빛 찬란한 것 속으로 솟아오르거나 한 것처럼 넘칠 것같이 활기있고, 완전하고, 초록빛이고, 무한히 갈망되었던 그런 것들이기 때문이다. 이러한 넘쳐나는 생명, 고통, 기쁨의 한가운데에 숭고한 황홀경 속에서 비극이 강림한다. 비극은 저 아득히 멀리서 들려오는 애수의 노래에 귀를 기울인다. 이 노래는 존재의 어머니들에 관하여 이야기 해준다. 그들의 이름은 각각 망상, 의지, 비통이다.[55] 그렇다. 내 친구들이여, 나와 함께 디오니소스적 삶과 비극의 재탄생을 믿자. 소크라테스적 인간의 시대는 지나갔다. 담쟁이 덩굴을 가지고 머리를 장식하라. 바커스의 지팡이를 손에 들어라. 호랑이와 표범이 그대들의 무릎에 와서 아첨하며 드러눕는다 해도 놀라지 마라. 이제 과감히 비극적 인간이 되어라. 그러면 그대들은 구원될 것이다. 그대들은 디오니소스 축제의 행렬에 끼어들어 인도로부터 그리이스로 흘러가라! 격렬한 전투를 대비하라. 그러나 그대들의 신의 기적을 믿으라!

21

이러한 격려의 어조를 멈추고 관조자의 심정으로 되돌아 가서, 나는 반복하여 말하거니와 그렇게 기적같이 급작스러운 비극의 깨어남이 어떤 민족의 가장 내부적인 삶의 토대에 대하여 무슨 의미를 가지게 되는가 하는 점을 가르쳐 줄 수 있는 것은 그리이스 민족뿐이다. 그 민족

---

55) 이 문장은 마치 바그너에 대한 풍자처럼 들리지만, 절대로 풍자하기 위해 쓴 것은 아니다.

은 비극적 신비에 젖어 페르시아 전쟁을 수행했고, 다시금 이 전쟁의 수행자인 이 민족은 비극을, 반드시 필요한 건강회복의 음료수로서 필요로 했다. 이 민족이 몇 세대에 걸쳐서 디오니소스적 마신의 격동에 의해 가장 깊은 내부까지도 뒤흔들려진 후에도 이 민족에게서 아직도 가장 단순한 정치적 감정, 자연스러운 애향심, 근원적이고 남성적인 투쟁욕 등이 여전히 강력하게 발휘될 것이라고 누가 추측했을 것인가? 정치적 본능에 대한 무관심, 더우기 적개심으로까지 발전되어가는 정치적 본능의 침해과정 속에서 개인의 쇠사슬로부터의 디오니소스적 해방이 가장 빨리 감득되어질 수 있다는 점이, 디오니소스적 격정이 커다랗게 번질 때마다 눈에 띄게 된다면, 한편으로 명백히 국가를 형성하는 아폴로는 또한 〈개별화의 원리〉의 영혼인 것이다. 국가와 애국심은 개인들의 동의 없이는 유지되지 않기 때문이다. 어떤 민족도 디오니소스적 황홀경에서 출발하면 귀착점은 하나밖에 없다. 이 귀착점은 인도의 불교이다. 불교는 무(無)에의 동경을 견뎌내기 위하여 시간과 공간과 개체를 초월한 희귀한 황홀경을 필요로 한다. 이것은 다시금 그러한 중간상태의 고뇌를 어떤 관념에 의해서 극복하는 방법을 교시해 주는 철학을 필요로 한다. 정치적 충동의 무조건적 긍정으로부터 출발한 민족은 역시 필연적으로 극단적 세속화의 길로 빠져든다. 이 길의 가장 대규모적이고 가장 무서운 표현이 바로 로마〈제국〉이다.

인도와 로마 중간에 세워져 유혹적 선택을 강요받고 있던 그리이스인은 고전적으로 순수하게 제삼의 형식을 고안해 내는 데 성공했다. 이 형식은 오래 사용되지는 않았지만 바로 그 때문에 불멸의 것으로 간주된다. 사람들은 가인(佳人)이 박명(薄命)하다는 것을 알고 있다. 예를 들어 로마의 국민성에 특유한, 강한 내구력은 확실히 완전함이 지닌 필연적 특성은 아니다. 그리이스인은 그들의 위대했던 시기 동안에 디오니소스적 충동과 정치적 충동이 다 함께 비정상적으로 강력했음에도 불구하고 황홀한 명상에도, 세속권력과 세속적 명예에 대한 불타는 갈망 속에도 빠져들지 않고 마치 불꽃처럼 타오르게도 하며 관조적 기분에도 이끌리게 하는 기가 막힌 포도주 같은 저 숭고한 혼합에 도달하였다.

도대체 어떤 마법의 약을 사용했기에 그리이스인은 그럴 수가 있었을까? 우리는 민족생활 전체를 자극하고 정화하고 내면을 발산시키는 〈비극〉의 거대한 힘을 상기하지 않을 수 없다. 우리는 비극이 그리이스인에게 있어서처럼 우리에게 모든 예방 치료력의 정화로서, 가장 효과있기도 하면서 가장 그 자체로서 위험한 두 가지 민족성 사이를 지배하는 매개자로서 다가올 때 비극의 최고 가치를 비로소 느끼게 된다.

비극은 음악의 최고 황홀경을 흡수해들여서 음악을 그리이스인에게서나 우리에게서나 마찬가지로 곧장 완성시킨다. 그리고나서는 비극적 신화를 내세우고, 뿐만 아니라 힘센 거인처럼 디오니소스적 세계 전체를 그 등 위에 짊어져서 우리의 등을 가볍게 해주는 비극적 주인공도 내세운다. 한편으로 비극은 동일한 신화를 통하여 비극적 주인공의 신체를 빌어서 개체적 삶에 대한 탐욕적 충동으로부터 우리를 건져내고, 다른 삶과 보다 높은 기쁨을 상기해 내도록 경고해 준다. 투쟁하는 주인공은 자기의 승리에 의해서가 아니라 자기의 몰락에 의해서 이러한 기쁨을 예감하고 준비한다. 비극은 보편타당한 자기의 음악과 디오니소스적 감수성을 지닌 관중 사이에 고귀한 비유, 즉 신화를 끼워넣는다. 그리고는 관중들에게 음악이야말로 신화라는 조형세계에 생명을 불어넣어주는 최고의 표현수단이라는 착각을 불러일으킨다. 이러한 선의의 기만에 의지하여 비극은 이제 팔다리를 놀려서 주신찬가에 맞추어 춤을 추게 되고 사람들은 자기도 모르는 사이에 자유의 황홀경 속에 들어가게 된다. 음악이 만일 이 착각의 도움을 받지 않는다면 사람들은 감히 이 황홀경 속에 몸을 맡길 수는 없게 된다. 우리를 음악으로부터 지켜주는 것이 신화다. 그러나 신화는 음악에 최고의 자유를 주기도 한다. 그 대신 그 대가로 음악은 비극적 신화에게 설득적으로 밀어닥치는 형이상학적 의미를 제공한다. 음악의 유일한 도움없이 말과 형상만으로는 신화는 이 형이상학적 의미를 획득할 수 없다. 특히 음악을 통해서 비극 관객들에게 최고의 환희에 대한 확실한 예감[56]이 발생하는 것이다. 이는 몰락과 부정을 통하여 이러한 환희에 도달하는 것이므로 사물의 가장 깊은 나락이 그에게 명료히 말을 걸기나 하듯이 관객은 귀기울여 듣게 되는 것이다.

나는 위와 같은 말로써 이러한 어려운 관념에 대한 소수의 독자만이 이해할 수 있는 잠정적 표현을 한데 지나지 않는다. 그리하여 여기서 한번 더 나는 이 명제의 이해를 다시금 시도해 보도록 독자 여러분에게 부탁하는 바이고 우리들 사이에 공통된 개개의 체험들을 상기하면서 보편적인 어떤 명제를 인식하기 위한 준비를 해둘 것도 아울러 부탁한다. 나는 음악을 더욱 가깝게 느끼기 위하여 무대사건의 모습, 등장인물의 말과 감정의 도움을 받는 사람들을 구체적 예로 들고 싶지는 않다. 왜냐하면 이런 사람들은 모두 음악을 근원언어(根源言語)로 취급하지 않으며, 위와 같은 도움을 받았다 해도 음악의 가장 내부적 신성함을 접해 보기

---

56) 괴테의 희곡 11585 이하에 나오는 파우스트의 마지막 말을 끌어온 비유.

는 커녕 음악이해의 첫단계 이상은 더 들어가지 못하기 때문이다. 이런 사람들 중의 많은 이가 게르비누스처럼 음악이해의 길에 있어서 입구에조차 들어가지 못하는 형편이다. 오히려 나는 음악과 직접적 혈연관계를 맺고 있고 음악 속에서 말하자면 어머니의 품을 발견하게 되며 오로지 무의식적인 음악과의 관계에 의해서만 사물들과 관계맺어질 수 있는 인간들을 예로 들어야 하겠다. 이 진정한 음악가들에게 나는 묻고 싶다.

『트리스탄과 이졸데』의 제 3막을 형상과 말의 도움을 빌지 않고 하나의 순수하고 거대한 교향곡의 악장으로 느낄 수 있는 사람을 그들은 상상할 수 있는가고? 이런 사람은 영혼의 모든 날개가 경련적으로 폭발되는 상태 하에서도 숨을 거두지 않는 사람과 같다. 여기에서처럼 마치 세계의 외지의 심장에 자기의 귀를 대고서 엄청난 생존욕이 때로는 격렬한 흐름이 되고 때로는 잔잔히 흐르는 시냇물이 되면서 이 심장으로부터 세계의 모든 혈관 속으로 흘러들어감을 감지하는 사람, 이 사람은 순식간에 산산이 파괴되고 말아야 하지 않을까? 그는 인간 개체라는 깨지기 쉬운 유리껍질을 둘러쓰고서 〈세계의 밤의 드넓은 공간〉에서 들려오는 수많은 환호와 비탄의 메아리를 견디어내야 하며, 형이상학이라는 이러한 목동들의 어지러운 춤을 보면서도 자기의 근원적 고향으로 도망가지 말아야 한다. 그러나 과연 그것이 가능한가? 그러나 트리스탄과 이졸데를 전체적으로, 개체의 존재를 부정하지 않은 채 받아들일 수가 있다면, 그리고 음악이라는 창조자를 손상시키지 않고서도 창조되는, 음악의 효과라는 피조물이 있을 수 있다면, 이러한 모순은 어떻게 해결되어야 할까?

여기, 음악이 불러일으킨 최고의 효과와 음악 자체 사이에는 바로 비극적 신화와 비극적 주인공이 끼어들게 된다. 이들은 근본적으로, 음악만이 직접적으로 이야기해 줄 수 있는 가장 보편적인 사실에 대한 하나의 비유에 지나지 않는다. 그러나 이제 우리가 디오니소스적 존재라는 입장에서 신화를 받아들일 때에는 신화는 우리의 주의를 끌지 못한 채 아무런 영향력없이 우리 옆에 그저 서 있기만 할 뿐이며 우리가 〈사물 이전의 보편〉의 메아리에 귀기울이는 것을 방해하지 못한다. 그러나 여기에 〈아폴로적〉 힘이 착각의 환희라는 향유를 들고 나타나 거의 산산이 해체된 개체를 다시 재건하고자 한다. 갑자기 우리는, 가만히 서서 자기 자신에게「옛 노래, 이것이 왜 나를 깨울까?」하고 중얼거리는 트리스탄만이 보인다고 생각하게 된다. 그리고 전에는 우리에게 존재의 중심에서 울려나오는 허무의 탄식처럼 들리던 소리들이 이제는 얼마나 〈바다가 황량하고 공허한가〉[57] 정도만을 알려주려고 한다. 그리고 우리가 전에는 모든 감정의 발작적 팽창상태 속에서 자신이 흔적도 없이 소멸되어간다고 생각했고, 우리를 현세의 삶에 묶어두는 것도 그리 많지 않았다고 한다면, 이제 우리는 치명적 상처를 입었지만 아직은 죽어가지 않는 영웅이 절망한 목소리로 「그리워라! 그리워라! 죽음에 임해서도 그리워라! 그리워서 죽을 수 없네!」하고 소리치는 것만을 듣고 보게 된다. 그리고 전에는 너무도 크고 너무도 많은 격렬한 고통이 지나간 후에 들려오는 호른의 소리가 마치 최고의 고통처럼 우리의 가슴을 천갈래로 찢어놓았는데, 이제는 이 〈호른소리 그 자체〉와 우리의 사이에 이졸데가 타고 오는 배를 바라보는 쿠르베날의 환호성이 끼어든다. 동정심이 아무리 강력하게 우리 가슴을 밀치고 들어온다 하더라도, 동정심은 어떤 의미에서는 세계의 근원적 고통에서 우리를 구해준다. 마치 신화의 비유적 형상이 우리를 최고의 세계이념에 대한 직접적 관조에서 구해주고 생각과 언어가 우리를 무의식적 의지의 막힘없는 유출(流出)에서 구원해 주는 것과 같다. 저 장려한 아폴로적 착각에 의해서 우리에게는, 소리의 나라가 조형의 나라처럼 우리에게 걸어오는 것과도 같고, 그 중에서도 트리스탄과 이졸데의 운명만이 마치 가장 섬세하고 표현력있는 소재처럼 조형(造形)되어 있는 것과도 같은 생각이 들게 되는 것이다.

이렇게 아폴로적인 것은 우리를 디오니소스적 보편성으로부터 떼어놓고 우리에게 여러 개체들에 대한 환희를 부여한다. 아폴로적인 것은 우리들의 끓어오르는 동정심을 이들 개체에게 고정시키고 이들 개체 속에서 숭고한 형식을 갈망하는 미적 의식을 만족시킨다. 그것은 모든 삶의 형상을 이끌고 우리 옆을 지나가고 이것들 속에 내포되어 있는 삶의 핵심을 사상적으로 파악하게끔 우리를 자극한다. 아폴로적인 것은 형상개념, 윤리적 교훈, 동정심의 격동의 힘으로 인간을 황홀한 자기파괴로부터 건져내며 인간의 눈에 착각을 주어 디오니소스적 사상(事象)의 보편성을 보이지 않게 하면서 인간이 자기가 개개의 세계형상, 예를 들면 트리스탄과 이졸데를 보고 있으며 이것을 〈음악을 통하여〉 훨씬 잘, 그리고 훨씬 내부를 보아야 한다는 망상을 갖게 만든다. 이렇게 아폴로적인 것이 우리들에게, 정말 디오니소스적인 것이 아폴로적인 것을 도와

---

57) 이 인용은 『트리스탄과 이졸데 Tristan und Isolde』로부터 인용된 것이고 역시 엘리어트T. S. Eliot의 『황무지 The Wasted Land』(1922) 42행 속에도 인용되어 있다.

서 그 효과를 증대시킬 수 있고 게다가 음악이 본질적으로 어떤 아폴로적인 내용을 위한 표현수단이라는 착각을 불러일으킬 수 있다고 한다면 아폴로의 마법의 의술은 무엇을 못하겠는가?

완성된 연극과 그 음악과의 사이에 작용하는 예정조화에 의하여 연극은 언어연극이 보통은 도달하기 어려운 최고도의 선명성에 도달하게 된다. 무대 위에서 생동하는 모든 인물은 제각기 독립적으로 움직이는 한줄기 선율로 되어서 우리 앞에서 하나의 커다란 곡선으로 통합되어진다. 이렇게 하여 만들어진 여러개의 선들은 서로 얽히며, 진전하는 사건들과 미묘하게 공명하는 화음의 교체로 우리들에게 들려온다. 사물의 상호관계가 추상적으로가 아니고 감성적 지각에 의하여 직접적으로 받아들여지게 되는 것은 바로 이 화음의 교체를 통해서이다. 우리는 또한 이러한 사물들의 관계 속에서 등장인물의 본질과 한줄기 선율의 본질이 순수하게 드러난다는 점을 화음의 교체 속에서 인식하게 된다. 그리고 음악이 우리로 하여금 평소보다 훨씬 더 심오하게 보도록 만들어 주며, 우리는 무대 위의 연기를 섬세한 옷감으로 보게 되는 반면에 무대 위의 사건은 우리의 정신적 눈을 위하여 무한하게 확장되고 조명된다. 언어시인이 선명한 무대세계의 이와 같은 내적 확대, 내적 조명에 도달하려고 한다면 언어와 개념에서 출발하여 훨씬 불완전한 과정을 거치는 매우 간접적인 방법을 써야 한다. 그러니 언어시인이 음악 비극에 유사한 것을 제공할 수 있겠는가? 물론 음악비극도 또한 언어를 덧붙이기는 하지만 그것은 동시에 언어의 기반과 출생지를 아울러 덧붙이며 언어의 생성을 내부로부터 밝혀준다.

그러나 지금까지 그 과정이 서술되어진 것은 단지 장려한 가상에 지나지 않는다는 것이 중요하다. 이 가상이란 다름아닌 우리를 디오니소스적 과도(過度)와 충동에서 해방해 주는 작용이라 할 수 있는, 이미 말한바 아폴로적 〈착각〉이다. 그러나 물론 근본적으로는 음악과 연극의 관계는 그 반대이다. 음악이 세계의 원래의 이념이고 연극은 이 이념의 반영, 즉 이념의 개개의 그림자인 것이다. 선율의 곡선과 움직이는 인물 사이와 화음과 저 인물들의 성격관계 사이의 일치는 음악과 비극을 감상할 때 우리에게 떠오르는 생각과는 정 반대의 의미에 있어서 참되다. 등장인물을 우리가 아무리 명료하게 움직이게 하고 생동하게 하며 내면으로부터 조명한다고 해도 그는 항상 현상으로만 머물러 있다. 그로부터는 진정한 실재, 세계의 심장에 도달하는 다리가 놓아지지 않는 것이다. 그러나 이 심장부에서부터 말하는 것은 음악이다. 그리고 그러한 종류의 수많은 현상들은 음악의 곁을 스치며 지나갈 수 있을지는 모르나 음악의 본질을 다 끌어낼 수는 없으며 항상 피상적 모방에 그칠 뿐이다. 영혼과 육체라는, 완전히 틀렸지만 인기가 있는 대조에 의해서는 음악과 연극의 난해한 관계에 관하여 아무것도 설명해 내지 못하며 오히려 그 관계를 혼동하게 만들 뿐이다. 그러나 바로 우리 미학자들께는 어떤 이유에 근거하고 있는지는 모르겠지만 이러한 대조의 비철학적 조잡성을 기꺼이 신봉해야 할 신념조항으로 삼고 있다. 그들은 현상과 물 자체의 대립에 대하여는 아무것도 배우게 없거나, 역시 이유는 잘 모르겠지만 배우려 들지를 않는다.

우리의 분석에서 나온 결론이 비극에 있어서의 아폴로적인 것은 자기의 착각효과를 통해 디오니소스적 근본요소인 음악에 완전히 승리를 거두고 디오니소스적 근본요소를 연극에 대한 최고의 해명이라는 자기의 의도를 위하여 유익하게 사용한다는 것인데 물론 여기에는 단서가 붙어야 한다. 가장 중요한 순간에 아폴로에 의한 착각은 부서지고 파괴되어 버리고 마는 것이다. 마치 상하운동을 하는 방직기에서 옷감이 나타나는 것을 우리가 바라보는 것처럼, 음악의 도움을 입어 모든 인물과 동작에 대한 내면적으로 조명된 명료성 속에서 우리 눈앞에 펼쳐지는 연극이 전체로서 획득하는 영향력은 〈모든 아폴로적 예술효과〉의 피안에 놓여 있다. 비극의 전체적 효과 속에서는 디오니소스적인 것이 다시금 우세에 놓이게 된다. 비극은 절대로 아폴로적 예술의 왕국에서는 울려 퍼질 수 없는 음향을 내며 끝나는 것이다. 그리고 그럼으로써 아폴로에 의한 착각의 본질은 비극이 공연되는 시간 동안만 디오니소스적 효과를 가리고 있는 베일임이 증명된다 하겠다. 디오니소스적 효과는 몹시 강력하며 끝에 가서는 아폴로적 연극 자체가 디오니소스적 지혜를 빌려서 말을 하기 시작하고 자기 자신과 자기의 아폴로적 명료성까지도 부정해 버리게 된다. 따라서 비극에 있어서의 아폴로적인 것과 디오니소스적인 것 사이의 난해한 관계는 진정 두 신의 형제결의라는 것으로 상징될 수 있을 것이다. 디오니소스는 아폴로의 언어로 말을 하고 마지막에 가서는 아폴로가 디오니소스의 말을 말한다. 이럼으로써 비극과 예술의 최고 목적이 달성되는 셈이다.

22

주의깊은 독자는 참된 음악비극의 효과를 자기의 경험에 의거하여 순수하고 티없게 머리에 떠올리기 바란다. 나는 이 효과의 현상을 두 가지

134

측면에서 서술해 왔다고 생각하고 있으니, 독자는 이제 자기 자신의 체험에 따라 그것을 해석할 수 있으리라 여긴다. 말하자면 독자는 자기 앞에 떠오르는 신화와 관련하여 마치 자기가 일종의 전지(全知)상태에까지 높이 올라갔음을 느꼈을 것을 기억할 것이다. 이때 독자는 자기의 보는 능력이 단순히 평면적 시력이 아니라 내부를 뚫어보는 투시력이었던 것처럼 생각될 것이며, 의지의 물결, 어떤 동기에 의한 갈등, 정열의 넘쳐흐름 등이 살아 움직이는 수많은 선과 도형처럼 음악의 도움으로 감각적으로 선명하게 눈앞에 보이는 것처럼 생각되었을 것이고, 따라서 마음의 무의식적 움직임의 미묘한 비밀 중의 어떤 것 속에까지도 잠겨들 수 있는 것 같았을 것이다. 독자는 선명함과 밝음을 지향하는 자기의 충동이 그렇게 최고로 고조되는 것을 의식하게 되기는 하지만, 이 길다란 일련의 아폴로적 예술효과가 진정한 아폴로적 예술가인 조각가나 서사시인이 자기의 예술작품을 통하여 독자에게 불러일으키는 무의지적 관조 속의 유쾌한 안주(安住)를 초래하지는 않는다는 점도 똑같이 확실하게 느끼고 있다. 무의지적 관조 속에서 도달되는 〈개체적〉 세계의 인정, 이것이야말로 아폴로적 예술의 극치이며 정수인데도 불구하고 말이다. 그는 무대 위의 정화(淨化)된 세계를 바라보지만 그것을 부인한다. 그는 눈앞에 비극적 주인공을 서사시적(叙事詩的) 명료성과 아름다움 속에서 바라보면서도 주인공의 파멸에 쾌감을 느낀다. 그는 무대 위의 사건의 가장 깊은 곳까지도 이해하지만 즐겨 이해할 수 없는 것 속으로 도망가 버린다. 관중은 주인공의 행위가 정당한 것이라고 느끼지만 주인공의 행위가 주인공을 파멸시킬 때 훨씬 쾌감을 느낀다. 관중은 이윽고 주인공을 엄습할 고뇌를 생각하며 전율을 느낀다. 그러면서도 그는 주인공의 고뇌에서 보다 크고 보다 강한 즐거움을 느끼리라 예상하고 있다. 관중은 예전보다 훨씬 많은 것을 보며 훨씬 깊은 것을 본다. 그러나 그러면서도 스스로 장님이 되기를 원하는 것이다. 이와 같은 기괴한 자기분열, 아폴로적 극한의 역전(逆轉)을 〈디오니소스의〉 마법에 유래되는 것으로 간주하지 않는다면, 우리는 무엇에 유래된다고 말할 수가 있겠는가! 디오니소스의 마법은 아폴로의 활동을 최고도로 자극하여 가상을 만들어내게 하지만 이 아폴로의 넘치는 힘을 강제적으로 자기에게 봉사하게끔 만들 수 있다. 〈비극적 신화〉는 디오니소스적 지혜를 아폴로적 예술 수단에 의해 형상화하는 것으로만 이해될 수 있다. 비극적 신화는 현상의 세계를 극한까지 몰고 가고, 이 곳에서 현상세계는 자기 자신을 부정하여, 진실하고 유일한 실재의 품안으로 되돌아가고자 한다. 여기서 현상세계는 이졸데와 더불어 형이상학적 백조의 노래를 합창하기 시작하는 것처럼 보인다.

> 환희의 바다
> 물결 거센 파도 속에
> 향기어린 파도
> 드높은 울림 속에
> 세계의 숨결
> 숨쉬는 만물 속에——
> 허우적거리며——잠겨 가네——
> 얼떨결에——희열의 극치여 !

따라서 우리는 진정한 미적 청중으로서의 경험에 입각하여 비극작가라는 존재를 머리 속에 떠올리게 된다. 비극작가는 풍성한 〈개체의〉신과 유사하게 창조행위를 한다. 이러한 의미에서 그의 작품은 절대로 자연의 〈모방〉으로 이해되어서는 안 될 것이다. 그러나 창조의 다음 단계에서는 그의 거대한 디오니소스적 충동이 현상세계 전체를 집어삼키고 현상세계의 배후에서 현상세계를 파멸시킴으로써 근원적 일자(一者)의 품안에 안긴 최고로 예술적인 근원적 기쁨을 예감하게 만든다. 물론 우리의 미학자들께서는 주인공의 운명과의 대결, 도덕적 세계질서의 승리, 혹은 비극을 통한 감정의 발산 등등을 원래부터 비극적인 것이라고 서술하는 데 지칠줄 모르는 반면, 근원적 고향에의 귀환, 두 예술신의 비극 속에서의 형제결의, 관중들의 아폴로적 환희와 디오니소스적 격정 등에 대해서는 한마디도 보고할 줄을 모른다. 이와 같은 끈기는 내게 그들이 아마도 미적 감수성이 없는 모양이어서 비극을 보아도 어차피 도덕적 인간의 입장에서만 다룰 수밖에 없는 것이 아닌가 하는 생각이 들게 한다.

아리스토텔레스 이래 아직껏 한번도 비극의 효과에 관하여, 예술적 상태와 청중의 미적 활동을 추론할 만한 설명이 있었던 일은 없었다. 어느 때는 청중의 동정심과 공포가 무대 위의 엄숙한 사건에 의해 발산되고 완화되어진다고 하는가 하면 어느 때는 우리가 착하고 고귀한 원리를 접하게 되고 주인공이 도덕적 세계관을 위하여 자기를 희생하는 것을 보게 될 때 우리는 감정 고양과 감격을 느끼는 것이라고 말하기도 한다. 나는 이러한 것만이 대부분의 사람들에게는 비극의 효과로서 체험되고 있다고 생각하며 따라서 이 모든 사람들과 이들에게 비극을 해석해 주는 미학자들은 최고의 〈예술〉로서의 비극에 대해서는 아무것도 체험하지 못한다는 결론이 명백히 나온다고 생각되어진다. 문헌학자들이 의학적 현상인지 도덕적 현상인지 구별해내지 못하고 있던 저 병리학적인 감정 발산, 즉 아리스토텔레스의 카타르시스는 괴테에게는 몹시 중요한 예감을 불러일으켰다. 그는 말하기를 「병리학에 대하여 크나 큰 관심이 없었기에 어떤 비극적 상황을 취급한다는 일이 내게 있어서도 성공되지 못했을 것이다. 그래서 나는 비극적 상황을 추구했다기 보다는 피해다니고 있었다. 고대인에게는, 최고로 비장한 것이 단지 미적 유희에 지나지 않았었다는 사실은 고대의 장점 중의 하나가 아닐 수 없다. 우리는 그러한 작품을 생산해내기 위해서는 자연의 진리가 협력해 주어야 하기 때문이다.」이 의미심장한 마지막 발언을 우리는 우리의 훌륭한 체험에 입각하여 긍정해도 무방할 것이다. 왜냐하면 우리는 바그너의 음악, 비극에서 실제로 최고의 비장함이 단지 미적 유희에 지나지 않을 수도 있다는 것을 경이롭게 체험해 보았기 때문이다. 따라서 우리는 이제 비로소 비극적인 것이라는 근원현상에 대하여 기술하는 것이 다소 성공하였다고 믿어도 좋은 것이다. 아직도 단지 저 대표적 효과를 미적 영역 이외의 것에 근거하여 설명할 줄밖에 모르고 있고 자기가 병리학적이고 도덕적인 해석방식에서 탈피해 나온 것을 못 느끼는 사람은 자기의 미적 천성에 대한 신뢰를 포기해 버리는 것이 낫다. 이런 사람에게는 그 대신 게르비누스 유(類)의 셰익스피어 해석과 〈권선징악〉의 근면한 탐독을 위험하지 않은 대용품으로 권장하는 바이다.

비극의 재탄생과 더불어 〈미적 청중〉이라는 것도 생겨났다. 이때까지는 극장의 관객석에는 미적 청중 대신에 기묘한 〈대용품〉인 〈비평가〉가 반은 도덕적이고 반은 학문적인 관심을 가지고 자리잡곤 하였다. 비평가들은 자기들의 지금까지의 위치 속에서 모든 것들을 가짜 삶에 의해 인위적으로 위장시켜버렸다. 비평적 태도를 취하는 이러한 청중들을 어떻게 대하면 좋은가를 사실 연기자도 알 수 없었다. 그래서 연기자는 자기에게 영감을 주는 극작가나 오페라 작가들과 함께 이 감상할 줄도 모르고 메말라 있으면서도 까다롭기만 한 사람들 속에서 최후의 한가닥 생명이라도 발견해 내려고 불안하게 두리번거렸다. 그러나 종래 관중이라고 한다면 이런 종류의 〈비평가〉로 구성되어 있는 걸 어찌하랴. 학생과 아동 및 무해무익한 여성에 이르기까지 이미 교육과 저널리즘 덕분에 부지중 예술작품의 틀에 박힌 감상방법의 예비훈련을 받게 된 것이다. 예술가 중에서 비교적 고귀한 천성을 갖춘 인물들은 이러한 관중에 도덕적·종교적 힘의 강화를 기대했었다. 그리고 본래 강력한 예술의 마력이 청중의 순수한 마음을 매혹시키는 곳에다 〈도덕적 세계질서〉의 외침을 대신 들어앉혔다. 혹은 극작가들에 의하여 보다 커다란, 최소한 선동적이라고 말할 수 있는 정치적·사회적 현재에 대한 경향성이 몹시 명백히 선전되어 청중은 이 때문에 비평의 철저화를 기하지 않고 마치 애국적 전시적(戰時的) 중요 시기 때처럼, 또는 의정단상의 열변을 들을 때처럼, 또는 범죄와 악덕의 탄핵의 소리를 들을 때처럼 격정에 몸을 맡길 수 있게 되었다. 그러나 바로 이 경향성의 예찬에 의해서 여러가지 예술의 본래적 의도가 얼마나 소외시되게 되었는가. 예를 들면 극장을 도덕적 국민교양의 도량으로 이용하려는 경향은 쉴러의 시대에는 진지한 일이었지만 사이비 예술이 날뛰는 현대에서는 이미 국민교양 같은 것은 시대에 뒤떨어진 골동품으로 간주되어지고 있다. 극장과 음악당에서는 비평가가, 학교에서는 저널리스트가 사회에서는 신문이 각각 지배권을 휘두르고 있는 동안 예술은 신통치 않은 오락물로 타락해 버렸고 미적 비평이라는 것은 쇼펜하우어의 우화[58] 가시다람쥐에서 알수 있는 바와 같이 공허하고 산만하며 이기적이고 게다가 불쌍할 만큼 독창성없는 사교계의 접착제로 사용되고 있었다. 그리하여 현대처럼 예술에 관한 지껄임이 성행했던 시대도 없었지만, 현대처럼 예술을 얕잡아본 시대도 없었다. 그러나 베에토벤과 셰익스피어에 관하여 이야기를 나눌 만한 사람과 교제하고 있는 이는 있는가? 각자는 이 질문에 대하여 자기 나름대로 대답하겠지만 그가 이 질문에 대충 대답하려고 하자마자 깜짝 놀라서 입을 다물지만 않는다면 좋겠다. 그가 생각하는 〈교양〉이 무엇이었는가가 이 대답에서 증명되기 때문이다.

반면에 천성적으로 고귀하고 섬세한 능력을 갖춘 많은 사람들은 자기가 비록 위에서 말한 과정을 거쳐 비평적 야만인으로 점차 변모해 버렸다 하더라도, 훌륭히 성공을 거둔 『로엔그린』 상연 같은 것이 그에게 남겨둔, 예상도 못했을 뿐더러 전체적으로 이해하기는 힘든 어떤 효과에 대하여 말을 나누지 않을 수 없었을 것이다. 다만 이런 사람들에게는

---

58) 이 우화는 쇼펜하우어의 『소논문과 보유(補遺)된 것들 *Parerga und Paralipomena*』의 마지막 부분에 실려 있다. (2권, 396절에)「어느 추운 겨울날, 여러 마리의 가시다람쥐들이 서로 몸을 따뜻하게 해서 얼어죽지 않기 위하여, 가까이 모여 있었다. 그러나 곧 그들은 가시에 찔리는 것을 느끼고 서로 멀어졌다. 그들이 추위를 느끼기만 하면, 그들은 다시금 가까이 모이지만, 항상 이 두번째의 불상사가 곧이어 발생하는 것이다. 그래서 그들은 이 두 가지 종류의 고통 사이를 이리저리 왔다갔다 하다가 마침내 가장 참을 만하다고 생각되는 적당한 거리를 발견하게 되었다······.」이상의 이야기이다.

경고를 하든가 해설을 해주는 손길이 와닿지 않았기 때문에, 당시에 그를 뒤흔들었던 저 파악하기 힘들게 다양하고, 전적으로 비할 바 없는 느낌은 통합되지 않은 채 있다가, 수수께끼 같은 별처럼 잠깐 동안의 빛을 남기고는 사라져버리게 된다. 음악비극을 보는 동안에는 미적 청중이란 무엇인가를 그는 단지 예감하고 있었던 것이다.

23

자기가 얼마나 진정한 미적 청중을 닮았는가 아니면 자기가 소크라테스적, 비평적 사회에 속하고 있는가 하는 것을 정말 엄격하게 스스로 검토해 보고자 하는 사람은 그가 무대 위에서 표현되는 〈기적〉에 대해서 어떻게 느끼고 있나를 정직하게 물어보기만 하면 된다. 그때 자기가 자기의 역사감각과 엄격한 심리학적 인과율에 물들은 감각을 우롱당하였다고 느끼는지, 자기가 너그러운 마음으로 기적이란 것을 아이들은 이해하기 쉽지만 자기에게는 이해가 잘 되지 않는 현상이라고 인정해 주는지, 혹은 또다른 어떤 느낌을 받았는지를 말이다. 즉 그는 자기가 얼마나 압축된 세계상인 〈신화〉를 이해할 수 있는가에 따라 자신을 측정해 낼 수 있는 것이다. 신화는 현상의 축도이고 기적 없이는 성립되지 않기 때문이다. 그러나 엄격히 검토해 본 결과 거의 모든 사람들이 옛날에 존재했던 신화를 애써서 믿을 수 있기에는 비평적, 역사적 정신에 의하여 자기가 너무 파괴되어 버렸다는 것을 느끼게 된다는 것이 사실이다. 그러나 신화 없이는 모든 문화는 자기의 건강하고 창조적인 자연력을 잃게 된다. 신화로 둘러싸인 지평선 속에서 비로소 문화의 움직임 전체는 하나로 통일, 완결되는 것이다. 상상력과 아폴로적 꿈의 모든 힘들은 신화를 통해서야 비로소 자기의 정처없는 방황에서 구제된다. 신화의 형상은 남몰래 어느 곳에나 있는 파수군이어야 하며, 신화의 형상의 보호 아래서 젊은 영혼들이 성장하고 그것의 인도 하에서 어른들은 자기의 삶과 투쟁의 의미를 이해하게 된다. 그리고 국가라 할지라도 종교와 자기의 관계와 신화적 관념으로부터의 자기의 성장을 보호해 주는 신화적 기초 이상의 더 강한 불문율을 모른다.

이제 여기에 신화 없이 살아가는 추상적 인간, 추상적 교육, 추상적 풍습, 추상적 법률, 추상적 국가라는 것을 비교해 보라. 어떠한 향토적 신화에 의해서도 제어되지 않은 예술적 상상의 정처없는 방황을 머리에 떠올려 보라. 확고하고 신성한 고향을 갖지 못한 채 모든 가능성을 상실해 버리고 다른 모든 문화들에게 박해받으며 기생해야 할 운명의

문화를 상상해 보라. 이것이 지금이다. 이것이 신화를 부인하려 한 저소
크라테스주의의 말로이다. 그리하여 이제 신화없는 인간은 영원히 굶주
리며, 모든 과거의 사이에 서서 이리저리 땅을 파며 뿌리를 찾고 있다.
비록 그가 멀리 멀어진 고적(古蹟) 속에서 뿌리를 파헤치고 있음에 틀림
없다손 치더라도 배고프기는 마찬가지다. 충족되지 않은 현대문화의 저
거대한 역사적 욕구, 수많은 이질 문화의 수집, 타는 듯한 인식욕 등이
신화의 상실, 신화적 고향의 상실, 신화라는 어머니의 품안의 상실을
의미하지 않는다면 무엇을 의미하겠는가! 이 문화의 열병 같고 실로
섬뜩한 활동이 굶주린 자가 욕심스럽게 손을 뻗고 먹을 것을 찾아다니
는 것과는 다른 것인지 스스로 물어보라! 그리고 누가 자기가 삼키는
모든 것에도 배부름을 느끼지 않고, 그것에 접촉하기만 하면 아무리 강
력하고 효능있는 영양분이라 할지라도 〈역사와 비평〉이라는 것으로 변
질되고는 하는 그런 문화에 먹을 것을 더 주고 싶어하겠는가?

사람들은, 우리가 이미 문명화되어진 프랑스에서 놀랍게도 볼 수 있
는 바와 같이, 독일의 본질이 독일의 문화와 뗄 수 없이 들러붙어 버리고
심지어는 하나로 되어버렸다고 한다면, 독일의 본질에 대하여 고통스럽
게 절망해야 했을 것이다. 오랫 동안 프랑스의 장점을 이루고 프랑스의
압도적 중요성의 원인이었던 것은 다름아닌 바로 민족과 문화의 일체상
태이었다. 그러나 이 광경을 보고 우리는 그렇게 애매한 우리 문화가
지금에 이르기까지 우리의 민족성의 고귀한 핵심과 아무것도 공통되어
있지 않다는 점 때문에 우리의 행복을 찬양하지 않을 수 없을 것이다. [59]
게다가 우리의 모든 희망은 불안하게 위 아래로 오르내리는 문화의 생명
과 교양의 경련 아래에, 훌륭하고 내면적으로 건강한 하나의 태고적 힘
이 잠재하고 있다가, 중요한 순간에 힘차게 한번 진동하고는 다시 미래
에 깨어날 것을 기약하면서 꿈을 꾸게 되는 것을 인식하고자 하는, 동경
에 가득 차서 부풀어오르는 것이다. 이러한 심연 속으로부터 독일의
종교개혁은 솟구쳐 올랐다. 그 개혁의 찬미가 속에서는 독일 음악의 미
래적 양식(樣式)이 처음으로 울려 퍼졌다. 밀림 속에서 봄소식을 느끼고
달려오는 디오니소스의 최초의 유혹의 소리로서 울려퍼진 루터 Luther
의 이 찬미가는 몹시도 깊고 용기있고 기백있게 울려퍼진 것이다. 이

---

59) 이 친 게르만과 반 프랑스적 대목은 바그너를 모방한 것이며, 결국에 가
서는 니체의 후기 저작들과는 모순이 된다. 니체는 바그너와 결별한 후,
프랑스에 대한 찬양을 수없이 반복했다. 어떤 중요한 독일인 저작가도 그
만큼 준엄하게 자기나라 국민을 질책하지는 못했다.

소리에 응하여 마치 경쟁하는 듯한 응답을 한 것은 엄숙하고 의기에 넘친 디오니소스적 도취자들의 행렬이었다. 우리는 독일 음악을 그들에게서 얻어내었고, 〈독일 신화의 재탄생〉을 그들에게서 얻어내게 될 것이다.

나는 이제 흥미를 느끼고 따라오는 친구를, 홀로 관찰할 수 있는 높은 장소로 데리고 가야 한다는 것을 알고 있다. 그에게는 몇 명의 동반자만이 따라붙을 것이다. 그리고 나는 그에게 우리가 우리에게 빛을 던져주는 인도자인 그리이스인을 바싹 따라다녀야 한다고 격려의 말을 외치겠다. 그리이스인에게서 우리는 지금까지 우리의 미적 인식을 순화하기 위하여 신의 형상 두 개를 빌어왔다. 이 두 신은 각각 판연히 다른 예술왕국을 통치하고 있고, 우리는 그리이스 비극을 통하여 두 신의 상호 접촉과 상승에 대하여 예감을 가지게 되었다. 두 예술적 근본충동이 현저하게 분리됨으로 인해서 그리이스 비극의 몰락이 초래된 것이라고 우리는 생각할 수밖에 없었다. 이 몰락의 과정에는 그리이스 민족성의 해체와 변모가 대응되어지고 이 점은 우리가, 얼마나 필연적으로, 얼마나 밀접하게 예술과 민족, 신화와 풍속, 비극과, 국가들의 기초가 연결되어 있었던가 하는 점을 깊이 음미해 보게 한다. 비극의 몰락은 동시에 신의 몰락이었다. 그 전까지만 해도 그리이스인은 자기도 모르는 사이에 모든 체험을 곧장 자기네 신화에 연결시켜 보지 않을 수 없었다. 더우기 이렇게 연결시킴으로써만 체험을 이해할 수 있었다. 그들에게는 이 때문에 가장 가까운 현재도 곧장 〈영원의 모습 아래의〉것, 시간과 무관한 것으로 나타나지 않을 수 없었다. 그러나 예술과 마찬가지로 국가도 이 시간 없는 흐름 속에 몸을 담그고서 찰나(刹那)의 중압과 욕구에서 탈피하여 안정을 취하고자 하였다. 하나의 민족은——게다가 한 개인도 마찬가지로——자기의 체험에 영원한 것의 모습을 새겨넣을 줄 아는 정도에 따라 그 가치가 결정된다. 그렇게 함으로써 그는 말하자면 세속에서 탈피하는 것이며 진정한, 즉 형이상학적인 삶의 의미에 관한 그리고 시간의 상대성에 관한 자기의 무의식적 신념이 나타나기 때문이다. 어떤 민족이 역사적으로 사고하기 시작하고, 신화라는 자기 주위의 방파제를 파괴하기 시작하면 정 반대의 일이 벌어진다. 대개는 모든 윤리적 귀결로서 결정적인 세속화, 이전의 자기 삶을 위한 무의식적 형이상학과의 결렬 등은 여기에 관련되어 있다. 그리이스의 예술, 특히 그리이스 비극은 모엇보다도 신화의 붕괴를 방지하고 있었다. 사람들은 고향땅에서 벗어나 사상과 윤리와 행동의 들판에서 아무 제약도 받지 않고 살기 위해서 그리이스 비극을 함께 죽였다. 지금도 역시 저 형이상학적 충동은 삶 속으로 파고드는 학문적 소크라테스주의 속에서 비록 약하기는 한 것이었지만 하나의 정화된 형식을 만들어내려 노력한다. 그러나 똑같은 형이상학적 충동이라 하더라도 이처럼 낮은 단계에서는 도처에서 끌어모아 쌓아올린 신화와 미신의 복마전(伏魔殿) 속으로 차차 빠져들어가게 되는, 열병에 걸린 듯한 시도에의 길만을 열어놓았다. 이 복마전의 한가운데에는 그러나 그리이스인이 두근거리는 가슴으로 앉아 있다가 마침내 그레쿨루스 Graeculus[60]로 변신하여 그리이스적 명랑성과 그리이스적 경박성으로 저 탐구열을 위장시키고, 혹은 어떤 동양적인 음울한 미신 속에서 자신을 마취시키는 방법을 발견하게 되었다.

15세기의 알렉산드리아와 로마적인 고대의 부활이 있은 이래 오랫 동안의 형용키 어려운 중간시기를 거쳐 우리는 이제 위와 같은 상태에 매우 뚜렷하게 도달하게 되었다. 똑같은 과잉의 지식욕, 똑같이 실증을 모르는 발견자의 행복, 이 거대한 세속화 등은 정점에 달해 있고, 그 외에도 고향을 잃은 정처없는 방황, 타인의 식탁에의 탐욕적 쇄도(殺到), 경박한 현재 숭배, 혹은 둔하고 무감각한 도피, 〈현대〉의 〈무상한 모습 아래의 sub specie saeculi 모든 것〉들이 널려 있다. 이 모든 것들은 이 문화의 가슴 속에 있는 똑같은 상실감, 신화의 파괴상태를 나타내주는 증상이다. 나무를 치명적으로 손상시키지 않고서도 타국의 신화라는 나무를 성공적으로 이식(移植)해낸다는 것은 불가능하다. 그 나무는 아마도 한때, 외국적 요소를 무시무시한 싸움에 의하여 떨구어버릴 정도의 힘과 건강을 가지고 있었을 것이다. 그러나 이식된 나무는 대개 쇠약해지고 위축되거나 순간적으로 무성하기도 하다가 이내 죽어버리고 만다. 우리는 독일 본질의 강력하고 순수한 핵심을 높이 평가하여 우리가 바로 그것에 의하여 강력하게 뿌리내린 외국적 요소의 제거작업을 해낼 수 있기를 기대하며 독일 정신이 자각적으로 자기 자신에게 복귀하는 것이 가능하다고 간주하게 되는 것이다. 아마도 독일 정신이 라틴적인 것을 배제함으로써 그 투쟁을 시작해야 한다고 많은 사람들은 생각할 것이다. 그것을 위한 외적인 준비와 격려는 이번 전쟁에서 보여준 무적의 용기와 피에 물든 영광 속에서 충분히 볼 수 있을 것이다. 그러나 내적인 필연성은, 이 길에 있어서의 선구적인 숭고한 투사들, 예컨대 루터 및 우리의 위대한 예술가와 시인들, 이들에게 동등하고자 하는 경쟁심 속에서 찾아져야 한다. 그러나 독일 정신은 그런 투쟁을 자기의 수호신 없이, 가기의 신화적 고향 없이, 모든 독일적인 사물의 〈부흥〉

---

60) 그리이스인을 경멸해 부르는 말.

없이 해낼 수 있다고는 믿지 않을 것이다. 그러므로 독일인이 고향에 돌아갈 길을 몰라 두려워하며, 자기를 오래 전에 잃어버린 고향으로 되돌려 보내줄 인도자를 찾기 위하여 두리번거린다면, 그는 단지 디오니소스의 새가 환희에 차서 유혹적으로 부르는 소리에 귀기울이기만 하면 된다. 그 새는 그의 머리 위에서 선회하면서 그에게 가는 길을 가르쳐 주고자 할 것이다.

24

우리는 음악비극의 고유한 효과 중에서 특히 아폴로적인 〈착각〉을 강조하여야 한다. 이 착각에 의하여 우리는 디오니소스적 음악에 직접적으로 빨려드는 위험에서 구출될 수가 있다. 한편 우리의 음악적 흥분은 아폴로적 영역과 그리고 그 사이에 놓여진 가시적(可視的) 중간 세계에 발산될 수가 있다. 전에 우리는 이러한 발산에 의하여 무대 위의 사건이라는 중간 세계, 즉 일반적으로 연극이라고 하는 것이 아폴로적 예술 이외의 예술은 도달할 수 없는 정도로 우리들의 내면으로부터 가시적으로 그리고 명백하게 되어짐을 보았다고 생각한 바가 있었다. 그리하여 우리는 아폴로적 예술이 음악 정신에 의하여 날개를 얻고 하늘 높이 솟아 올라가는 이 지점에서 아폴로적 예술의 힘의 최고 상승을 인정하고 따라서 아폴로와 디오니소스의 저 형제결의 속에서 디오니소스와 아폴로의 예술적 의도의 극한이 이루어짐을 인정하지 않을 수 없었다.

물론, 음악을 통한 내적 조명을 받은 아폴로적 광상(光像)은, 보다 낮은 등급의 아폴로적 예술의 고유한 효과에 도달할 수는 없다. 서사시, 혹은 석조각(石彫刻)이 할 수 있는 바, 관조하는 눈에게 〈개체〉의 세계의 고요한 황홀을 부여하는 일은, 비극에서의 아폴로적 예술에게서는 달성될 수 없다. 우리는 연극을 관람하면서 통찰력있는 눈으로 그 내부에서 움직이는 동기(動機)의 세계 속으로 파고든다. 그러나 우리에게는 그 가장 깊은 의미를 우리가 완전히 간파하고 있는 어떤 비유의 형상만이 우리의 곁을 스치고 지나간다는 생각이 들게 되며 우리는 그 뒤에 있는 근원적 형상을 인식하기 위하여, 그 장막 같은 비유의 형상이 걷혀지기를 바라게 된다. 형상의 선명함이 아무리 크다 해도 우리는 좋아하지 않았다. 왜냐하면 형상은 무엇인가를 계시하기도 하지만 무엇인가를 감추기도 하는 것처럼 보였기 때문이다. 형상은 자기의 비유적 계시에 의하여 베일을 찢어버릴 것을, 즉 비밀에 가득 찬 배경을 폭로할 것을 요구하지만, 바로 현상의 지극히 투명한 명료성은 다시금 우리의 눈에 마술을 걸어 눈이 더 깊이 파고들지 못하게 막는다.

한편으로는 보아야 하면서, 동시에 보는 것을 넘어서서 알기를 원한다는 이러한 작업을 체험해 보지 못한 사람은 얼마나 명확하게 이 두 가지 과정이, 비극적 신화를 관찰함에 있어서 한꺼번에 이루어지는가를 상상하기가 곤란할 것이다. 반면에 진정으로 미적인 청중은 나에게 비극의 고유한 효과 아래에서는 저 병행작업이 가장 중요하다는 것을 확증시켜 준다. 이제 미적인 관중의 이러한 작업을 비극 예술가에 있어서의 비슷한 작업으로 전이시켜 보라. 그러면 〈비극적 신화〉의 생성이 이해될 것이다. 비극적 신화는 아폴로적 예술 영역과 더불어 가상 및 관조의 기쁨을 공유한다. 그러나 그와 동시에 비극적 신화는 이 기쁨을 부정하고는, 가시적 가상세계의 부정에서 보다 높은 만족을 얻는다. 비극적 신화의 내용은 우선은 투쟁하는 영웅을 찬미하는 서사적 사건이다. 그러나 영웅의 운명에 있어서의 고뇌, 가장 고통스러운 극복, 비통한 내심의 대립, 즉 실레노스의 저 지혜의 실례들이, 미학적으로 표현한다면 추악과 부조화가 그렇게 수많은 형식 속에서 그렇게 사랑을 받으며, 그것도 어느 민족의 가장 풍요하고 가장 젊은 시대 동안에 반복되어 표현된다고 하는 수수께끼 같은 특징은, 바로 여기서 보다 높은 만족이 얻어지는 것이 아니라고 한다면 무슨 이유로 나타난 특징일 것인가!

그 이유는, 만약 예술이 자연 현실의 모방일 뿐만 아니라 자연 현실의 형이상학적 보충이며, 자연현실을 극복하기 위하여 자연현실 옆에 놓아진 것이라 한다면, 삶이란 실제로 그렇게 비극적이기 마련이라는 사실만으로서는 어떤 예술형식의 발생 이유가 설명되어지지 않기 때문이다.

비극적 신화는, 그것이 일반적으로 예술에 속하는 한 예술 일반의 이러한 형이상학적 미화(美化)의 의도를 전적으로 지니고 있다. 그러나 그것이 현상세계를 고통받는 영웅의 형상과 함께 전시한다면 그것은 무엇을 미화하는 것일까? 최소한 이 현상세계의 〈실재성〉이라 할 수 있다. 왜냐하면 그것은 우리에게 이렇게 말하기 때문이다. 「보아라! 잘 보아라! 이것이 그대들의 인생이다! 이것이 그대들의 생존의 시계바늘인 것이다!」

그렇다면 신화는 이 삶을 보여줌으로써 우리들에게 그것을 미화한단 말인가? 만일 그렇지 않다면, 저 형상들이 우리 곁을 스치며 지나갈 때 우리가 느끼는 미적 희열은 어디에서 온 것인가? 나는 미적 희열에 대하여 묻고 있는 것이고 물론 여러 형상들이 그 밖에도, 동정심이라든가 도덕의 승리라든가 하는 형식 하에서 어떤 도덕적 쾌감도 불러일으킬 수 있다는 점을 알고는 있다. 물론 미학 속에서 너무 오랫 동안 습관화된 일이기는 하지만, 비극적인 것의 효과를 단지 이 도덕적 원천에서만 추론해 내려고 했던 사람은 자기가 예술을 위해서 무엇인가를 했노라고 생각해서는 안 될 것이다. 예술은 무엇보다도 자기 영역의 순수성을 바라고 있음에 틀림없기 때문이다. 비극적 신화를 해명하기 위해서 제일 먼저 요구되어져야 할 점은, 신화의 고유한 희열은 순수히 미적인 영역에서 찾아져야 하며 동정심, 공포감, 윤리적이고 고상한 것 등의 영역이 관련되어서는 안 된다는 것이다. 추한 것, 부조화한 것, 즉 비극적 신화의 내용은 어떻게 하여 미적 희열을 불러일으킬 수 있는가?

이제 여기서 우리가 과감하게 출발하여 예술의 형이상학 속으로 훌쩍 뛰어드는 것이 필요하다. 이를 위하여 나는 앞서 말한 문장을 반복하겠다. 삶과 세계는 단지 미적 현상으로서만 긍정되어 나타난다. 이러한 의미에서 비극적 신화는 추한 것, 부조화한 것 자체도 미적 유희의 대상이 된다는 것을 우리에게 확신시켜 준다. 이 유희란, 의지가 영원히 충만한 희열 속에서 자기 자신을 상대로 하여 이룩하는 유희이다. 디오니소스적 예술의 가장 표현하기 어려운 이 근원적 현상은 그러나 경이로울 정도로 중요한 〈음악의 불협화음〉에 곧바로 접함으로써만 알기 쉽게 직접 파악되어진다. 세계의 바로 옆에 놓여진 음악만이 대체로 미적 현상으로서의 세계의 긍정이 무엇인가에 대한 하나의 개념을 제공할 수 있다는 말이다. 비극적 신화가 자아내는 희열은 음악의 불협화음에 대한 즐거운 느낌과 함께 동일한 고향을 가지고 있다. 고통에서 느껴진 근원적 희열을 포함한 디오니소스적인 것이 음악과 비극적 신화의 공동의 요람이다.

그러면 불협화음이라는 음악적 현상의 도움을 받았기 때문에 비극적 효과라는 저 어려운 문제의 해결이 몹시 용이해졌다고 할 수 있겠는가? 그러나 우리는 이제 비극 속에서 보려고 하면서도 동시에 보는 것을 넘어서서 알기를 원한다는 것은 무엇을 의미하는가를 이해하는가? 우리가 예술에 적용된 부조화에 관련하여 이른바 우리가 들으려 하면서도 동시에 듣는 것을 넘어서서 알기를 원한다고 한다면 이것은 어떤 상태를 말하는 것인가? 명료히 감지된 현실에 대한 쾌감과 동시에 존재하는 무한한 것 속으로의 노력, 즉 동경의 날개짓은 우리에게 다음과 같은 것을 상기시킨다. 우리는 그 두 가지 상태 속에서 디오니소스적 현상을 인식하지 않을 수 없다. 디오니소스적 현상은 우리에게 항상 새로이 반복되는 개체세계의 유희적 건설과 유희적 파괴를 통하여 근원적 쾌감의 충만함을 보여준다. 이는 마치 어두운 자, 헤라클레이토스에 의해서 장난으로 돌을 이리저리 옮겨 놓고 모랫더미를 세웠다가 부셨다가 하는 어린아이로 비유된 세계형성의 힘과도 같은 것이다.

그러므로 어떤 민족의 디오니소스적 능력을 정확하게 평가하기 위해서는 그 민족의 음악에 대해서뿐만 아니라 그 능력의 두번째 증거로서 반드시 비극적 신화에 대해서도 생각해 보아야 한다. 이 신화와 음악 사이의 가장 밀접한 혈연관계에 대해서도 똑같이 하나의 퇴화와 변형이 다른 것의 왜곡과 연결되어 있다는 것이 고려되어야 한다. 이 두 가지에 관해서는 우리가 독일 본질의 발전을 관찰해 보았을 때 낙심할 필요가 없을 것이다. 왜냐하면 소크라테스적 낙천주의의 비 예술적이고 삶에 굶주린 천성이 우리 앞에 모습을 드러내는 곳은 단지 오페라, 우리의 추상적이고 신화 없는 삶, 오락으로 타락한 예술, 개념에 의해 유도된 삶 등에 불과하기 때문이다. 즉 그럼에도 불구하고 독일 정신이 훌륭한 건강과 심오함과 디오니소스적 힘을 그대로 지닌 채 마치 잠들어 누워 있는 기사처럼, 도달할 수 없이 깊은 심연 속에서 고요히 꿈꾸고 있다는 증거가 다행스럽게도 있기 때문이다. 이 심연으로부터 우리에게 디오니소스의 노래가 흘러 올라와 우리에게 이 독일의 기사가 지금도 자기의 태고적 디오니소스 신화를 복스럽고도 엄숙한 환상 속에서 꿈꾸고 있노라고 이해시켜 주는 것이다. 저 신화적 고향에 관하여 이야기해 주는 새의 노랫소리를 독일 정신이 그렇게 명료히 알아 듣고 있는 이상, 아무도 독일 정신이 자기의 신화적 고향을 영원히 잃어버렸노라고 믿지 말아야 할 것이다. 어느날 독일 정신은 거대한 수면 후 아침의 신선함 속에서 자기가 깨어나 있음을 발견하게 될 것이다. 그리고나서 그는 거룡(巨龍)을 잡고 간악한 난장이[61]들을 섬멸한 후 브륀힐데 Brünhilde 를 잠에서 깨울 것이다. 그러면 보탄 Wotan의 창도 그의 길을 막을 수 없을 것이다.

나의 벗들이여, 디오니소스의 음악을 믿는 그대들이여. 그대들은 비극이 우리에게 무엇을 의미하는가를 역시 알고 있을 것이다. 우리는 음악으로부터 다시 태어나 비극 속에 비극적 신화를 섞어 넣게 될 것이다. 그러면 신화 속에서 그대들은 모든 것을 희망하고 고통스러운 것을 잊어도 좋을 것이다! 그러나 우리 모두에게 가장 고통스러웠던 것, 그것은 독일의 정령이 집과 고향에서 멀리 멀어져 간악한 난장이들에게 사

---

61) 기독교 성직자, 이 이미지는 지그프리트 Siegfried 신화에서 채용한 것이다.

역(使役)당해 왔던 저 기나긴 굴욕의 나날인 것이다. 그대들은 이 말을 명심해 두기를——그러면 결국 그대들은 나의 희망까지도 납득하게 될 것이다.

25

음악과 비극적 신화는 똑같이 어떤 민족의 디오니소스적 능력의 발로이며, 서로 분리할 수 없는 관계에 놓여 있다.[62] 둘 다는 아폴로적인 것의 건너편에 놓여 있는 예술영역에서 유래한다. 두 가지 다 하나의 영역을 성화(聖化)한다. 이 영역의 화음 속에서는 부조화와 공포스러운 세계상이 매력적으로 울려퍼진다. 양자는 자기의 아주 강력한 마법의 힘을 믿고 불쾌의 가시를 가지고 논다. 양자는 이러한 유희에 의해서 〈최악의 세계〉의 존재 자체를 긍정한다. 여기에 디오니소스적인 것이, 아폴로적인 것에 비할 때 현상의 세계 전체를 소생케 하는 영원하고 근원적인 예술의 힘으로 나타나게 된다. 이 현상세계 한복판에서는 생명을 얻은 개체의 세계를 삶 속에 보존시키기 위하여 하나의 새로운 미적 가상이 필요하게 된다. 우리가 불협화음의 인간화라는 것을 상상할 수 있다면——그리고 인간은 그 이외의 아무것도 아니지만——이 불협화음은 살기 위해서 아름다운 환상을 필요로 한다. 이 환상은 불협화음 자체의 본질을 하나의 미적 베일을 사용하여 불협화음의 눈앞에서 은폐해 버린다. 이것이 아폴로 예술의 진정한 의도이다. 우리는, 삶이라는 것을 매 순간 살아볼 가치가 있게 만들고 그 다음 순간을 체험해 보고 싶게 만드는 아름다운 가상들의 수많은 환영들을 아폴로라는 이름으로 포괄해 버린다.

이 경우 모든 존재의 기초, 즉 세계의 디오니소스적 기반으로부터 인간 개체의 의식 속으로 흘러들어가는 영향력의 양은 저 아폴로의 미화(美化) 능력에 의해 다시금 극복될 정도와 꼭같은 만큼만 흘러들어 간다. 그리하여 이 두 예술충동은 영원한 형평의 원칙에 의거하여 엄격한 상호조화 속에서 자기의 힘을 발휘하게끔 되어 있다. 우리가 이를 체험하고 있는 바와 같이 디오니소스의 위력이 몹시 맹렬히 상승되어가는 경우에는 틀림없이 아폴로도 구름에 몸을 감추고 이미 우리 곁에 내려와 있을 것이다. 아마도 다음 세대는 아폴로의 왕성한 미적 활동을 볼 수가 있을 것이다.

---

62) 바그너에 관한 이와 같은 열광은, 모짜르트와 베에토벤, 헨델과 하이든, 그리고 수많은 다른 사람들은 고려에 넣지도 않고 계속되고 있다.

그러나 이러한 미적 작용이 필요하다는 점에 대해서는, 각자는 스스로
가 꿈 속에서만이라도 고대 그리이스의 생활 속으로 옮겨갔다고 한번만
생각해 본다면 직감적으로 몹시 확실하게 느껴볼 수가 있을 것이다. 드
높은 이오니아식 주랑(柱廊) 밑을 거닐면서, 맑고 고상하게 그어진 지평
선을 바라보며, 빛나는 대리석 속에 비추이는 자기의 성스러운 모습을
옆에 두고, 엄숙하게 걸어가는 사람과 조화로운 음향을 울리면서 율동
적인 몸짓으로 부드럽게 움직이는 사람에게 둘러싸인 그가 이 끊임없이
밀려오는 미(美)의 물결을 보고 아폴로에게 손을 들어 올리면서 소리치
지 않을 수 있겠는가 !「행복한 민족, 그리이스인들이여 ! 델로스의 신
아폴로는 그대들의 주신찬가의 광란을 치료하기 위해서는 이러한 마력
이 필요하다고 생각했던 것이다. 그러니 디오니소스는 그대들 사이에서
얼마나 위대한 존재이었겠는가 !」그러나 이렇게 감격하고 있는 그에게
는 아마도 어떤 아테네 노인이 에스킬로스 같은 장엄한 눈으로 그를 쳐
다보면서 대답할 것이다. 「자네, 이상한 외국 청년, 그러나 이렇게도
말해 보게. 〈이 민족은 그렇게 아름답게 될 수 있기 위해서 얼마나 고통
을 당해야 했던가〉라고 ! 그러나 지금 나를 따라와 비극을 보세. 그리
고 나와 함께 두 신에게 제물을 바치세 !」

바그너의 경우

Der Fall Wagner

편집자 해설

비록 니체와 바그너가 한때 친구사이였고 그러다가 서로 헤어졌다는 사실이 잘 알려져 있기는 하지만, 이 에세이는 마땅히 받아야 했을 주목을 받아오지 못했다. 지금까지 영역본으로는 이 책은 단지 「전집(全集)」의 낡은 열 여덟 권 중에서만 구해볼 수 있었다. 그 이전의 번역판들은 같은 전집 속에 있던 것이었는데 절판되었다.

이 서문은 두 사람 사이의 관계를 자세히 검토해보는 자리도 아니며, 그러한 주제에 관하여 씌어진 문헌들에 관하여 토론하고 평가하는 자리도 아니다. 이 책의 배경을 간략히 살펴보는 일로 충분할 것이다.

바그너, 1813년 태생――니체의 아버지와 베르디 Verdi, 키에르케고르 Kierkegaard 의 탄생과 같은 해이다――으로 그는 니체가 일생 중 친밀하게 알고 지냈던 위대한 천재 중 유일한 인물이었다.

그 우정은 조금치의 균형도 갖추지 않은 것이었다. 나이상의 차이는 제외하고서라도, 니체가 스물 넷의 나이에, 그때 이미 쉰 다섯이 되어 자기 작품의 대부분을 완성해 놓고 있던 바그너를 첫번째로 만나게 되었던 1868년 11월 그는 고작 학생에 지나지 않았다. 그 해 겨울에 니체는 스위스에 있는 바아젤 Basel 대학에 고전문헌학 교수로 초빙되었고, 이곳은 바그너가 당시 살고 있던, 역시 스위스 영 내에 있는 트립쉔 Tribschen 에 가까운 곳이었다. 비방자들이 많았던 바그너로서는 뛰어난 젊은 교수를 동료로 얻게 된다는 것은 좋은 일이었다. 그리고 「비극의 탄생」이 발표되었을 때 그는 니체에게 편지를 썼다. 「나는 아직껏 그대의 저서만큼 훌륭한 것을 읽어보질 못했소.」바그너가 가장 좋아했던 부분은, 물론 그 책의 가장 저열한 부분, 즉 바그너에 관한 과장된 평가를 내

용으로 하는 길다란 마지막 부분이었다. 그리고 그는 후일 니체가 1886
년의 「비극의 탄생」 출판에 대한 서문에서 스스로 비판했던 문제상의
특질들에 관하여는 오로지 칭찬만을 해내었다. 바그너의 태도를 그렇게
본받는 것, 자기 자신에 관하여 바그너가 가지고 있는 이미지를 그렇게
액면 그대로 받아들이는 것은 바그너가 강제로 시킨 공납(貢納)의 진상
행위였다. 실제로 바그너는 「비극의 탄생」의 마지막 부분을 수정할 것
을 요구하였고 조금 후에는 세번째 저술 「교육자로서의 쇼펜하우어」에
관한 〈궁극적 고찰〉을 수정할 것을 요구하였다. 그리고 그는 두번째의
〈고찰〉인 「삶에 대한 역사의 공과」 속에서 자기에 관한 이렇다 할 명백
한 언급이 없자 불쾌해 했다. 그는 니체의 독특한 천재성과 사명에 관
해 아무것도 모르고 있었다. 그 젊은 친구는 자기의 사도(使徒)여야 하
고――그리고 거장인 자기의 크리스마스 쇼핑과 기타 그런 식의 잡일
을 해달라고 요청해도 되는 친구여야 한다고 생각하고 있었던 것이다.
　의심할 여지없이 그 교제관계를 근 십 년 동안이나 지속시키는 데 도
움을 주었던 요인들은 많다. 이들 중 적지 않은 부분이 쇼펜하우어에 대
한 공통된 열광이었다. 쇼펜하우어는 당시에 이르러서야 중요한 철학자
로 지목을 받기 시작했었다. 그러나 니체의 입장에서는, 그 모든 결점
과 약점에도 불구하고 바그너는 위대한 예술가이며, 그리고 니체가 알
고 있던 어떤 예술가보다도 훨씬 대단히 매혹적인 예술가이다 라는 인
식이 중요한 이유를 형성하고 있다. 그런 사람에게 개인적으로 가깝다
는 것, 그가 자기 작품과 구상에 관해 자유롭게 이야기하는 것을 들을
수 있다는 것, 그 거장의 내면적 움직임을 함께 겪는다는 것――이 모
든 것은 하나의 특권일 뿐만 아니라 전에 있었던 어떤 일보다도 가치
있는 일이라고 그 젊은 교수에게는 여겨졌다. 니체는 천재에 관한 자기
생각을 검토해 볼 수 있었을 뿐 아니라 제2의 고향을 찾은 것이기도 했
다. 니체의 아버지는 니체가 다섯 살이 되기 전 1849년에 돌아가셨다.
그리고 그의 어머니의 답답한 신앙과, 부족한 학력은 니체의 가정에 지
적인 자극이 없도록 만들어 버렸다. 니체는 자기 나이 또래의 몇 명의
친한 친구를 가지고 있었고 이들 중의 몇 명은 바그너에 대한 열광을 공
통적으로 갖고 있었다――그 중에서도 특히 고전문헌학자 에르빈 로오
테 Erwin Rohde 그리고 1860년대 연초에 자기 친구들을 바그너의 숭배
자로 만드는 주역이었던 구스타프 크룩 Krug이 대표적이다. [1]

---

1) 프리드릭 러브Frederick R. Love의 『젊은 니체와 바그너적 체험
　　 Young Nietzsche and the Wagnerian Expierence』 (Chape Hill,

바그너가 까다롭고 신경이 민감하다는 점, 바그너가 힘주어 말하는 견해들 중 많은 것이 모호한 견해라는 점 등은 그러한 교제관계가 가져다주는 이득에 비할 때 별로 크지 않은 손실이었다. 니체에 관한 어떤 확실한 직접적 지식도 가지고 있지 않으면서, 어떤 저질의 나치 추종자가 쓴 〈니체 사상의 정교한 요약〉[2]에 근거를 둔 채 니체에 관한 완전히 그릇된 그림을 제시해 주고 있는 반면, 바그너에 대한 찬양과 열광에 있어서는 누구에게도 뒤지지 않는 어니스트 뉴먼 같은 이조차도 바그너의 〈지칠 줄 모르는 치배욕〉에 관해 말을 하고 있으며, 바그너가 〈누구에게도 인정받는 독재자〉[3]가 되기를 원했다는 점을 인정하고 게다가 바그너가 유태인에 대한 비스마르크의 관대함[4]에 대하여 얼마나 분격해했는가를 묘사하고 있다. 요는 니체는 자기 자신에게 완전히 돌아가기 위해 바그너와 결별해야 했던 것이다.

그 고독한 천재가 트립센에 살고 있는 동안은 독일인의 우월성과 다른 민족의 특히 프랑스인과 유태인의 열등성에 대한 바그너의 열렬한 믿음은 아마도 상당히 가려질 수 있었을 것이다. 그러나 바그너가 새로운 독일제국과 타협하고 바이로이트 Bayreuth 에 커다란 문화적 중심지를 만들어 놓았을 때, 확고한 자립의 시간은 눈앞에 다가온 것이었다 ──그리고 니체는 바이로이트가 상징하는 모든 것으로부터 결별[5]하였다. 이러한 결별에는 두 개의 요인이 더 작용했다.

University of North Carolina Press, 1963) 러브가 원래 가장 기여한 바는, 「니체의 작곡의 레코오드는 명백히 니체가 바그너적 음악의 열정적 찬미자라는, 널리 받아들여지고 있는 견해를 수정하는 근거를 얼마나 제시해 주는가」하는 것을 보여준 것이다. (p. viii) 그는 또한 「바그너의 음악은 니체에게는 처음부터 끝까지 풀리지 않는 문제였고, 니체가 그 작곡가와 밀접히 지내고 있는 동안 잠정적으로 억눌려 있던 문제에 지나지 않았다」라고 논술한다. (p. 80) 그리고 「니체가 바그너의 음악에 심취해 있었다는 것은……진정 착오로 간주되어야 할 것이다」(p. 82) 다른 말로 말하면 1878년 니체는, 바그너주의자들이 주장하듯이 자신에 대한 성실을 포기한 것이 아니라 자기 자신을 발견하기 시작하였던 것이다.

2) Ernest Newmann, *The Life of Richard Wagner*(New York, Alfred A. Knopf), vol. Ⅳ, p. 335. 참고서적은 알프레드 보임러 Alfred Bäumler 의 악명높은 *Nietzsche, der Philosoph und Politiker*(1931)을 말한다. 이 책으로 나치들은 보임러를 베를린으로 철학교수로 초빙하게 되었다.

3) 앞의 책 p. 279.

4) 앞의 책 p. 598.

5) 뉴먼은 그 결별을 촉진시킨 것이 〈바그너의 작품〉이 아니라 〈바이로이트〉이었음을 그가 받아들였을 때, 자신도 모르는 사이에 훨씬 정확한 견해를 지니게 된 것이다. (p. 525)

니체는 기독교 신앙을 경시하지 않았다. 니체가 존경하던 아버지에 관한 기억에 의하면 그의 아버지는 성직자이었다. 그의 친할아버지와 외할아버지도 마찬가지였다. 그리고 그의 어머니는 독실한 신도이었다. 니체와 바그너에게 쇼펜하우어가 중요했던 이유는 그가 솔직한 무신론 자라는 데 있다. 1878년 1월, 바그너가 자기의 『파르지팔 Parsifal』에 재미있고 친근한 말을 적어넣어 니체에게 보내주었을 때, 니체는 이 오 페라가 파렴치한 작품이라는 생각이 떠올랐다. 바그너는 연극 효과를 위하여 기독교 신앙을 사용하였고 이 자칭 현대의 에스킬로스는 자기 스스로 〈불쌍한 아둔함〉이라고 불렀던 반 그리이스적 이상(理想)을 찬 양하고 있었기 때문이다. 그러나 그 결별을 결정시킨 것은 파르지팔도 아니었고 바그너에 대한 니체의 반응도 아니었다. 그것은 오히려 니체 의 독립에로의 탈출이었고 이에 대한 바그너의 반응이었다.

1878년 5월 니체는 바그너에게, 데카르트로부터 따온 문구와 볼테르 에게 바치는 헌사를 적어넣은 「인간적인, 너무나 인간적인」이라는 자기 의 새 책을 보내었다. 그는 반 프랑스적 태도의 폭발 앞에서 침묵지키 기를 그만 두었다. 그는 쇼펜하우어에서 볼테르로, 낭만적 에세이에서 프랑스 유형에 영향받은 경구에로 발전해 간 것이다. 그는 명백히 민족 주의를 거부하고 〈친근한 유럽인〉이라는 이상을 제시하였다. 이 모든 것은 바그너의 눈에는, 파르지팔이 니체의 눈에 용납할 수 없이 보였던 것보다 훨씬 심하게 받아들여졌다. 그래서 그 해 8월 바그너는 자기의 옛 친구를 《바이로이트 신문 Bayreuther Blätter》에서 공격하게 되었다.

1874년, 그가 아직 네번째 「고찰」을 집필하던 중——이것은 바그너에 대한 찬양이었다——니체는 자기 노우트에 많은 비판적 견해도 적어놓 고 있었다. 비극의 탄생이 발표된 것은 1872년, 첫번째 「고찰」은 1873 년, 두번째 세번째는 1874년이었지만 네번째 고찰은 니체를 몹시 번뇌 롭게 만들었고 결국 1876년에야 출판되었다. 「인간적인, 너무나 인간적 인」속에 바그너의 이름은 나타나지 않는다——그의 이름은 1886년의 재판 발행의 서문 속에는 나온다——그러나 예술가와 작가의 영혼에 관 한 장은 바그너에 의하여 자극받은 관찰들과 반성들의 내용으로 담겨 있 다. 이 책으로 니체는 자기 자신의 것 속으로 되돌아갔다.

니체의 후기 저서 속에서는 바그너가 종종 언급되어진다. 그러나 이 것은 1888년까지는 그렇지 못했다. 이 해에 니체는 자기의 억제를 맹렬 히 떨쳐버리고 전적으로 「바그너의 경우」에 관해 연구한 자그마한 책자 를 출판하였다. 이 책의 형식만 보아도 이 바그너에 **관한** 책도 니체를 괴롭게 만들었다는 점이 명백히 드러난다. 이 책에는 몹시 긴 추록과 두번째 추록 그리고 마지막에는 후기가 첨가되어 있는 것이다.

바그너는 그 당시에 죽었다. 그리고 니체가 부딪힌 문제는 뵈르네 Börne 가 죽은 후 하이네 Heine 가 자기의 최고의 저서 중의 하나인 『루드비히 뵈르네 Ludwig Börne』(1840)를 발표할 때 하이네가 결단한 바 있는 문제와 부분적으로 유사하다. 하이네의 이 책은 노도 같은 분개를 불러일으켰다. 그러나 훨씬 후에 토마스 만 Thomas Mann 은 하이네의 작품들에 관하여, 「나는 뵈르네에 관해 쓴 책을 오랫 동안 가장 좋아해 왔다……예수적 인간 유형에 대한 하이네의 심리학은 니체의 그것을 연상시킨다……그리고 우연히도 이 책은 니체 이전의 가장 뛰어난 독일어 산문으로 씌어져 있다. 우연히라고? 아, 하이네의 친구들이 하이네에게 그 책의, 인간에 대한, 개인에 대한, 정치에 대한 공격성을 말해 주면서 하이네에게 주의하라고 경고하였을 때, 하이네가 〈하지만 이 책은 이쁘게 인쇄되었잖아?〉하고 말하면서 대답할 때 지었던 행복할 정도로 얼빠진 미소를 이해하는 사람이 있다면, 그런 사람만이 이 유태인 예술가가 독일인들에게 있어서 얼마나 기억할 만한 존재인가를 이해할 수 있을 것이다!」[6]

1888년에 자기 책에 대한 소요가 일어난 후에 니체는 그동안 「우상의 황혼」과 「반 그리스도」를 완성했고 나머지 시간을 「이 사람을 보라」와 그의 마지막 역작(力作)인 「니체 대 바그너」를 집필하는 데 할애했다. 「니체 대 바그너」는 1888년 그가 완전히 쓰러지기 며칠 전 크리스마스날에 완성되었다. 이 마지막 저서는 그의 「이전(以前) 저술들로부터…… 발췌된 문장들로 이루어졌고——몇몇은 1877년까지 거슬러 올라간다——아마 도처에 설명이 첨가되고, 특히, 요약되어졌다」[7] 이 책이 씌어진 이유는 「바그너의 경우」가 어떤, 갑작스레 마음을 사로잡은 악의에 의해 착상된 것이 아니며, 니체가 오랫 동안 바그너와 유사한 입장을 지녔었음을 보여주기 위해서였다. 니체는 출판하기 위해 정리한 그의 책과 그가 죽은 후 다른 사람들이 출판한 노우트들 사이에 몹시 커다란 차이가 나고 있음에도 불구하고, 때때로 비교적 서둘러서 책을 써내었다. 「니체 대 바그너」는 아마도 그가 지은 가장 아름다운 책일 것이다. 그리고 「바그너의 경우」에 대한 주석서를 찾는 사람들은, 그들이 그것

---

6) Thomas Mann, *Notiz über Heine*(1908) 『연설과 답변 *Rede und Antwort*』에 수록(1922) p. 382.

7) 서문 중에 있음.

을 저자에게 직접 물어보았다면, 나중에 씌어진 그리고 더욱 간결한 그 책을 추천받았을 것이다.

이 번역에 있는 주석은 세 부분으로 구성되어 있다. 역자 서문, 번역 문에 대한 각주들, 1888년 니체의 서신 교환 중 중요한 부분들의 발췌 등이다. 보다 자세한 주석은 필요치 않은 듯이 보인다——그리고 이 매 우 짧고 우아한 작품의 정신에 어울리지 않을 것이다.

저자 서문

나는 약간 마음이 가벼워진다. 내가 이 글에서 바그너를 깎아내리고 비제Bizet를 찬양하는 것은 단순한 악의에서가 아니다. 나는 많은 농담 속에 절대 농담일 수 없는 한 가지 문제를 집어넣었다. 바그너에게 등을 돌린다는 것은 내겐 하나의 운명이었다. 어떤 것을 나중에 다시 좋아하게 된다는 것은 하나의 승리이다. 아마 어떤 사람도 나보다 더 위험하게 바그너적인 것에 밀착해 있지는 않았고, 누구도 그것에 대해 더 강하게 저항하지 않았으며 아무도 그것으로부터 벗어나는 데에서 더 큰 만족을 느끼지는 못했을 것이다. 이것은 몹시 오랫 동안의 이야기였다! 이것에 대해 이름을 붙이기를 원하는가? 만일 내가 도덕주의자 Moralist였다면 여기에 무슨 이름을 붙였을지 아는가? 아마 〈극기(克己)〉였을 것이다. 그러나 철학자는 도덕주의자를 좋아하지 않는다. 그는 또한 미사여구도 좋아하질 않는다. ……

한 철학자는 처음부터 끝까지 자기 자신에게 무엇을 원하는가? 자기 시대를 자기 속에서 극복하여 〈시류(時流)를 초월하는 것〉을 원한다. 그러면 그는 무엇에 대항하여 그렇게 격렬히 투쟁하는가? 그것은 바로 그를 그 시대의 아들이게끔 만드는 특징에 대항하는 것이다. 나는 바그너만큼이나 이 시대의 아들이고 스스로 〈퇴폐주의자〉라고 자칭하고 싶다. 그러나 나는 이것을 파악하고 이것에 저항한 점이 다르다.

나를 가장 몰두시킨 것은 진실로 〈퇴폐주의〉의 문제였다. 여기에는 몇 가지 이유가 있다. 〈선(善)과 악(惡)〉이란 이 문제의 변종(變種)에 지나지 않는다. 사람들이 몰락의 징조에 눈을 뜨기 시작한다면, 그들은 곧 도덕에 대해서도 이해하게 된다. 사람들은 그 가장 성스러운 이름과 가치공식(公式) 하에 무엇이 숨어 있는가를 알게 된다는 말이다. 〈영락(零落)한〉 삶, 몰락에의 의지, 거대한 권태 등등을. 도덕은 삶을 〈부정한다

157

……〉 그러한 과제를 위하여 나는 자기 훈련을 필요로 했다. 바그너와 쇼펜하우어 그리고 모든 현대적 〈인간성〉을 포함하는 내게 있어서의 모든 질병들에 대항할 필요가 있었다. 이는 모든 시대적인 것, 시대에 적합한 모든 것들에 대한 깊은 경계와 냉담과 각성(覺醒)을 의미한다. 그리고 최고의 소원은 〈짜라투스트라〉의 눈을 갖는 것, 즉 인간에 관한 모든 사실을 몹시 먼 곳에서부터 개관하고 자기 〈아래에〉 굽어보는 눈을 갖는 것이었다. ……그러한 목적을 위해서라면 어떤 희생이 아까울 것인가? 어떤 〈극기〉가! 어떤 〈자기 부정〉이!

나의 가장 큰 체험은 병의 〈회복〉이었다. 바그너는 나의 질병들의 하나일 뿐이었다.

내가 이 바그너라는 질병에 대하여 감사하고 싶지 않은 것은 아니다. 내가 이 글에서 바그너는 〈위험한 존재〉이다 라는 주장을 계속 견지(堅持)해 나간다고 할 때, 나는 그에 비례해서, 바그너가 그럼에도 불구하고 누구에게는 없어서는 안 될 존재인가 하는 점도 계속 주장하고자 하는 것이다. 바그너는 바로 철학자에게 필수불가결이다. 철학자 이외의 사람은 아마 바그너 없이도 지낼 수 있을 것이다. 그러나 철학자들은 마음대로 바그너 없이 지낼 수는 없다. 철학자는 자기 시대의 파렴치한 (破廉恥漢)이 되어야 한다.[1] 그러기 위해서 그는 자기 시대를 가장 잘 알아야 한다. 그러나 그가 현대 영혼의 미로에 대하여 바그너보다 정통한 안내자를 어디서 발견하겠으며, 바그너보다 더 달변(達辯)인 영혼의 고지자(告知者)를 어디서 발견하겠는가! 현대성은 바그너를 통해서 자기의 가장 〈익숙한〉 언어를 말하는 것이다. 현대성은 자기의 선(善)도 자기의 악(惡)도 감추지 않는다. 그것은 자기의 모든 수치심을 잃어버렸다. 그리고 역으로, 사람들이 자기와 바그너에게 있어서의 선과 악에 대하여 명료히 깨닫게 된다면, 그는 현대의 〈가치〉에 대한 계산을 거의 끝낸 셈이 된다. 나는 오늘날 어떤 음악가가 「나는 바그너를 싫어한다. 그러나 나는 다른 음악가들을 더이상 참아내지 못한다」라고 말할 때, 나는 이 말을 완전히 이해한다. 그러나 나는 또한 「바그너는 현대성을 개괄(槪括)하고 있다. 그러니 딴 도리가 없다. 사람들은 우선 바그너 추종자가 되어야 한다」하고 말하는 철학자도 이해할 수 있을 것 같다.

---

1) 「선악을 넘어서」 212절 참고.

바그너의 경우
―1888년5월 투린에서의 편지

우울한 내용은 우습게 말하라
ridendo dicere severum…

/

나는 어제 비제 Bizet의 걸작을 스무번째 들었읍니다. 당신은 이를 믿습니까? 나는 또한번 부드럽게 열중한 채 끝까지 견뎌내었읍니다. 나는 또한번 극장에서 도망치지 않은 것입니다. 내가 나의 끈기없음을 이렇게 이겨냈다는 것은 놀라운 일입니다. 어떻게 그런 작품은 사람을 완성시키는 것일까요! 사람들은 그 자신이 하나의 〈걸작품〉이 되는 것입니다. 그리고 사실상 나는 『카르멘 Carmen』을 들을 때마다 내가 예전에 생각했던 것보다 내가 더 철학자답게, 더 훌륭한 철학자로 느껴집니다. 몹시 참을성있게 되고, 몹시 흥겨워지고 몹시 엉덩이가 무거워졌던 것입니다. 다섯 시간 앉아 있는다는 것, 이는 성자(聖者)의 초보단계입니다! 비제의 관현악 소리는 내가 지금도 참아내는 유일한 것이라고 말해도 되겠읍니까? 현재 유행하고 있는 저 〈또 하나의〉관현악 소리, 바그너의 그것은 포학하고 인위적이며 그러면서도 〈순결하며〉 그것도 현대 인간의 세 가지 감각에 대고 한꺼번에 말을 합니다. 이 바그너의 소리는 얼마나 내게 손해를 끼치는지! 나는 그걸 시로코 Schirokko라고 부릅니다. 식은 땀이 다 납니다. 〈나의〉훌륭한 날씨는 사라져 버렸읍니다. 비제의 음악은 내게는 완전하게 보입니다. 이것은 가볍고 부드럽고 정중하게 다가옵니다. 이것은 사랑할 만합니다. 이것은 땀나게 하지 않습니다. 「선(善)한 것은 가볍고, 모든 신(神)적인 것은 부드럽게 흘러간다.」이것은 내 미학(美學)의 첫번째 명제입니다. 이 음악은 악하고 교활하고 위험합니다. 이 음악은 한 개인이 아니라 한 종족의 교활함을 지니고 있습니다. 이 음악은 간결합니다. 이것은 짜맞추고 조직하여 완성됩니다. 따라서 이것은 음악에 있어서의 산호(珊瑚)의, 즉 〈무한선율(無限旋律)〉의 반대입니다. 이 음악은 도대체 어떻게 이루어질까요! 찌푸린 얼굴 없이, 화폐위조 없이, 위대한 양식이라는 〈사기(詐欺)〉없이 만들어지는 것입니다. 결국 이 음악은 청중을 지성(知性)있는 사람, 음악가 자체로 간주합니다. 이 음악은 〈그럼으로써〉 바그너 음악의 반대입니다. 바그너는 다른 점은 어떻든지 간에 항상 세계에서 가장 무례한 천재였읍니다. (그는 우리를 취급하기를 마치……. 그는 한 가지 사물을 몹시 자주 말하여서 나중에 사람들은 사실인가 아닌가 하다가 그걸 믿어 버리게 됩니다.)

그러면 또 한번 말하겠읍니다. 나는 이 비제의 음악과 이야기를 나누면 보다 나은 인간이 됩니다. 뿐만 아니라 더 나은 음악가로도 더 나은 〈청중〉으로도 됩니다. 사람들은 이보다 더 잘 들을 수가 있을까요? 나는 게다가 내 귀를 음악의 〈아래에〉 갖다 댑니다. 그 음악의 근원을 듣는 것입니다. 그러면 나는 내가 그 음악의 발생과정을 체험하는 것 같은 생각이 듭니다. 나는 어떤 모험에 수반되는 공포에 떱니다. 그리고 우연한 행운들에 기뻐합니다. 이것은 비제 자신의 의도와는 상관없는 일이죠. 그리고 기이한 것이 나는 이런 것들에 대해서 깊이 생각하지 않습니다. 어쩌면 내가 이것들에 대해서 얼마나 생각하는지를 〈모르고〉 있는지도 모르죠. 왜냐하면, 그동안 내 머리 속에는 전혀 다른 생각들이 흘러가기 때문입니다. 사람들은 알까요? 음악은 정신을 〈자유롭게 만든다〉는 생각에 날개를 달아준다는 것, 사람들이 음악가이면 일수록 그들이 더욱 철학자다와진다는 것을 말입니다. 추상(抽象)의 잿빛 하늘은 번갯불에 순간 순간 밝혀집니다. 그 빛은 섬세한 사물들 모두를 비추기에는 충분히 강합니다. 커다란 문제점이 거의 손에 잡힐 듯합니다. 세계는 어떤 산 위로부터 내려다 보입니다. ——나는 방금 철학적 정서를 이야기하고 있었군요——그리고 모르는 사이에 내 품안에는 〈해답〉이 안깁니다. 〈해결된〉 문제로부터 오는 얼음과 지혜의 싸라기 우박이.…… 내가 지금 어디 있는 걸까?——비제는 나를 보람되게 해줍니다. 모든 선한 것은 나를 보람있게 합니다. 나는 바로 이 점에만 감사의 마음을 느끼며, 또한 이것만을 선한 의 〈증거〉로 삼습니다.

2

이 작품도 인간을 구원합니다. 바그너만이 〈구원자〉인 것은 아닙니다. 카르멘으로써 사람들은 〈축축한〉 북방에 이별을 고했읍니다. 즉 수증기 같은 바그너적 이상(理想)들 모두에 대하여. 이미 이야기 줄거리 자체가 사람들을 거기에서 건져내 줍니다 그 줄거리는 메리메 Mérimée에 의해서 열정의 논리, 가장 짧은 선(線), 〈엄격한〉필연성 등을 갖추었읍니다. 그것은 무엇보다도 열대지방에 속하는 것, 즉 건조한 공기, 투명한 대기를 가지고 있읍니다. 여기에는 아무리 보아도 기후가 바뀌어 있는 것입니다. 여기서는 색다른 감각, 색다른 감수성, 색다른 명랑성이 감돌고 있읍니다. 이 음악은 비교적 명랑합니다만 프랑스나 독일의 명랑성을 가진 것은 아닙니다. 그것의 명랑성은 아프리카적입니다. 그것은 액운(厄運)을 목에 걸고 다님으로 그것의 즐거움은 짧으며 급작스럽고 주저없이 찾아옵니다. 나는 비제가 유럽의 교양있는 음악 속에서는 지금까지 한번도 표현된 적이 없는 이러한 감수성, 이러한 남방적이고, 갈색의 그을린 감수성을 발휘할 용기를 가졌다는 데에 질투를 느낍니다. 그 즐거움의 노랑빛 오후는 얼마나 우리에게 은혜를 베푸는 것인가요! 우리는 그때 먼 곳까지 볼 수 있읍니다. 우리가 전에 그보다 〈더 잔잔한〉바다를 본 적이 있을까요? 그리고 무어 족의 춤은 얼마나 우리를 위안시켜 줍니까? 그 유혹적 고뇌는 만족할 줄 모르는 우리에게 단 한번 만족을 가르쳐 줍니다. 그리고 마지막으로 사랑은 〈자연〉으로 환원된 사랑은! 이는 〈고귀한 처녀〉의 사랑이 아닙니다! 센타 Senta[2]의 감정도 아닙니다! 오히려 운명으로서의 사랑, 〈재앙〉으로서의 사랑, 냉담하고 순결하고 잔인한 사랑입니다. 그리고 그 속에는 〈자연〉이 들어 있는 것입니다! 그 한가운데에 투쟁 그 밑바닥의 성(性)에 대한 〈증오〉가 들어 있는 사랑! 나는 사랑의 본질을 이루고 있는 비극적 장난이 그렇게 강렬하게 표현되어 있고 그렇게 공포스럽게 공식화되어 있는 경우를 본 적이 없읍니다. 그 작품의 맨 끝의 돈 호세 Don José의 외침은 이렇읍니다.

「그래! 내가 그녀를 죽였다. 〈내가〉——내 우상 카르멘을!」

사랑에 대한 그러한 이해는 (철학자에게 적합한 유일한 것인데) 드뭅니다. 이것은 어떤 예술작품을 다른 모든 작품 중에서 돋보이게 만듭니다. 왜냐하면 예술가들은 세상이 하는 것과 똑같이 작품을 만들기 때문입니다. 그리고 더 나쁜 것이 그들은 사랑을 〈잘못 이해하고 있읍니다.〉 바그너도 사랑을 〈잘못 이해하고 있읍니다.〉 바그너도 사랑을 잘못 이해했읍니다. 그들은, 사랑은 이타적이라고 생각하고 있읍니다. 그 이유는 사랑은 다른 사람의 이익을 원하며 종종 자기 자신의 이익에는 모순

2) 센타는 바그너의 『방랑하는 화란인』의 여주인공이다.

되기 때문이라는 것입니다. 그러나 그 대신 사랑은 저 다른 사람을 〈소유〉하기를 원합니다. ……게다가 신마저도 예외가 아닙니다. 그는 〈내가 너를 사랑한다는 것이 네게 무슨 상관인가?〉[3] 하는 식으로 생각하는 것과는 거리가 멉니다. 그는 사람들이 사랑으로 응답하지 않으면, 몹시 사납게 변합니다. 사람들은 다음과 같은 격언으로 신들과 인간들을 공정하게 평할 수 있읍니다. ──「사랑은 모든 감정 중에서 가장 이기주의적이다. 그리고 그 때문에, 상처받게 되면 가장 관대하지 못하다── 콘스탄트. est de tous les sentiments le plus égoïste, et par conséquent, lorsqu'il est blessé, le moins généreux──B. Constant.」

3

당신은 벌써 얼마나 내가 이 음악에 의해 나아졌는지 아셨는지요? ──「음악은 지중해처럼 되어야 한다.」 나는 이러한 정리(定理)에 대하여 몇 가지 근거들을 가지고 있읍니다. (「선악을 넘어서」 2권 255면) 이것은 자연과 건강과 명랑함과 젊음과 〈덕성(德性)〉에로의 귀환인 것입니다. 그러나 나는 가장 부패한 바그너 숭배자였읍니다……나는 바그너를 진지하게 받아들일 수 있었읍니다. ……아, 이 늙은 마술사! 그가 우리에게 보여준 모든 것은 무엇입니까! 그의 예술이 우리에게 제공한 첫번째 것은 바로 확대경입니다. 사람들은 그걸 들여다보고 자기 자신의 눈을 믿지 못합니다. 모든 것이 확대되고 〈바그너 자신도 거대해집니다…….〉 얼마나 교활한 방울뱀입니까! 이 뱀은 우리에게 〈헌신〉, 〈성실〉, 〈순수〉의 방울을 흔들어 삶 전체를 위장해 버렸읍니다. 순결에 대한 찬양으로 이 뱀은 부패한 세계로부터 자신의 몸을 빼어 냅니다. 그리고 우리는 이 뱀에 대하여 이 점을 믿은 것입니다. ……

그러나 제 말을 듣지 않으시겠다구요? 당신 자신은 바그너의 〈문제의식〉을 비제의 그것보다 더 좋아하신다구요? 그러나 나도 바그너의 문제의식을 낮게 평가하지 않습니다. 그것은 나름대로의 마력을 지니고 있는 걸요. 구원의 문제는 그 자체가 하나의 중요한 문제입니다. 바그너는 허무와 구원에 대하여 똑같이 깊이 생각하였읍니다. 그의 오페라라는

---

3) 괴테, 『시와 진실 *Wahrheit und Dichtung*』 14권, 『빌헬름 마이스터의 수업시대 *Wilhelm Meisters Lehrjahre*』Ⅳ. 9. 『연극적 사명 *Theatralische Sendung*』Ⅵ. 4를 참조하라. 언어 표현이 약간 다르기는 하다. 자서전에서 괴테는 이 말을 스피노자 Spinoza의 격언에 연결시키고 있다. 「신을 누가 사랑하든지, 그는 그 신이 자기를, 그에 대한 보답으로 사랑해 주어야 한다고 바랄 수 없다.」 (『윤리학』Ⅴ. 19.)

구원의 오페라입니다. 어떤 사람은 항상 그에게서 구원을 얻으려 하기도 합니다. 어떤 때는 어느 젊은이가, 그런가 하면 어느 처녀가. 이것이 〈그의〉문제의식입니다. 그리고 그는 자기의 라이트모티브 Leitmotiv를 얼마나 많이 변화시킵니까! 얼마나 진기하고 얼마나 의미심장한 변화이던가요! 바그너가 아니라면 누가 다음과 같은 것을 우리에게 가르쳐 주었겠습니까! 순진한 소녀는 관심이 가는 죄인을 구원해 주기를 무엇보다 좋아합니다 (『탄호이저 *Tannhäuser*』의 경우). 영원한 유태인도 결혼하면 〈엉덩이가 무거워〉져서 구원받게 됩니다. 『방랑하는 화란인 *Der Fliegende Holländer*』의 경우). 늙어 찌들은 여인의 방은 순결한 청년에 의해 구원받기를 좋아합니다. 『쿤드리 *Kundry*』[4]의 경우). 아름다운 소녀는 바그너주의자인 어떤 기사에게 구원되기를 가장 열망합니다. 『직장가인(職匠歌人) *Die Meistersinger*』의 경우). 결혼한 여자에게도 어떤 기사에 의해서 구원받는 것은 좋습니다(『이졸데 *Isolde*』의 경우). 〈늙은 신(神)〉은 모든 면에서 도덕적으로 타협하고 난 후 마침내 자유로운 정신과 부도덕한 자에 의해 구원받습니다(『반지』의 경우). 당신은 특히 이 마지막의 깊은 의미에 경탄하십니까? 당신은 그 의미를 이해합니까? 나는 그것을 이해하지 않기 위해 몹시 경계하고 있습니다. ……사람들이 위의작품들에서 또다른 가르침을 찾아낼 수 있다는 것에 대해서 나는 반박하지 않으며 오히려 그 점을 증명하고 싶습니다. 바그너의 발레는 사람들을 절망에 몰아넣을 수 있으며, 〈게다가〉덕성(德性)을 갖추게 할 수 있습니다(다시 한번 『탄호이저』의 경우). 사람들이 제시간에 잠자리에 들지 않으면 몹시 나쁜 결과를 초래할 수도 있습니다(또 한번 『로엔그린 *Lohengrin*』의 경우). 『트리스탄과 이졸데 *Tristan und Isolde*』는 완벽한 남편을 찬양합니다. 이 남편은 어떤 경우에 단지 한 가지 질문만을 가지고 있습니다. 「하지만 왜 그대들은 내게 그것을 미리 말하지 않았는가? 그것보다 더 간단한 것은 없는데!」이에 대한 대답은,

「그것을 나는 당신에게 말할 수 없어요/그리고 당신이 묻는 것을, 당신은 절대 경험할 수 없어요.」

『로엔그린 Der Lohengrin』은 그 내용 중에 연구와 질문의 점잖은 추방(追放)을 담고 있습니다. 바그너는 이로써 「너는 〈믿어야〉하며 〈믿지〉 않을 수 없다」라는 기독교적 사고방식을 대변하고 있습니다. 학문적이

---

4) 『파르지팔』에 나옴.

다 라는 것은 가장 고결하고 성스러운 범죄인 것입니다. …… 『방랑하는 화란인 Der Fliegende Holländer』은 여성은 가장 불안정한 자도 안주 (安住)시키며, 바그너적으로 말해서 〈구원〉합니다. 이것이 소위 사실 이라고 가정할 때, 이것은 몹시 바랄만한 가치도 지니고 있을까요? 어 면 여자가 그를 숭배하여 〈정착시킨 영원한 유태인〉은 어떻게 됩니 까? 그는 영원히 방랑하기를 그만두었읍니다. 그는 결혼한 것입니다. 그는 그 이상은 조금도 중요치 않습니다. 현실적으로 바꾸어 말하면 예 술가와 천재의 위험은——그는 물론 〈영원한 유태인〉입니다만——여성 에게 있는 겁니다. 그를 〈숭배하는〉 여성은 그의 파멸의 근원입니다. 거의 누구도 자기가 신처럼 떠받들어지고 있음을 느끼게 되면, 파멸당 하지 않기 위해, 〈구원되지〉 않기 위해 충분한 성격을 유지해내지 못합 니다. 그는 곧 여성에게 〈굽신거리는 것입니다.〉 남성은 특히 영원히 여 성적인 것[5]에 약합니다. 이 점을 암컷들은 알고 있는 거죠. 여성의 사 랑, 그리고 특히 몹시 유명한 사랑이 있는 경우 거의가 그 사랑은 교활 한 〈기생(寄生)〉에 지나지 않습니다. 어떤 다른 영혼 속에서의, 게다가 어떤 다른 육체 속에서의 기생인 것입니다. 아! 그 〈숙주(宿主)〉는 얼 마나 손해를 보는 것입니까!

사람들은 위선적이고 노처녀 같은 독일에서의 괴테의 운명을 알고 있 읍니다. 그는 늘 독일인을 화나게 만들었읍니다. 그는 유태 부인들에게 서만 솔직한 찬사를 받았읍니다. 쉴러, 〈고귀한〉 쉴러, 그는 위대한 말 로 독일인의 귓전을 두들겼고 그들의 마음에 쏙 들었읍니다. 그들은 괴 테의 어떤 점을 비난할까요? 〈비너스 Venus의 동산〉을 그리고 괴테가 『베네치아 격언시 Venetianisches Epigramm』를 썼다는 사실을 비난하 는 겁니다. 이미 클로프슈토크 Klopstock[6]는 그에게 도덕설교를 했읍니 다. 헤르더 Herder[7]가 괴테에 관해서 말할 때 〈외설(猥褻)〉이라는 단어

---

5) 괴테의 『파우스트』의 끝부분은 이렇다. 「영원히 여성적인 것／우리를 이끌 어 올린다.」 그러나 〈영원한 유태인〉에 관한 문장 속에 표현되어 있는, 결 혼에 대한 태도의 고전적 대표자는 그럼에도 불구하고 괴테이다.

6) Friedrich Gottlieb Klopstok(1724—1803). 괴테보다 스물 다섯살 많다. 그 세대에서 가장 유명한 독일 시인이다.

7) Johann Gottfried von Herder(1744—1803). 칸트 Kant 밑에서 공부하여 독 일에서 가장 영향력있는 문필가의 하나가 되었다. 그의 주요 저작은 민요 의 첫번째 대(大) 모음집인 『민요 속의 민중의 목소리 Stimmen der Völk- er in Liedern』, (1778—79) 그리고 『인류 역사 철학에 대한 이념 Ideen zur Philosophie der Geschichte der Menschheit』, (1784—91)이다. 그는 젊은 괴테의 친구이고 그에게 중요하게 영향력을 미친 사람이다.

를 애용했던 시절도 있었읍니다. 『빌헬름 마이스터 *Wilhelm Meister*』
도 단지 몰락의 징후, 도덕적 〈타락〉으로 간주되었읍니다. 〈길들인 가
축의 곡예〉, 작중(作中) 주인공의 〈무가치성〉은 예를 들면 니부어 Nieb-
uhr[8] 같은 사람을 화나게 만들었읍니다. 그는 마침내 탄식을 터뜨렸는
데, 이 탄식을 〈비터롤프 Biterolf[9]〉라면 다음처럼 노래로 부를 수 있을
겁니다. 「한 위대한 영혼이 자기 날개를 빼앗긴 다음 〈보다 높은 존재
에게 작별을 고하면서〉 훨씬 사소한 것들 속에서 자기의 묘기(妙技)를
발견하려 할 때보다 더 고통스러운 느낌을 쉽사리 만들어 낼 수 있는
것은 아무것도 없다……」 그러나 무엇보다도 화를 낸 것은 귀족 처녀들
이었읍니다. 모든 자그마한 궁성(宮城)들이, 독일에 있는 모든 종류의
바르트부르크 Wartburg[10]들이 괴테 앞에서 괴테 속에 있는 〈불결한 정
신〉 앞에서 십자가에 처형된 것입니다. 이러한 이야기를 바그너는 음악
에 담았읍니다. 그는 괴테를 〈구원하는 것입니다.〉이 점은 자명합니다.
그러나 그러면서도 바그너는 교활하게도 귀족 처녀들 편을 들고 있읍니
다. 괴테는 구조되기는 하지만 어떤 기도가 그를 구원하는 겁니다. 보
다 고귀한 처녀가 〈그를 이끌어 올리는 것입니다….〉

　바그너에 관해서 괴테라면 무슨 생각을 했을까요? 괴테는 언젠가 낭
만주의자 모두에게 따라다니는 위험, 즉 낭만주의의 재난이 무엇인가라
는 질문을 던진 적이 있읍니다. 그 대답은 바로 〈반복되는 도덕적 종교
적 불합리에 질식당하는 것〉이었읍니다. 간단히 말해서 『파르지팔』인
것이죠. 본 철학자는 여기에 맺는 말을 조금 더 첨가하기로 하겠읍니다.
아마도 민중들과 여자들이 아직도 보다 높은 가치로 간주하는 최후의
것인 〈성스러움〉이라는 것은, 태어날 때부터 근시안적인 사람들이 가지
는 이상(理想)에 대한 시야일 것입니다. 그러나 철학자들에게는 이것이
모든 시야라는 것이 그렇듯이 단순한 몰이해(沒理解)에 지나지 않는 것
이며, 〈그들의〉세계가 단지 〈시작되는〉곳에서 문을 닫아버리는 행위
에 지나지 않는 것입니다. 이것이 〈그들의〉위험이며, 그들의 이상이며,
그들의 염원의 정체입니다…… 좀더 완곡하게 말한다면, 「철학은 대중

---

8) Barthold Georg Niebuhr(1776—1831). 역사가, 정치가. 그의 『소설사(小
　說史)』는 소설 부문의 연구에 있어서 일익을 담당하고 있고, 역사의 일반
　개념에 대한 커다란 영향을 미쳤다.
9) 바그너의 『탄호이저』에 나오는 기사 중의 한 명.
10) 루터 Luther는 바이블을 바르트부르크에서 번역했다. 그리고 전설에 의하
　면 루터가 그에게 나타난 악마에게 잉크병을 던졌을 때 만들어졌다는 잉
　크 얼룩이 이곳의 한쪽 벽면에 남아 여행가들의 시선을 끈다.

에게는 적합치 않습니다. 대중이 원하는 것은 성스러움입니다.」

4

나는 『반지』 이야기도 하겠읍니다. 이 이야기는 지금까지와 관련이 있읍니다. 이것도 하나의 구원의 이야기입니다. 단지 차이가 나는 것은, 이번에는 바그너가 구원받는 자라는 점입니다. 바그너는 자기의 반생 동안 혁명에 관해 믿어 왔읍니다. 어떤 프랑스인이 혁명을 믿기나 하는 것처럼 말입니다. 그는 신화(神話)라는 신비의 문헌 속에서 혁명을 모색합니다. 그는 〈지그프리트 Siegfried〉에게서 전형적인 혁명가의 모습을 발견할 수 있다고 믿었읍니다. 「세계의 모든 불행은 어디서 오는 것일까?」라고 바그너는 자문했읍니다. 〈낡은 계약(契約)〉에서 온다고 그는 대답했읍니다. 마치 혁명주의자처럼. 독일적으로 말한다면, 관습, 법규, 도덕, 제도, 그리고 구세계, 구사회가 근거하고 있는 모든 것에서 온다고 할 수 있겠지요. 「사람들은 어떻게 하여 세계를 불행하게 만드는가? 어떻게 하면 사람들은 구사회를 없앨 수 있는가?」 사람들이 〈계약들〉(관습과 도덕)에 대해 전쟁을 선포함으로써만 가능하다. 이것이 바그너의 생각입니다만은 〈이러한 일을 하는 것은 지그프리트인 것입니다.〉 지그프리트는 일찌기, 몹시 일찍부터 그것을 시작합니다. 그의 출생부터가 도덕에 대한 전쟁선언입니다. 그는 간통과 근친상간에 의해 세상에 태어납니다……전설의 내용이 그러한 것은 〈아니고〉 바그너에 의하여 이러한 급진적 성격이 고안된 것입니다. 이런 점에서 그는 전설을 〈수정〉합니다. …… 지그프리트는 자기의 시작과 유사하게 그의 생활을 지속해 나갑니다. 그는 충동이 생기기만 하면 행동합니다. 그는 모든 전통적인 것, 모든 경외심, 모든 두려움을 허물어뜨립니다. 자기의 마음에 들지 않는 것은 찍어 넘깁니다. 그는 낡은 신들에게 무례하게 육탄돌격을 감행합니다. 그러나 그의 주요 사업은 〈여성을 해방시키는 것〉에 경주됩니다. 즉 〈브륀힐데 Brünnhilde를 구원하는 것〉 말입니다. …… 지그프리트와 브륀힐데, 자유로운 사랑의 성례식(聖禮式), 황금기(黃金期)의 도래, 낡은 도덕의 신들의 황혼, 〈악(惡)〉은 제거될 것입니다.〉…… 바그너의 배는 오랜 시간 동안 〈이러한〉 항로를 따라 흘러왔읍니다. 의심할 여지없이 바그너는 이 항로를 따라서 자기 최고의 목표를 찾아갔던 것입니다. 그런데 무슨 일이 벌어졌읍니까? 불행히도, 배는 암초에 걸리고 말았읍니다. 바그너는 꼼짝도 못하게 되었읍니다. 그 암초란 것은 쇼펜하우어의 철학이었읍니다. 바그너는 완전히 〈정반대의〉 세계관에 좌초당한 것입니다. 그가 음악 속에 집어넣은 것은 무엇이었읍니까? **낙천주의**였읍니다. 바그너는 부끄러웠읍니다. 게다가 그의 낙천주의에 쇼펜하우어는 나쁜 형용사를 붙여주었읍니다. 〈향기 없는 낙천주의〉라고. 바그너는 또 한번 부끄러웠읍니다. 그는 오랫 동안 생각해 보았지만, 자기의 상태가 절망적인 것 같았읍니다. …… 마침내 그에게 하나의 탈출구가 희미하게 보였읍니다. 그가 좌초한 암초를. 어떻습니까? 그것을 그가 자기 여행의 〈목적지〉, 숨은 의도, 원래의 의미라고 해석을 내린다면? 〈여기에〉 좌초한다는 것, 이것도 하나의 목표일 수도 있겠죠. 「내가 좌초하게 된다면, 나는 제대로 항해한 것이노라. ……」 그리고 그는 『반지』를 쇼펜하우어적인 언어로 슬쩍 옮겨 놓았읍니다. 모든 것은 기울어갑니다. 모든 것은 파멸합니다. 새로운 세계는 낡은 세계만큼이나 나쁩니다. 〈허무〉가, 인도의 키르케 Circe가 손짓해 부릅니다. ……예전의 의도에 따르면, 〈모든 것이 선(善)하게 되는〉 사회주의적 유토피아라는 희망을 주어 세계를 달래면서 자유로운 사랑을 기리는 노래를 부르며 작별을 고해야 마땅할 브륀힐데는 이제 다른 할일을 받은 것입니다. 그녀는 쇼펜하우어를 우선 공부해야 하고, 『의지와 표상으로서의 세계』제4권을 운문으로 바꾸어 놓아야 합니다. 「바그너는 구원되었읍니다. ……」 이것은 가장 중대한 구원입니다. 바그너에게 쇼펜하우어가 베푼 은혜는 측정할 수 없을 정도입니다. 〈퇴폐주의의 철학자〉라야만 〈퇴폐주의〉의 예술가에게 자기 자신을 선사하는 것입니다.

5

〈퇴폐주의의 예술가〉에게 ——라는 말을 사용하였읍니다. 그리고 이로써 나는 진지해지기 시작했읍니다. 이 〈퇴폐주의〉가 우리의 건강을, 게다가 우리의 음악을 결단나게 만들 때 나는 도저히 수수방관하지 못합니다. 도대체 바그너는 인간인가? 그는 그 이전에 하나의 전염병인 것은 아닌가? 그는 그가 손대는 모든 것을 병들게 만듭니다. 「그는 음악을 병들게 만들었읍니다.」

전형적 퇴폐주의자는 필연적으로, 망가진 감수성을 지니고 있으며, 이것을 보다 높은 감수성이라고 주장하고, 자기의 타락상을 하나의 법칙으로, 진보로 완성으로 간주하게 만드는 능력을 가지고 있읍니다.

그리고 그는 저항받지 않읍니다. 그의 유혹능력은 거대해져 갑니다. 그의 주위에는 향연(香煙)이 피어오릅니다. 그에 관한 오해는 〈복음(福音)〉이라 불리웁니다. 그는 절대로 〈마음이 가난한 자〉만을 구원하지는 않습니다.

나는 창문을 약간 열어보고 싶어지는군요. 공기를, 더 많은 공기를[11] !

독일 사람들이 바그너에 관하여 속고 있다는 사실을 나는 하나도 이상하게 여기지 않습니다. 그 반대의 경우가 발생하면 그것이 이상합니다. 독일인은 자기가 숭배할 수 있는 바그너라는 존재를 스스로 만들어낸 것입니다. 그들은 심리학자는 결코 아닙니다. 따라서 그들은 자기의 오해에 덕을 본 셈이지요. 그러나 파리의 사람들도 바그너에 대하여 속고 있다는 사실 ! 파리의 사람들은 거의가 심리학자 이외의 아무것도 아닌데도 말입니다. 그리고 성(聖) 페터스부르크 Petersburg에서도 ! 이곳 사람들은 파리에서도 밝혀내지지 않는 것의 속 내용도 간파해내는데 말입니다. 바그너가 유럽 전체의 퇴폐주의자와 얼마나 닮아있길래 그들에 의해서도 그가 퇴폐주의자로 느껴지지 않는 것이겠읍니까 ! 그는 그들과 한패입니다. 그는 그들의 주역이자 그들 중의 가장 위대한 자입니다. …… 사람들은 〈그를〉 구름 위로 떠받들어 올림으로써 자기 자신을 찬양하는 것입니다. 사람들이 그에게 저항하지 않는다는 사실은 바로 이미 그 자체가 퇴폐의 징표이기 때문입니다. 본능은 쇠퇴해버렸고 사람들이 경계해야 할 것이 다가오고 있읍니다. 사람들은 자기들을 훨씬 빨리 나락 속에 빠뜨리는 것에 입을 맞추고 있읍니다. 예를 들까요 ? 이는 빈혈환자, 중풍환자, 당뇨환자들이 자기 스스로 처방내리는 〈식이요법〉만 보면 알 수 있을 겁니다. 채식주의자란, 강장(强壯) 식이요법이 필요한 자입니다. 해로운 것을 해로운 것으로 받아들이는 것, 해로운 것을 멀리하는 것, 이것은 아직도 젊음과 생명력의 징표입니다. 원기가 고갈된 자를 〈유혹하는 것은〉 위험한 것이 합니다. 한편 채소는 채식주의자를 유혹합니다.[12] 따라서 질병 그 자체는 삶의 자극제가 될 수도 있읍니다. 단, 이 경우 사람들은 이 자극제를 견뎌낼 수 있을 만큼 충분히 건강해야 합니다. 그런데 바그너는 원기의 고갈을 촉진시킵니다. 〈따라서〉 그는 허약자와 고갈된 자를 유인한다고 할 수 있읍니다. 오, 그 늙은 거장의 방울뱀 같은 행운이라니 ! 그는 늘 〈어린애〉가 자기에게 다가오는 것을 바라보는 것입니다 ![13]

나는 우선, 바그너의 예술이 병들었다는 견해를 피력하겠읍니다. 그

---

11) 괴테의 마지막 말은 〈빛을, 더 많은 빛을 Licht! Mehr Licht!〉이었다고 한다.
12) 바그너는 지독한 채식주의자였다.
13) 마태복음에서 끌어온 비유. 19:14, 마가복음 10:14, 누가복음 18:16에도 나온다.

가 무대 위에 올리는 문제들——히스테리 환자들의 문제뿐입니다만——
그의 발작적 감격, 과민한 감각, 점점 더 강한 자극을 원하는 그의 미
적 취향, 그가 자기의 주의(主義)인 것처럼 가장하는 자기의 불안정성,
전형적 생리병자(병자들의 집단)로 간주되어지는, 자기의 남녀 주인공의
선정 중 적지 않은 경우의 모두가 전부 병든 모습인 것입니다. 이는 의
심할 여지가 없읍니다. 「바그너는 노이로제 환자입니다.」여기서 예
술과 예술가라는 번데기 속에서 자신을 감추고 있는, 프로메테우스적
으로 다양한 변질의 속성만큼 더 널리 알려진 것은 없으며, 최소한 그
보다 잘 연구된 것은 없읍니다. 우리의 의사들과 생리학자들은 바그너
에게서, 그들에게 가장 흥미있는 경우, 최소한 가장 전형적인 경우를
보게 됩니다. 이 전체적 질병, 이 신경기관의 둔감함과 과민함보다 더
현대적인 것은 없기 때문에, 바그너는 〈가장 뛰어난 현대 예술가〉, 현대
성의 진열장인 것입니다. 그의 예술 속에는 오늘날 전세계가 가장 필요
로 하는 것이 가장 매혹적으로 섞여 있읍니다. 원기가 고갈된 자의 세
가지 커다란 자극제, 즉 잔인성, 기교성, 순진성 (즉 백치적 성향)[14]들
이 말입니다.

바그너는 음악의 위대한 파괴자입니다. 그는 음악 속에서 피곤한 신경
을 자극하는 수단을 발견해 내었읍니다. 가장 고갈된 자를 자극하고 반쯤
죽은 이를 소생시키는 기술이란 점에서 그의 고안능력은 결코 작은 것이
아닙니다. 그는 최면술의 대가입니다. 그는 가장 강력한 사람들도 황소처
럼 넘어뜨립니다. 바그너의 〈성공〉——신경에 대한 그의 성공과 그에 따
르는 여성에 대한 그의 성공——은 명예심이 강한 음악가의 세계 전체를
그의 비밀 기술의 제자로 만들어 버렸읍니다. 그리고 명예심이 강한 자뿐
만 아니라 〈영리한〉 사람까지도……. 사람들은 오늘날 병적인 음악만으로
돈을 벌게 됩니다. 우리의 커다란 무대는 바그너에 의하여 살아갑니다.

6

나는 다시금 약간 마음이 가벼워집니다. 나는 다음과 같은 경우를 가
정해 봅니다. 바그너의 〈성공〉이 육체를 갖추고 형상을 얻는다면, 그것
이 인도주의적인 음악 학자의 옷을 입고 젊은 예술가들 사이에 끼어든
다면, 당신 생각에는 어떻습니까. 그가 무슨 말을 할는지요?

친구들, 아마 그는 이렇게 말할 겁니다. 우리 몇 마디만 이야기 나누

14) 〈백치〉혹은 〈백치적〉이란 단어는 니체가 1887년 초 도스토예프스키 Dosto
evsky를 발견하고 난 다음부터 그의 저작에 빈번히 등장한다.

세. 좋은 음악을 만드는 것보다는 나쁜 음악을 만드는 것이 더 쉽네. 어떤가? 그것이 그 외에도 더 이득이 될 수 있다고 한다면 더욱 영향력 있고, 더 설득적이며, 더 감동적이고, 더 신뢰할 수 있고, 더 바그너적이라고 한다면? …… 아름다운 것은 소수의 사람들 것일세. 나쁜 것으로 충분하네! 우리는 라틴어를 이해하지. 그러나 우리는 아마 우리말의 장점도 이해할 걸세. 아름다움이란 가시가 돋혀 있는 법이지. 알지 않나, 그러니 아름다움이 어디에 소용있겠나? 위대하고 숭고하고 거인적인 것, 대중을 감동시키는 것을 더 좋아하면 왜 안 되는가? 다시 한번 말하네만, 우리가 알다시피, 아름다와지는 것보다 거인적으로 되는 것이 더 쉽다네. ……

우리는 대중을 알고 있네. 우리는 극장을 알고 있네. 최고의 관객, 독일 젊은이들은 지그프리트와 여타의 바그너주의자에 속했고 숭고한 것, 깊은 것, 압도적인 것을 필요로 하네. 우리는 그 정도쯤은 줄 수 있네. 그리고 다른 관객들, 교양있는 백치들, 째째하고 교만한 자들, 영원히 여성적인 자들, 운이 좋아 이해하는 자들, 간단히 말해서 〈민중〉은 똑같이 숭고한 것, 깊이있는 것, 압도적인 것을 필요로 하네. 그들은 모두 한 가지 논리만 가지고 있네. 「우리를 감동시키는 자는 강하다. 우리를 고양시키는 자는 신적이다. 우리를 예감하게 만드는 자는 깊이가 있다.」 나의 음악가 제씨들 우리 결심하세. 우리 그들을 감동시키고 고양시키고 예감하게 만들려고 하세. 우리는 그 정도쯤 할 수 있네.

예감하게 만드는 것에 관해 말한다면, 우리의 〈양식(樣式)〉 개념이 탈출구를 제공하고 있네. 무엇보다, 사고(思考)하지 말게! 사고보다 더 타협적인 것은 없네. 오히려 사고 〈이전의〉 상태, 아직 태어나지 않은 사고들의 혼잡, 미래의 사고에 대한 약속, 신이 세계를 창조하기 이전의, 있는 그대로의 세계를 중시하게. 혼동의 재현 …… 혼동이 예감을 만드네.

대가의 말 속에 다음과 같은 것이 있네, 무한히, 그러나 선율없이.

두번째로, 감동시킴이 문제가 될 때, 이것은 이미 부분적으로는 생리학에 속하네. 우리는 무엇보다도 의료기구를 배우세. 그 중 어떤 것은 내장까지도 설득시키네(그것은 헨델 Händel과 이야기 나누는 문을 〈열어주네.〉) 다른 것은 척추를 매료시키네. 여기서 중요한 것은 음향의 색조네. 무엇이 울리는가는 거의 중요치 않네. 우리는 〈이러한〉 점에서 세련되기로 하세! 그 외에 어디에 노력을 기울이겠나? 우리는 음향에 있어서 특이해져서 거의 몰상식해져야 하네! 우리가 음향에 의해서 어려운 문제를 많이 내면, 사람들은 우리 정신을 유능하다고 생각하네!

신경을 파괴하세, 신경을 때려 죽이세. 번개와 천둥을 마음대로 다루세. 그러면 감동시키게 되네. ……

하지만 무엇보다도 〈열정〉이 감동시키네. 우리 열정에 대해 이해해 보세나. 열정만큼 경제적인 것은 없네. 사람들은 대위법의 장점 없이도 지닐 수 있네. 사람들은 아무것도 배워두어야 할 필요가 없는 거지. 사람들은 항상 열정을 가질 수가 있네! 아름다움이란 어려운 거지. 아름다움을 경계하기로 하세! 그리고 선율도 완전히! 무시해 버리게, 친구들, 무시해 버리게. 만일 우리가 우리의 이상(理想)에 대해 진지하다면 우리 선율을 무시해 버리세! 아름다운 선율보다 더 위험한 것은 없네! 그것보다 더 확실하게 미적 취향을 죽여버리는 것은 없네. 친구들, 사람들이 아름다운 선율을 사랑하기 시작하면 우리는 지는 것일세. …… 〈원칙〉·선율은 비 도덕적이다. 〈증거〉·팔레스트리나Palestrina. 〈응용〉·파르지팔. 선율의 결여는 그 자체가 성스럽네 ……

그리고 다음이 열정의 정의네. 열정——혹은 이명동음(異名同音)의 밧줄 위에서의 추한 것의 체조. ——친구들, 과감하게 추해지세! 바그너는 그걸 감행했네! 가장 어울리지 않는 화음의 진흙덩이를 우리 앞에 과감히 굴리세. 우리 손을 아끼지 마세. 그래야만 비로소 우리는 〈자연스럽게〉 될 것이네. ……

마지막 충고! 이 충고가 아마 모든 것을 포함하고 있을 걸세. 「이상주의자가 되자!」이것이 우리가 할 수 있는 것 중에서 가장 영리한 것은 아니라 할지라도 가장 현명한 일이기는 하네. 사람들을 고양시키기 위해서는 자기 자신이 스스로 고양되어야 하네. 우리는 구름 위에서 노닐고, 무한한 것을 이야기해 주며 우리 주변에 커다란 상징을 두르세! 수리수리 마수리이!—— 이 이상 더 좋은 충고는 없네. 〈부푼 가슴〉이 우리의 논점일세. 〈아름다운 느낌〉은 우리의 대변인이라네 덕목(德目)은 대위법에 대해서도 정당성을 잃지 않네. 「우리를 더 낫게 만들어 주는 자가 어떻게 그 자체로서 선(善)하지 않겠는가?」라고 사람들은 늘상 결론짓는 법이라네. 그러니까 우리는 인류를 개선하세! 그럼으로써 사람들은 선해지네(그럼으로써 사람들은 스스로 〈고전주의자〉가 되네——쉴러는 〈고전주의자〉가 되었지 않은가). 감각기관에 대한 저속한 자극 즉 소위 아름다움이라는 것, 이것에 대한 열망은 이탈리아 사람들의 신경을 약화시켰네. 우리는 계속 독일적으로 남아있기로 하세! 모짜르트의 음악에 대한 태도는——바그너는 이 점을 우리에게 말해 주어 우리를 위로하였네만!——근본적으로 경박한 것이었네. …… 우리는, 음악이 마음

의 〈치료〉에 도움이 된다는 것, 음악은 사람을 〈더욱 명랑하게 만든다〉
는 것. 음악은 〈만족〉을 준다는 것 등을 인정하지 마세나. 「우리는 절대
만족을 주지 마세.」 사람들이 다시금 예술에 대하여 쾌락주의적으로 생
각하게 되면 우리는 망하네. …… 이런 경우가 바로 빌어먹을 18세기라네.
그에 대해서는 가장 좋은 충고가 바로 한첩의 약――〈위선〉이라네. 「이
말을 용서해 주옵소서.」 그것은 품위를 부여하네. 그리고 적당한 시기를
봐서, 음울한 표정을 하고 여러 사람 앞에서 탄식하고, 기독교적으로 탄
식하며, 위대한 기독교적 동정심을 보여주세. 「인간은 타락했다, 누가
그들을 구원할 것인가? 〈무엇이 그들을 구원할 것인가?〉 우리는 대답
하지 마세. 주의해야 하네. 우리의 명예심을 억누르지 않으면 종교를 지
지해 주게 될지도 모르기 때문이네. 그러나 아무도 〈우리가〉 자기를 구
원한다는 것을, 〈우리의〉 음악만이 구원한다는 것을 의심하지는 않을
걸세. ……」(바그너의 논문 『종교와 예술 Religion und Kunst』에서)

7

충분합니다! 충분해요! 나의 명랑한 일필(一筆)이 사악한 현실과 예
술의 타락상 및 예술가의 타락상을 너무 적나라하게 드러낸 것이 아닐
까 두려울 정도입니다. 마지막 것, 즉 예술 및 예술가의 지위의 타락은
아마도 다음과 같은 공식으로 잠정적이나마 표현될 수 있을 것입니다.
음악가는 이제 배우가 되고, 그의 기술은 점점 더 〈속이는〉 재능으로
변해간다. 나는 (「예술 생리학을 위하여」라는 제목의 나의 주저(主著) 속
에서)[15] 예술이 이렇게 전체적으로 연극배우적인 것으로 변하는 것이 바
그너에 의해 시작된 예술의 모든 타락상 및 취약성과 마찬가지로 확실
히 생리학적 퇴화(더 엄격히 말해서 일종의 히스테리)의 한 가지 표현임
을 좀더 자세하게 말할 기회를 가지게 될 것입니다. 예를 들면 매순간
사람들이 자리를 바꾸어야만 하게 만드는 바그너 예술의 시야의 불안정
성 등에 대하여 말입니다. 사람들은 바그너에게서 단지 자연의 장난, 어
떤 자의(恣意)와 변덕, 우연 등만 보게 된다면 바그너에 관해서 아무것
도 이해하지 못합니다. 그는 사람들이 대체로 말해 왔던 것처럼 〈엉성
한〉 천재, 〈운이 없는〉 천재, 〈모순에 가득 찬〉 천재인 것은 결코 아닙
니다. 바그너는 완벽하며 전형적인 퇴폐주의자입니다. 그에게는 모든
〈자유의지〉가 결여되어 있고, 모든 부분들은 필연성을 지니고 있습니다.

---

15) 이 책은 실제로 씌어지지는 않았다. 그러나 이것에 관한 노트는 그의 사후
　　에 출판된 「권력에의 의지」 3권 4부에 들어 있다.

바그너에게서 어떤 점이 흥미롭다고 한다면 그것은 바로 논리인 것입니다. 이 논리는 기교 및 간계로서의, 제(諸) 주의들의 혁신으로서의, 감수성의 위기로서의 생리적 결함상태 속에서, 하나하나 결론을 내려가며 단계적으로 진전해 나갑니다.

　나는 이번에는 양식(樣式)의 문제에만 머물겠읍니다. 모든 〈문학적 퇴폐주의〉의 특징은 무엇일까요? 그것은, 삶이 전체적으로 살아지지 않는다는 것입니다. 단어는 제일 중요하게 부각되어 문장 속에서 튀어나옵니다. 문장은 겹쳐져서 부분의 의미가 진해집니다. 부분은 전체를 희생시켜가면서 자기 생명을 획득합니다. 전체는 이제 더이상 전체가 아닙니다. 그런데 이것은 〈퇴폐주의〉의 모든 문체의 유사점입니다. 항상 원자(原子)적 무정부 상태, 의지의 해산(解散), 도덕적으로 말하면, 〈개체의 자유〉, 정치 이론으로까지 확장된 「모든 것의 〈균등한〉 권리」 등이 그 특징입니다. 생명이라는 것, 〈균등한〉 활력, 가장 작은 형태로 나누어진 생명의 수많은 진동, 이것들 이외의 것은 생명에 있어서 〈가난합니다〉. 도처에 경련, 신고(辛苦), 마비, 혹은 적개심과 혼돈 뿐입니다. 적개심과 혼돈이 점점 더 눈 속에 불꽃을 붙여가는 상태에서 사람들은 보다 높은 형태의 조직을 만들어 갑니다. 전체는 도대체 더이상 살고 있지 못합니다. 전체란 모아진 것이며, 추론된 것이며, 인위적인 것이고, 구시대 역사의 유물인 것입니다.

　바그너에게 있어서 처음에 등장하는 것은 환상이며 음향이 아니라 몸짓입니다. 그것을 위해서야 비로소 그는 음향 증상학(症狀學)을 연구합니다. 사람들이 그에 대해 경탄하고자 한다면, 그것은 이 점에 있어서 그가 하는 일을 보고 그럴 것입니다. 그는 음향을 분절하여 작은 단위들을 얻어내고 여기에 활력을 불어넣어 강조하고 돋보이게 만듭니다. 그러나 여기에서 그의 능력은 바닥이 납니다. 그 나머지는 볼 것 없읍니다. 소재들을 〈전개하는〉 그의 방식, 즉 서로 무관한 것들을 최소한 뒤죽박죽 섞어놓으려는 그의 시도는 얼마나 가련하고 쪼들리며 천박한 것입니까? 이럴 때 그의 기교는 다른 점에서도 바그너의 양식과 유사한 공꾸우르 Goncourt 형제[16]의 양식을 생각나게 합니다. 사람들은 그러한 곤경에 일종의 연민을 느낄 것입니다. 바그너가 조직적 형성이라는 점에서의 자신의 무능력을 하나의 주의(主義)에 따른 것인 양 위장하고, 우리가 보기에는 틀림없이 양식상의 무능력이 나타나는 곳에 하나의 〈극적(劇的) 양식〉이란 이름을 붙여 놓았다는 것은, 바그너가 일생 동안 지

---

16) 「우상의 황혼」을 참조하라.

니고 다녔던 그의 대담한 습관에 일치합니다. 그는 자기의 능력이 닿지 않는 곳에는 하나의 주의(主義)를 세워놓았읍니다. (덧붙여 말하자면 이 점에 있어서 그는 칸트와 매우 다릅니다. 칸트는 전혀 〈다른〉대담성을 사랑했읍니다. 말하자면 칸트는 그에게 하나의 주의가 필요한 경우마다 그것을 대신하여 인간 속에 있는 하나의 〈능력〉을 설정하였던 것입니다. [17] 다시 한번 말하면 바그너가 경탄받을 만하고 사랑받을 만한 것은 단지 극히 작은 것들의 고안, 즉 세부고안인 것입니다. 사람들이 그를 이 점에 있어서 제일류의 거장이라고, 우리 음악의 가장 위대한 세밀화가라고 단언한다 해도 이는 그들의 입장에서는 몹시 정당한 일입니다. 그는 무한한 의미와 즐거움을 가장 작은 공간 속에 집어넣는 것입니다. 색체에 있어서의, 반(半) 그림자에 있어서의, 꺼져가는 광선의 비밀스러움에 있어서의 그의 풍부성은 사람들에게 나쁜 습관을 들여서, 나중에 다른 모든 예술가들이 너무 거칠게 보이게 만듭니다. 누군가 나를 믿고자 한다면, 그는 바그너에 관한 가장 정확한 개념을 오늘날 그에 관해 사람들이 좋아하고 있는 점에서 이끌어내면 안 됩니다. 그것은 대중을 감동시키기 위해 고안된 것이니까요. 우리는 우리가 마치 저질 프레스코 벽화 앞에서 물러나오는 것처럼 그런 것에서 시선을 돌려야 합니다. 탄호이저 서곡의 신경질나는 잔인성은 우리에게 무슨 상관이 있읍니까? 발퀴레 Walküre 곡마장은요? 바그너의 음악에 의해서, 극장과는 상관없이 인기있게 된 모든 것은 의심스러운 감수성의 산물이며 감수성 자체를 파괴합니다. 탄호이저 행진곡은 우직한 사람들을 위한 것이 아닌가 하는 생각이 듭니다. 방랑하는 화란인의 서곡은 아무 짝에도 쓸모 없는 소음입니다. 로엔그린 전주곡은 이에 대한 제일의 증거로서 너무 엉큼하고 너무 성공적인 것입니다. 마치 음악으로도 최면술을 거는 것 같습니다. (나는 모든 음악이 다 그렇다고 하는 것은 아닙니다. 어떤 음악은 신경만을 흥분시키려는 의도만 가지고 있기 때문입니다.) 그러나 최면술사 바그너, 프레스코 화가 바그너와는 크게 동떨어져서, 또다른 바그너가 있읍니다. 이는 자그마한 보석들을 쌓아두는 바그너입니다. 광휘와, 부드러움과, 그에게는 도저히 어울릴 것 같지 않은 위로의 말들로 가득 찬 우리의 가장 위대한 음악에 있어서의 우울증 환자, 침울하고 나른한 행복의 소리의 거장이 바로 그입니다. 바그너의 가장 내심의 언어들의 사전은, 다섯 박자에서 열 다섯 박자 사이의 짤막한 것들로만 채워져 있고 〈아무도 모르는〉순수음악으로 채워져 있읍니다. 바그너는

---

17) 「선악을 넘어서」 11절 참조.

퇴폐주의자의 미덕을 갖추고 있읍니다. 동정심을.……

8

「좋습니다! 그러나 어떤 사람이 우연히 음악가가 아닐 때, 어떤 사람이 우연히 〈퇴폐주의자〉가 아닐 때, 그는 어떻게 해서 이 퇴폐주의자에게 자기 감수성을 잃게 되는 것입니까?」역으로 어떻게 하면 그리 되지 〈않을〉 수 있을까요! 한번 생각해 보십시오!──당신은 바그너가 어떤 사람인지 모르십니다. 그는 아주 대단한 배우입니다! 극장에서 도대체 그보다 더 깊이, 더 무게있게 영향을 미치는 사람이 있읍니까? 한번 이 젊은이들이 움직이지 않고, 창백하며, 숨을 멈춘 모습을 보십시오! 이들은 바그너 숭배자입니다. 그들은 음악을 이해 못합니다. 그럼에도 불구하고 바그너는 그들 위에 있는 상전이 되었읍니다. 바그너의 음악은 수백가지 분위기로 사람을 누릅니다. 당신은 허리를 굽힐 뿐입니다. 사람들은 어쩔 도리가 없읍니다……배우 바그너는 독재자입니다. 그의 격정은 모든 감수성, 모든 저항을 거꾸러뜨립니다. 누가 몸짓의 이러한 설득력을 가지고 있겠읍니까, 누가 그렇게 명료하게 처음부터 몸짓을 보겠읍니까! 이러한 바그너의 격정은 숨을 멈추게 하고, 극도의 감정을 더이상 늦추려들지 않으며 사람들을 질식시킬 것 같은 순간 상태들은 공포스러울 정도로 〈지속〉됩니다.

바그너는 도대체 음악가였읍니까? 매번 바그너는 〈음악가라기 보다는〉 다른 어떤 존재였읍니다. 말하자면 비할 바 없는 배우, 가장 위대한 연기자, 독일이 지녔던 가장 경이로운 〈최고의 무대 예술가〉였읍니다. 그는 음악의 역사에 귀속된다기보다는 다른 분야에 더 귀속됩니다. 사람들은 그를 음악의 진정 위대한 존재들과 혼동해선 안 됩니다. 바그너〈와〉베에토벤──이것은 모독적 언사입니다──그리고 결국 바그너에 대한 부당한 취급인 것입니다. 그는 음악가로서도 배우의 범위를 벗어나지 않습니다. 그는 음악가가 〈되었고〉 시인이 〈되었읍니다〉. 그의 속에 있는 독재자가, 즉 그의 연극배우적 천재가 그렇게 만든 것입니다. 사람들은 그에게 있어서의 지배적 본능을 알아내지 않는 한 바그너에 관하여 아무것도 알아낼 수 없읍니다.

바그너는 본능상 음악가는 아닙니다. 이 점은 그가 자기가 필요로 하는 것, 즉 무대 수사법, 표현 수단, 동작 강화의 수단, 암시 수단, 생리적으로 생생하게 만드는 수단들을 음악으로부터 만들어내기 위해서, 음악에 있어서의 모든 법칙성들을, 좀더 명확히 말해서 모든 양식들을 포기해 버렸다는 데에서 증명됩니다. 이 점에서 바그너는 우리에게 일류 고안사 일류 혁신가로 통하게 되는 것입니다. 「그는 음악의 언어적 능력을 무한하게 증진시켰읍니다.」 그는 언어로서의 음악에 있어서의 빅토르 위고Victor Hugo입니다. 음악은 경우에 따라서는 음악이 아니라 언어, 도구, 연극의 시녀일 수도 있다는 것을 사람들이 우선 타당하게 받아들인다고 가정한다면 그렇다는 말입니다. 바그너의 음악은 무대적 취향, 즉 몹시 관대한 감수성에 의해 보호를 받지 〈않으면〉 단순히 하급 음악입니다. 지금까지 만들어진 것 중에서 가장 하급이 음악인 것입니다. 그러나 어떤 음악가가 마음 속으로 셋을 세기도 전에 그는 〈극적으로〉 되어 버리고 〈바그너적으로〉 되어 버립니다. ……

바그너는, 해체된, 말하자면 〈원자적〉 음악이 어떤 마력을 발휘할 수 있는가를 거의 알아냈읍니다. 그의 의식은 비교적 높은 법칙성, 즉 양식을 전혀 필요로 하지 않는 그의 본능만큼이나 무시무시한 것이 되어버렸읍니다. 그에게는 요소적인 것들——음향, 흐름, 음색, 짧게 말해서 음악이 주는 감각만으로 〈충분했읍니다〉. 어떤 음악가적 양심에서 보건대 바그너는 절대 음악가는 아닙니다. 그는 효과를, 오직 효과만을 원합니다. 그리고 그는 자기가 어디에 효과를 발휘할 것인가를 알고 있읍니다! 그는 쉴러가 그랬고, 모든 연극인들이 그러하듯이 이 점에 있어서 아무런 주저심도 갖지 않았읍니다. 그는 그가 자기 발아래 두고 있는 세계에 대한 경멸도 아울러 가지고 있었읍니다! ……사람들은 자기가 다른 사람에 비하여 〈한 가지〉 통찰을 더 가지고 있다는 것에 의해서 배우가 됩니다. 사실적 효과를 내야 하는 것은 사실이 아니어도 된다는 통찰이 그것입니다. 이 명제는 탈마 Talma[18]에 의해 만들어졌읍니다. 이 명제는 배우의 생리학 전체를 내포하고 있으며——우리는 이에 대해 의심하지 맙시다!——배우의 도덕 전체를 내포하고 있읍니다. 바그너의 음악은 한번도 참되지 않았읍니다.

——그러나 「그것은 참인 것으로 받아들여지고 있읍니다.」 그래서 그것은 순조롭게 지냅니다.

사람들이 아직도 유치하고 게다가 바그너 숭배자인 한, 그들은 바그너 자신을 음향의 나라에 사는 부자, 전형적 사치가, 대토지 소유자로 생각합니다. 사람들은, 젊은 프랑스인들이 빅토르 위고에 대해 경탄했던 것처럼, 바그너에 대해서도 〈제왕처럼 돈 잘쓰는 성격〉에 경탄합니다. 나중에는 사람들은 그들 둘에 대하여 전혀 반대의 이유로 경탄합니

18) François Joseph Talma(1763—1826). 프랑스의 유명한 배우.

다. 절약의 대가이자 모범으로서 〈현명하게〉 손님을 맞는 주인으로서 경탄하는 것입니다. 검소한 비용으로 영주 같은 식탁을 가장하는 데 있어서 그들 두 사람을 따라갈 사람은 아무도 없습니다. 바그너 숭배자들, 즉 그들의 만사를 잘 믿는 뱃속은 자기들의 거장이 값싼 비용과 요술로써 만들어낸 식탁으로 만족합니다. 책 속에서나 음악에서나 〈실질〉을 찾으며, 단지 〈가장된〉 식탁으로는 절대로 대접할 수 없는 우리 다른 부류의 사람들은 그것에 대해서 훨씬 기분이 나쁩니다. 쉽게 말해서 바그너의 〈서주부분〉을——고기는 적고 뼈다귀는 더 많고 국물만 흥건한 것입니다만——나는 〈늙은 제노바 사람〉이라 이름붙였습니다. 제노바 사람을 놀려대려는 생각은 전혀 아닙니다. 〈낡은 서주부〉, 〈메마른 서주부〉를 비꼬려 한 것입니다. 바그너의 〈라이트모티브〉에 관한 한 이것을 표현하기 위한 음식에 대한 지식이 없군요. 사람들이 빨리 말하라고 재촉한다면, 나는 아마도 그것을 이상적인 이쏘시개라고 부를 것입니다. 음식 〈찌꺼기〉 빼어내는 도구라고 말입니다. 바그너의 〈아리아〉가 남아 있군요. 그러나 이젠 더이상 말하진 않겠습니다.

9

줄거리의 고안에 있어서도 바그너는 뛰어난 배우입니다. 그에게 제일 먼저 떠오르는 것은, 절대적으로 확실한 효과를 내는 장면입니다. 이것은 바로 그 동작이 양각부조(陽刻浮彫)로 고정되어 있는 실제의 행동,*-1) 즉 감동을 주는 장면입니다. 이것을 그는 깊이 생각하고, 이것으로부터 비로소 그는 등장인물을 고안합니다. 나머지 전체는 여기서 기술적 경제학에 따라 추론되어 나오는 것이며, 이 경제학은 절대로 섬세하지 않

---

*-1) 사람들이 연극이라는 단어를 항상 〈줄거리〉라고 번역한다는 것은 미학에 대한 진정한 불행입니다. 이 점에 있어서 바그너만이 오류를 범하는 것이 아닙니다. 전 세계가 그렇습니다. 게다가 더 잘 알고 있어야 마땅한 문헌학자들까지도 그렇습니다. 고대 연극은 거대한 〈격정〉의 장면을 목표로 삼았습니다. 그것은 행동을 배제하였습니다(행동을 시작하기 전(前) 혹은 장면이 끝난 〈뒤〉에 배치하였던 것입니다.) 연극 Drama이라는 단어는 도리아에서 유래했습니다. 그리고 도리아 언어 사용에 의거할 것 같으면, 그 의미는 〈사건 Ereignis〉, 〈이야기 Geschichte〉입니다. 두 단어는 성직자들이 사용하는 뜻을 지니고 있습니다. 가장 오래된 연극은 장소에 관한 전설을 표현했습니다. 즉 제전(祭典)의 기초가 되는 〈성스러운 이야기〉를 말입니다. (그러니까 행위가 아니라 하나의 사건인 것입니다. dran은 도리아 말로서 〈행동하다〉가 절대 아닙니다.)—저자주)

은 경제학입니다. 바그너가 아껴야 하는 청중은 코르네이유 Corneilles
의 관객이 아닙니다. 그것은 단순히 19세기의 청중일 뿐입니다. 바그너
는, 모든 다른 배우가 그러하듯이 중요한 어떤 것에 관하여 거의 판단을
내리고 있을 겁니다. 그것은 일련의 강력한 장면들, 다른 장면보다 더
강력한 일련의 장면들, 그리고 그 사이에 들어가는 우둔한 과정인 것입
니다. 그는 우선 자기 작품의 효과를 스스로에게 보장하려고 노력합니다.
그는 제3막으로부터 시작합니다. 그는 자기 작품의 성공 여부를 그 최종
의 효과에 의해서 스스로에게 〈입증합니다.〉 그러한 연극에 대한 안내자
로서의 이해에 의하여 사람들은 마음 속에서 무의식적으로 한 편의 연극
을 지어내는 위험에 빠지지 않습니다. 연극은 〈강한〉 논리를 요구합니
다. 그런데 바그너는 도대체 논리에 대해 어떤 생각을 가지고 있었읍니
까! 다시 한번 말하자면 바그너가 아껴야 하는 청중은 코르네이유의
관객이 아니라 단순한 독일인인 것입니다. 어떤 기술적 문제에 극작가
가 자기 혼신의 힘을 쏟고 진땀을 빼는지를 사람들은 압니다. 줄거리의
얽힘에 〈필연성〉을 부여하고 그 해결을 제시하며, 이 두 가지가 유일한
방법으로만, 즉 자유감을 부여하게끔 이루어져야 한다는 것(힘의 최소
소비의 원리)에 신경을 쓰는 겁니다. 그런데 바그너는 여기에 최소한의
노력만을 기울입니다. 명백히 그는 매듭과 해결에 대하여 힘을 최소한
도로 소비하기는 합니다. 그러나 사람들은 바그너가 제시한 〈매듭〉을
현미경 아래에 놓고 봅니다. 사람들은 이때 웃지 않을 수 없읍니다. 나
는 이를 보장합니다. 『트리스탄』에서의 줄거리의 얽힌 매듭보다 더 재미
있는 것은 없읍니다. 『직장가인』에서의 매듭도 그렇다고 할 수 있읍니다.
바그너는 극작가가 〈아닙니다〉, 사람들은 속지 말아야 합니다. 그는 〈연
극〉이라는 단어를 사랑하고 있는 것입니다. 이게 전부입니다. 그는 항
상 아름다운 용어를 좋아해 왔읍니다. 그의 글 속에 있는 〈연극〉이라는
용어는 그럼에도 불구하고 오인되어 있는 것에 지나지 않습니다. (그리
고 교활하게 사용되고 있는 것입니다. 바그너는 항상 〈오페라〉라는 단
어에 우월감을 느꼈읍니다.) 이는 대체로 신약 속에 나오는 〈정신〉이라
는 단어가 오해되고 있는 것과 같습니다. 그는 충분한 연극 생리학자는
못되었읍니다. 그는 본능적으로 생리학적 동기설정을 회피했읍니다. 그
러면 어떻게 했겠읍니까? 항상 그 자리에 색다른 어떤 것을 집어넣었
읍니다. ……몹시 현대적이지 않은가요? 몹시 파리적이고 퇴폐적입니
다. 덧붙여 말한다면, 바그너가 실제로 연극적 고안에 의해서 해결할
수 있었어야 할 줄거리 얽힘의 형성을 마련해 낸다는 문제의 해결 방법

은 몹시 독특한 방법에 의한 것이었읍니다. 예를 하나 들어보겠읍니다. 바그너가 여성의 목소리가 필요했던 경우를 가정해 봅시다. 여성의 목소리가 나오지 않는 막(幕)——이런 것은 불가능합니다! 그러나 지금 현재 〈여주인공〉이 등장할 수는 없읍니다. 바그너는 어떤 일을 할까요? 그는 세계에서 가장 늙은 여성, 에르다Erda를 풀어놓습니다. 「일어나라, 늙은 할멈아! 너는 노래를 불러야 한다!」에르다는 노래합니다. 바그너의 의도는 달성되었읍니다. 곧 그는 그 늙은 여성 사라지게 합니다. 「도대체 당신은 왜 왔소? 물러가시오! 가장 기분좋은 단잠이나 즐기시오!」결국 신화적 공포가 가득한 장면인 것입니다. 그리고 바그너의 추종자들은 이 장면에서 무엇인가를 〈예감〉한답디다. ……

　「그러나 바그너의 텍스트의 〈내용〉! 그 신화적 내용! 그 영원한 내용!」묻습니다. 이 내용들을 검토하는 방법은 무엇입니까? 화학자는 대답합니다. 사람들은 바그너를 현실이라는 언어로, 현대라는 언어로, 그리고 좀더 잔인한 성격을 가지고 있다면, 시민성(市民性)이라는 언어로 번역하시압! 만일 이렇게 한다면 바그너는 어찌 되겠읍니까? 우리들 중에서는 내가 이 일을 해보았읍니다. 바그너에 관하여 현재에 빗대어 이야기하는 것보다 더 재미있고 더 산책길에 적당한 이야깃거리는 없읍니다. 예를 들면 파르지팔 Parsifal을 고등학교 교육을 마친, 신학 지망생으로 이야기하는 것처럼 말입니다. (고교 교육은 〈완전한 바보〉가 되기 위해서는 필수적입니다.) 이렇게 할 때 사람들은 얼마나 놀랄까요! 당신은 사람들이 그 주인공들의 껍질을 벗겨버리고 나서야 곧 바그너의 주인공들이 한명의 예외도 없이 보봐리 부인 Madame Bovary 과 쌍동이처럼 닮았다는 것을 믿으시겠읍니까! 그리고 그 역으로도 마찬가지로 플로베르Flaubert가 자기 여주인공에 대하여 스칸디나비아 말로, 혹은 카르타고 언어로 번역을 한 후 신화화(神話化)된 그 내용을 바그너에게 교과서로 건네주었다고도 생각할 수 있읍니다. 그렇습니다. 커다랗게 보아서 바그너는, 오늘날 젊은 파리인들의 퇴폐주의가 흥미를 느끼고 있는 것과 전혀 다르지 않은 문제에 대하여 흥미를 가졌던 것처럼 생각됩니다. 병원에서 몇 발자욱 이상을 전혀 벗어나지 않는 문제들입니다! 몹시 순수하게 현대적이고 몹시 순수하게 〈대도시(大都市)〉적인 문제들인 것입니다. 당신은 너무 낙심하지 마십시오! ……(이건 하나의 관념 연상에 해당되는 말입니다만) 당신은 바그너의 여주인공들이 아이를 낳지 않는다는 점을 간파하고 계신지요? 그녀들은 「그럴 수가 없읍니다. ……」바그너가 지그프리트가 탄생되어야 한다는 문제에 도전하는 수단이었던 절망이라는 것은, 이 점에 있어서 바그너가 얼마나 현대적인 감각을 지니고 있었는가 하는 것을 들어내 줍니다. 지그프리트는 「여성을 해방합니다.」——그러나 후손을 갖겠다는 희망은 갖지 않습니다. 그러나 결국 우리를 당황하게 만드는 사실이 있읍니다. 파르지팔은 로엔그린의 아버지인 것입니다! 파르지팔은 어떻게 지그프리트를 낳았을까요? 여기서 사람들은 「순결은 〈기적〉을 낳는다」는 것을 상기해 내어야 하는 것일까요?……「바그너에 의하면, 순결 위에는 최고의 권위가 놓여있읍니다.」

10

바그너의 글에 대하여 또 한 마디를 덧붙이겠읍니다. 그것은 무엇보다도 〈교활〉을 가르치는 학교입니다. 바그너가 사용하는 계책의 체계는 다른 수백 가지 경우에도 응용될 수가 있읍니다. 귀를 가진 자는 들어보십시오. 아마도 내가 세 가지의 가장 유익한 계책을 간략하게 말해 주면 나는 여러 사람들의 감사를 마땅히 받아야 한다고 생각할 것입니다.

바그너가 할 수 없는 모든 것은 배척해야 마땅한 것이다.

바그너는 더 많은 것을 할 수 있을 것이다. 그러나 그는 자기 주의(主義)의 엄격성 때문에 그렇게 하려 들지를 않는다.

바그너가 〈할 수 있는〉 모든 것은 누구도 모방할 수 없고, 누구도 그보다 앞서 해내지 못했으며, 누구도 모방해서는 〈안 된다〉…… 바그너는 신적(神的)이다.……

이 세 가지 명제들이 바그너 문학의 정수인 것이며, 그 나머지는 단순히 〈문학〉일 뿐입니다.

지금까지 모든 음악이 문학을 필요로 했던 것은 아닙니다. 이 점에 대한 충분한 근거를 추구한다는 것은 잘하는 일입니다. 바그너의 음악은 원래 난해한 것입니까? 아니면 바그너는 사람들이 자기 음악을 너무 쉽게 이해하는 것——사람들이 〈어렵지 않게〉 그 음악을 〈충분히〉 이해하는 것을 두려워하는 것일까요? 실제로 그는 일생 동안 〈한 가지〉 명제만을 되풀이해 왔읍니다. 자기 음악은 음악만을 의미하는 것이 아니라고! 오히려 더 많은 것을! 그보다도 무한히 더 많은 것을 의미한다고!…… 「음악뿐인 것은 아니다」라고 말하는 음악가는 없읍니다. 다시한번 말해서 바그너는 전체적으로 창작할 수 없었읍니다. 그는 이 점에 선택의 여지가 없었던 겁니다. 그는 모자이크를 만들어야만 했읍니다. 〈동기〉, 몸짓, 관용표현(慣用表現), 중복된 표현, 확대된 표현 등을 만들어내야 했읍니다. 그는 음악에서의 수사학자였읍니다. 그래서 그는 근본적으로 〈그 의미는〉이라는 말을 표면에 드러내야만 했읍니다. 「음악은 늘 수단에 지나지 않는다.」 이것이 그의 이론이었읍니다. 이것은 무엇보다도 그가 할 수 있었던 유일한 〈실천〉이었읍니다. 그러나 음악가라면 아무도 이렇게 생각하지는 않습니다. 바그너는 전 세계를 설복시켜서 자기 음악을 진지하고 깊이있게 받아들이도록 하기 위하여 문학을 필요로 했읍니다. 〈자기의 음악이 무한한 것을 나타내기 때문〉이라는 겁니다. 그는 일생 동안 〈이념〉의 해설자였읍니다. 엘자 Elsa의 의미는 무엇인가요? 조금의 의문도 없이, 엘자는 「〈민중의〉 무의식적 〈정신〉」입니다. (이러한 인식에 의해서 나는 필연적으로 완전한 혁명가가 되지 않을 수 없었읍니다.)

헤겔 Hegel과 쉘링 Schelling이 사람들의 정신을 오도(誤導)하고 있던 시절을 상기해 봅시다. 바그너는 젊습니다. 그는 독일 사람들만이 진지하게 생각하는 〈이념〉이라는 것에 대해 추측하여 그것이 말하는 것은 어둡고 불명확하고 예감적인 어떤 것이며, 독일인에게는 명료함이란 반대함을 뜻하고 논리란 반박을 의미한다는 것을 명백히 깨닫습니다. 쇼펜하우어는 엄격하게 헤겔과 쉘링의 시대를 부정직한 시대라고 비난했읍니다. 엄격하기는 했지만 그러나 부당한 처사이기도 했읍니다. 늙은 염세주의적 사기꾼인 그가 자기보다 유명한 그 시대의 인물들보다도 더 정직하고자 하는 충동에 사로잡힌 곳은 한 군데도 없읍니다. 우리는 도덕이라는 것을 일단 제외해 둡시다. 헤겔은 한 종류의 〈감수성〉이었읍니다. 그리고 독일적일 뿐만 아니라 유럽적 감수성이었읍니다! 바그너는 이 감수성을 파악했읍니다. 그리고 자기가 이것을 능가한다고 느꼈고 이것을 영원화(永遠化)하였읍니다! 그는 이것을 단지 음악에 응용하기만 한 것이 아니고 스스로 〈무한한 것〉을 나타내는 하나의 양식을 고안해냈읍니다. 그는 〈헤겔의 유산〉, 즉 〈이념〉으로서의 음악을 물려 받은 것입니다.

그리고 사람들은 바그너를 어떻게 이해합니까! 헤겔에게 열광한 사람은 오늘날 바그너에게도 열광합니다. 게다가 사람들은 학교에서조차도 헤겔적으로 〈글을 씁니다!〉 독일 청소년들은 누구보다도 헤겔을 이해했읍니다. 〈무한한〉과 〈의미〉라는 두 단어는 범람한 지 오랩니다. 독일 청소년들에게서 이 단어들은 자기들 최고의 행복을 발견했읍니다. 바그너가 젊은이들을 정복한 수단은 음악이 〈아닙니다.〉 그것은 〈이념〉입니다. 젊은이들을 바그너에게 인도하여 매혹시킨 것은 바그너 예술의 풍부한 수수께끼와, 수많은 상징의 숲속에서의 숨바꼭질과, 다채로운 이상(理想)들이었읍니다. 그것은 구름을 만드는 바그너의 천재성이며, 공기를 잡는 능력과 허공 중에 떠돌아다니는 능력입니다. 그리고 어디에도 존재하면서 어디에도 없는 능력, 즉 바그너를 헤겔이 유혹했던 바로 그 수단인 것입니다! 바그너의 다양성과 풍부함과 자의성을 보고 겪는 동안 젊은이들은 마음 속에서 자신이 정당화됨을, 〈구원〉됨을 느낍니다. 그들은 바그너의 예술 속에서 안개낀 먼 곳으로부터 천둥소리를 대동한 〈위대한 상징〉이 우렁차지는 것을 들으며 전율합니다. 그들은 때때로 그들의 마음 속이 잿빛이 되고 소름끼치며 서늘하게 되어도 기분나빠하지 않읍니다. 그들은 도대체가 얼마나 하나같이 바그너와 유사하고 우울한 날씨, 독일의 날씨를 닮은 것입니까! 보오탄Wotan은 그들의 신입니다. 그러나 보오탄은 나쁜 날씨의 신인 것입니다. …… 이 독일 젊은이들이 나쁜 것은 아닙니다. 일단 그들이 그렇게 된 바에야는 말입니다. 그들이 우리 별개의 인간들, 우리 고요한 〈물총새들〉이 바그너에 대하여 무엇을 간파하고 있는지를 어찌 측량할 수 있겠읍니까? 우리가 간파해낸 〈즐거운 학문 la gaya scienza〉[19]을, 가벼운 발걸음을, 재치, 활기, 우아를, 위대한 논리를, 별들의 춤을, 과감한 정신을, 남쪽 별의 깜빡임을, 〈빛나는〉 바다를, ──완전성을. ……

//

나는 설명했읍니다. 바그너가 어디에 속하는지를──음악의 역사에는 속하지 〈않음을〉, 그러나 그럼에도 불구하고 그가 음악사에 대하여 어떤 의미를 지닌다고 하겠읍니다. 그것은 〈바로 음악 속에서의 배우의 등장〉입니다. 생각하게 만들고 공포감까지 주는 중요한 사건입니다. 공식화(公式化)한다면 〈바그너와 리스트 Liszt〉라 하겠읍니다. 아직까지 이보다 더 위험하게 음악가의 성실성이, 〈진정한〉 음악가가 도마 위에 올려진 적은 없었읍니다. 사람들은 명백히 알 겁니다. 커다란 흥행, 대중에 대한 성공이 진정한 음악가의 것은 아니라는 것을, 이러한 것을 얻으려면 배우가 되지 않을 수가 없읍니다. 빅토르 위고와 리하르트 바그너, 이 두 사람의 의미는 똑같습니다. 몰락하는 문화 속에서 대중의 손에 결정권이 주어져 있는 곳이면 어디에서나 소위 진정함이라는 것은 불필요하고 해로우며 시대의 흐름을 저지하는 것이 되어버립니다. 배우만이

────────────

19) 이 말은 니체 저서의 제목이다. 〈즐거운 학문〉의 개념은 14세기, 음유시인의 예술을 지칭할 때 쓰였던 일로까지 소급된다.

〈커다란〉 감격을 불러일으킵니다. 이로써 배우들에게는 〈황금 시대〉가
도래한 것입니다. 그에게, 그리고 그라는 종족에 유사한 모든 사람에게
도 도래한 것입니다. 바그너는 북과 피리를 울리며 연주 예술가, 공연
예술가, 감상 예술가들의 맨 앞에 서서 행진합니다. 그는 우선 지휘자,
장치 담당자, 극장 가수들을 설득했읍니다. 관현 음악가들도 잊어서는
안 됩니다. 그는 이 사람들을 지루함에서 〈구원〉했읍니다. …… 바그너
가 만들어내는 움직임은 인식의 영역조차에도 손을 뻗습니다. 관계되는
모든 학문들이 수백년 전의 스콜라 철학부터 서서히 떠오릅니다. 예를
하나 든다면, 나는 리듬학에 대한 리만 Riemann[20]의 공적이 떠오릅니
다. 그는 구두점의 기본 개념을 음악에도 통용시킨 첫번째 사람입니다.
(유감스럽게도 그는 〈산문화(散文化)〉라는 미운 단어를 사용하기는 했읍
니다.) 나는 감사의 마음으로 말합니다. 이 모두는 바그너의 숭배자들
중에서 가장 나은 사람들이고 가장 존경받을 만한 사람들입니다. 그들
은 단적으로 바그너를 숭배할 권리가 있읍니다. 하나의 본능이 그들을
결속시킵니다. 그들은 바그너에게서 자기 최고의 전형을 봅니다. 바그
너가 자기 정열로 그들을 매료시킨 이래로 그들은 자기에게 힘이, 커다
란 힘이 생기는 것을 느낍니다. 어느 곳이라고 묻는다면 바로 여기에서
진정 바그너의 영향이 〈유익〉했읍니다. 이 영역에서 아직까지 이만큼
많이 생각하고, 시도하고, 일한 적은 없읍니다. 바그너는 이 모든 예술
가들에게 하나의 새로운 양심을 불어넣어 주었읍니다. 그들이 현재 자
기에게 대하여 요구하고, 자기에게 〈달성시킨〉것을 그들은 바그너 이
전에는 자신에게 요구하지 않았읍니다. 그들은 이 점에 있어서 예전에
는 겸손했던 것입니다. 바그너의 정신이 극장을 지배하게 된 이래, 그
곳에는 새로운 정신이 지배하게 되었읍니다. 사람들은 가장 어려운 것
을 요구하게 되고, 심하게 꾸짖으며 거의 칭찬하지 않습니다. 선(善)한
것, 가장 뛰어난 것은 규칙입니다. 감수성은 이제 필요가 없읍니다. 목
소리도 그렇습니다. 사람들은 바그너를 거친 목소리로 노래 부릅니다.
이것은 〈극적〉인 효과를 냅니다. 재능 자체도 금지되어 있읍니다. 바그
너의 이상이, 퇴폐주의자의 이상이 요구하는 대로, 무슨 대가를 치르더
라도 〈표정을 풍부히 Espressivo〉하는 것은 재능가지고는 제대로 이루어
지지 않습니다. 여기에는 미덕(美德)만이 필요합니다. 훈련, 자동 작용

---

20) Karl Wilhelm Julius Hugo Riemann(1849—1919) 가명은 Hugibert Ries.
　　음악 이론에 관하여 광범한 저작 활동을 했고 음악사전을 펴내어 몇 번의
　　증판을 거듭했다.

(自動作用), 〈자기부정〉만이 요구되는 것입니다. 감수성도, 미성(美聲)도, 재능도 필요없는 것입니다. 바그너의 무대는 한 가지만 필요로 합니다. 〈독일인〉만을! 독일인의 정의(定義)──복종 Gehorsam 과 성실 lange Beine. ── 바그너의 등장과 〈제국(帝國)〉의 등장이 시간적으로 일치한다는 것은 몹시 중요한 의미를 지닙니다. 두 사태는 동일한 것, 복종과 성실을 입증하는 것입니다. 어떤 국가도 더 잘 복종받고 더 잘 명령받지는 않았읍니다. 바그너 음악의 지휘자들은, 후세 사람들이 조심조심하며 언젠가는 〈전쟁의 고전적 시대〉라고 부를 시대에 특히 가치 있는 사람입니다. 바그너는 명령하는 법을 알고 있었읍니다. 그는 그로써 훌륭한 선생이기도 했읍니다. 그는 스스로에게 가혹한 의지의 명령을 내렸고 일생 동안 자기를 훈련했읍니다. 바그너, 그는 예술의 역사가 지니는 것 중에서 가장 위대한 자기극복의 예를 제시해 줍니다. (알피에리 Alfieri, [21] 혹은 그에 버금가는 사람조차도 이 점에서 능가해 버립니다──어떤 투린 사람의 주석.)

/2

우리의 배우들이 이전보다 더 많은 존경을 받을 가치가 있다는 통찰은 그들이 그만큼 덜 위험하다는 것은 아닙니다. 그러나 아직도 모르는 사람이 있읍니까? 내가 무엇을 원하는지를? 내가 예술에 대한 나의 분노와 관심과 사랑 때문에 지금껏 말해왔던 〈세 가지 요구〉를?

무대는 예술의 지배자가 되지 말 것.
배우는 진정한 예술가의 오도자(誤導者)가 되지 말 것.
음악은 어떤 예술에게도 기만당하지 말 것.

프리드리히 니체

───────────
21) Count Vittorio Alfieri(1749—1803). 극작가. 생애의 많은 부분을 투린에서 보냄.

첫번째 추록(追錄)

앞서의 마지막 말의 중대성 때문에 나는 이 자리에서 한 편의 미발표 논문에서 뽑은 몇 가지의 명제들을 또 한번 말하겠다. 이 명제들은 최소한도 이 문제에 있어서의 나의 진지성에 대한 의심을 제거해 줄 것이다. 그 논문의 제목은 「바그너는 우리에게 얼마만큼 값어치가 있는가」이다.

바그너의 추종자들은 비싼 대가를 치르고 있다. 이 점에 관한 막연한 느낌은 오늘날에도 존재한다. 바그너의 성공, 그의 〈승리〉도 이러한 느낌을 뿌리째 뽑지는 못했다. 그러나 이 느낌은 이전에 바그너 생애의 거의 사분의 삼 동안에는 강력하고 두려웠으며 음울한 증오감 같았었다. 바그너가 우리 독일인에게 받은 저항은 아무리 높이 평가되고 존중된다고 하더라도 충분치 못하다. 사람들은 마치 질병에 대한 것처럼 바그너에게 저항했다. ——논리적 근거에 의거한 것이 아니라——사람들은 질병에 대하여 논박하지는 않는다——심리적 압박, 불신감, 불쾌함, 구토감, 그리고 자기 속에 어떤 커다란 위험이 도사리고 있는 것 같다는 막연하고 중요한 느낌을 가지고 저항한 것이다. 독일 철학의 세 학파 출신의 그들이 미학자 제씨들께서는 바그너의 주의(主義)에 대하여 〈가정(假定)〉과 〈근거〉를 가지고 불합리한 싸움을 걸었을 때, 자기들이 자기 자신의 주의라는 것에 대해 어떤 가치를 부여하고 있는가를 여실히 드러내었다. 독일인들 자신은 여기에서 모든 〈가정〉과 〈근거〉라는 것을 배제하는 데 충분한 분별을 본능 속에 가지고 있다. 본능이 합리적으로 되어지면 본능은 약화된다. 왜냐하면 그것이 합리적으로 됨으로써 그것은 자기를 약화시키기 때문이다. 유럽의 퇴폐주의가 전반적 현상임에도 불구하고 어느 정도 수준의 건강이, 즉 수치스러운 것과 위험한 것에 대한 본능적

후각(嗅覺)이 독일 본질에 깃들어 있다는 증거가 있다면, 나는 그것들 중에서 가장 경시하고 싶지 않은 것이 바로 이 바그너에 대한 저항인 것이다. 그것은 우리에게 명예를 부여하고, 우리가 희망하는 것조차 허락해 준다. 프랑스 사람들이 그렇게 많은 건강을 더이상 낭비하지 말아야 하겠다는 생각이 든다. 역사에 있어서의 〈최고의 지체자〉독일인은 오늘날 유럽에서 가장 뒤떨어진 문화민족이다. 이것은 나름대로 장점을 가지고 있다. 바로 이 때문에 독일인은 〈가장 젊은〉민족인 것이다.

바그너의 추종자들은 비싼 대가를 치르고 있다. 독일인은 이제 막 바그너 앞에서의 일종의 공포를 비로소 탈피하였다. 바그너에게서 분리된 기쁨은 기회만 있으면 그들을 찾아왔다. *-2)

사람들은 드디어 몹시 예기치 않게 저 오래된 느낌이 밖으로 나타나게 된 기이한 사태를 기억하는가? 그것은 바그너의 매장날 일어났다. 최초의 바그너 협회인 뮌헨 사람들은 바그너의 매장시에 화환 하나를 내려 놓았다. 거기에 씌어 있는 글은 곧 유명해졌다. 〈구원자의 구원받음〉이라고 씌어 있었던 것이다. 이 글이 강하게 전달해주는 영감에 모든 이가 경탄했고, 모두는 바그너의 추종자들이 우선적으로 누리고 있던 운치에 경탄을 보냈다. 그러나 많은 사람들이 또한 (이것은 충분히 기이한 일이다!) 그 글에 똑같이 자그마한 수정을 가했다. 〈구원자로부터 구원받음〉이라고. 사람들은 공기를 흠뻑 들이마셨다.

바그너의 추종자들은 비싼 대가를 치르고 있다. 우리는 그들의 문화에 대한 영향을 측정해 보기로 하자. 그들의 운동은 도대체 누구를 앞으로 부각시켰는가? 그들은 항상 무엇을 키워왔는가? 무엇보다도 문외한의, 예술의 백치의 교만심인 것이다. 그들은 현재 협회를 조직하고 있고, 자기들의 감수성을 세상에 관철시키려고 하고 있다. 그들은 예술과

---

*-2) 도대체 바그너는 독일인인가? 이런 질문을 던지는 데에는 약간의 이유가 있다. 그에게서 독일인의 특성을 찾기는 어렵다. 훌륭한, 배우는 자로서 그는 독일적이었던 많은 것을 모방하기를 배웠다. 이것이 전부이다. 그 자신의 천성은, 지금까지 독일적인 것이라고 느껴져왔던 것들에 〈모순이 된다.〉독일 음악가들에 대한 모순은 말할 것도 없다. 그의 아버지는 가이어Geyer라는 이름의 연극배우였다. 가이어는 거의 독수리와 유사하다. 지금까지 〈바그너의 생애〉라고 통용되던 것은, 좋게 보아서, 사람들이 받아들여준 신화 fable convenue인 것이다. 나는 바그너 자신에 의해서만 입증되어진 모든 사항들에 대해 의심을 품고 있음을 실토한다. 그는 자기 자신에 관한 어떠한 사실에 대하여서는 충분한 자부심을 가지지 못했다. 이럴 때의 그는 자부심이 가장 약한 사람이었다. 빅토르 위고와 아주 똑같이 그는 전기적 내용 속에서도 일관성을 잃지 않았다. 그는 시종일관 연극배우였던 것이다. ―저자주

예술가에 대한 심판관이 되고자 한다. 두번째로 예술을 위한 모든 엄격하고 고상하고 양심적인 교육에 대한 훨씬 큰 무관심을 조장하려 하고 있다. 이에 대신하여 천재에 대한 믿음이 강조된다. 쉽게 말해서 뻔뻔한 아마튜어주의가 강조되는 것이다. (이에 대한 정리가 『직장가인』 속에 나온다.) 세번째로, 그리고 가장 나쁜 것으로 연극주의 Theatrokratie를 들 수 있다. 이것은 제 예술들에 대한 연극의 〈우위〉에 대한 광신이다. 예술보다 우월하다고……그러나 사람들은 바그너 추종자들에게 연극이 무엇인가를 면전에다 골백번 말해야 한다. 항상 예술의 〈하위에 있는 것〉이라고, 항상 부차적인 것이라고, 거칠게 변한 것이라고, 대중을 위하여 적절히 굽혀지고 위장된 것이라고! 이 점에 대하여는 바그너조차 아무것도 변경시키지 못한다. 바이로이트는 커다란 극장이지만 한번도 〈훌륭한〉 극장인 적이 없었다.……극장은 감수성의 문제에 있어서의 일종의 대중 숭배[22]의 형식이다. 극장은 하나의 대중 폭동[23]이다. 훌륭한 감수성에 대항하는 국민투표이다. ……〈이것은 바로 바그너의 경우가 증명한다.〉 그는 다수를 획득했다. 그는 감수성을 파멸시켰다. 그는 오페라 자체를 위해서 우리의 감수성을 망가뜨린 것이다!

바그너의 추종자들은 비싼 대가를 치르고 있다. 그들은 정신을 어떻게 했는가? 「바그너는 정신을 해방하는가?」그에게 독특한 것은 모든 이의성(二義性), 모든 이중의 의미, 그리고 사람들이 자기가 무엇에 관하여 설득되었는지에 대해 아무것도 의식못하게 하면서, 불명확한 어떤 것을 설득시키는 것 모두이다. 따라서 바그너는 규모 큰 유괴자이다. 정신의 소산 중에서 지치고 허약한 것, 인생에 위협적이며 세계 부정적인 것은 그의 예술에 의해 모두 비밀스럽게 보호받는다. 그가 빛나는 이상의 장막 속에 감추고 있는 것은 가장 검은 반(反) 계몽주의이다. 그는 모든 허무주의적(불교적) 본능에 대해 아첨하고 그것을 음악으로 꾸민다. 그는 모든 기독교도에게, 즉 퇴폐주의의 모든 종교적 표현들에 대해 아첨한다. 〈황폐한〉 생명의 토양에서 자라나는 모든 것, 선험과 피안이라는 낱조된 모든 것들은 바그너의 예술 속에서 그 가장 장려한 비호를 받는다. ——어떤 정리에 의해서는 아니다. 바그너는 정리를 사용하기에는 너무 거칠다——그러나 감각의 설득에 의해서 그것들은 비호

22) 아리스토텔레스가 그의 『시학』(6장의 마지막 부분)에서 〈구경거리〉에 대해 조소하는 것과, 특히 플라톤의 『법』 700을 참조하라.
23) 이 문구는 여기에서와 똑같은 의미로 오르테가 이 가세트 Ortega y Gasset (1883—1955)가 1930년에 자기 책 중 가장 유명한 것의 제목으로 사용하였을 때 널리 퍼지게 되었다. 오르테가에 대한 니체의 영향은 대단했다.

받는다. 감각의 설득은 다시금 정신을 허약하고 지치게 만든다. 키르케로서의 음악을 수단으로 하여.…… 이런 관점에서 그의 마지막 작품은 그의 최고 결작이다. 『파르지팔』은 유혹의 예술에 있어서 영원히 자기의 우위를 고수하고 있을 것이다. 유혹의 〈천재적 행위〉로서……. 나는 이 작품에 경탄한다. 나는 스스로 그것을 만들어 내었으면 좋겠다고 생각한다. 그런 재능이 없어서 〈나는 그것을 이해하는 것이다.……〉바그녀는 말년에 가장 영감적이었다. 아름다움과 질병의 결합에 있어서의 섬세한 정도는 이 작품에서 몹시 대단하여 그의 초기 작품들이 그늘에 가리울 정도이다. 그 작품들은 너무 밝고 너무 건강한 듯 보인다. 당신들은 이를 이해하는가? 그림자로 작용하는 건강함과 밝음을? 거의 〈정반대〉로 작용하는 그것을?…… 그 정도로 우리는 이미 〈완전한 바보들〉이 되어 있다.…… 그만큼 어둡고 성스러운 향(香)을 사용하는 데 있어서 뛰어난 대가는 없었다. 모든 〈작은〉 무한함, 모든 진동하는 것과 풍요한 것들, 행복의 방언사전에서 나온 온갖 종류의 여성해방들에 그만큼 정통한 자는 없었다!——내 친구들이여, 예술의 미약(媚藥)을 마셔만 보게! 그대들은 그대들의 정신을 마비시키고 그대들의 남성다움을 장미의 숲 아래에서 잊어버리는 데에 이만큼 기분좋은 방법을 아무것도 발견하지 못한다네.…… 아, 이 늙은 마술사! 이 클링조르 klingsor 중의 클링조르![24] 그는 마술 소녀의 소리로 현대 영혼의 모든 비겁함을 얼마나 고분고분하게 만족시켰던 것입니까! 인식에 대한 그러한 〈증오〉는 일찌기 없었읍니다! 사람들은 이것에 유혹당하지 않기 위해서는 견유학자가 되어야 합니다. 사람들은 이것을 숭배하지 않기 위하여 물어뜯을 줄 알아야 합니다. 좋다! 늙은 유괴자야! 견유학자가 네게 경고한다——개를 조심하라고…….

바그녀의 추종자들은 비싼 대가를 치르고 있다. 나는 오랫 동안의 전염병에 방치되어 있던 젊은이들을 관찰했다. 그 첫번째의 비교적 해롭지 않은 영향은 감수성의 파괴이었다. 바그녀는 지속적인 알코올 흡입과도 같은 영향을 끼쳤다. 그는 그들의 말수를 줄여버리고 그들의 위장에 질병을 일으키게 했다. 눈에 띄는 영향은 리듬감의 변질이었다. 바그녀 숭배자들은 내가 그리이스의 유행어를 빌어서 〈늪속에서의 움직임〉이라 불렀던 것을 결국 율동적이라고 불렀다. 훨씬 위험한 것은 개념의 파괴이다. 젊은이들은 기형아가 되어버린다. 즉 〈이상주의자〉로 되는 것이다. 그들은 학문을 초월해 있다. 이 점에 있어서 그들은 거장의 높

---

24) 『파르지팔』에 나오는 마법사.

이에 있는 것이다. 그러면서도 그들은 철학자 흉내를 낸다. 그들은 《바이로이트 소신문(小新聞)》을 펴낸다. 그들은 모든 문제들을 아버지와 아들과 성스러운 거장의 이름으로 해결해낸다. 가장 공포스러운 위험은 역시 신경의 파괴인 것이다. 사람들은 밤에 비교적 큰 도시 한가운데를 통과해 간다. 어디에서나 축제적 열광 속에서 악기들이 강간당하는 소리가 들려온다. 그 사이에 간간이 거친 고함소리가 섞여든다. 저기서 무슨 일이 일어나고 있지? 젊은이들이 바그너를 숭배하고 있는 거야. ……바이로이트는 수치료원(水治療院)에 운을 맞추려 든다. [25] 바이로이트로부터의 전형적 전보──〈이미 회개했노라.〉

바그너는 젊은이들에게 해롭다. 그는 여성들에게 재앙을 가져다 준다. 의학적으로 묻는다면 바그너에 대한 여성 숭배자는 무엇인가? 내게 생각되기로는, 의사라면 젊은 부인들에게 어렵지 않게 이 양심의 선택 기회를 부여해 줄 수도 있을 것 같다. 그러나 그녀들은 이미 선택을 해버렸다. 사람들은 바그너가 포함된 두 명의 주인은 섬길 수가 없다. 바그너는 여성을 구원했고 그 답례로 여성은 그에게 바이로이트를 지어주었다. 완전한 희생이고 완전한 헌신이다. 사람들은 바그너에게 주지 않은 것이 하나도 없다. 여성은 그 거장의 덕택으로 팔짱을 끼고 있다. 여성은 감동하게 된다. 여성은 그 앞에서 벌거벗은 채 서 있는 것이다. ── 바그너의 여성 숭배자──오늘날 존재하는 가장 우아한 이중의미(二重意味), 그녀들은 바그너의 문제의 〈화신(化身)〉이다. 그녀들의 자태 속에서 그의 것들은 〈승리〉를 구가한다. ……아, 이 늙은 도적! 그는 우리에게서 젊은이들을 납치한다. 그는 우리의 부인들조차도 약탈하여 자기 동굴 속에서 거느리는 것이다. 아, 이 늙은 미노타우루스! 그는 우리에게 얼마나 손해를 끼치는가! 매년 사람들은 가장 아름다운 소녀들과 청년들의 행렬을 그의 미궁 속으로 이끌어가서 그가 그들을 잡아먹게 만든다. ──매년 유럽 전체가 〈크레타Kreta 섬으로! 크레타 섬으로!〉하고 노래를 부르는 것이다.

두번째 추록

나의 편지는 오해될 위험이 있는 것 같다. 어떤 사람은 감사의 표정을

---

25) 독일어에서 이 문장은 운이 맞지 않는다. Bayreuth reimt sich auf Kalt wasserheilanstalt.

짓기도 한다. 나는 겸손한 환호성조차도 듣는다. 나는 다른 모든 점에
서와 마찬가지로 이 점에서도 사람들에게 제대로 이해받고 싶다. 그러
나 독일 정신의 과수원 속에 새로운 짐승, 제국 구더기, 라인페스트
Rhinoxera가 살기 시작한 이래, 내가 하는 말은 하나도 이해받지 못하
는 것이다. 《문예중앙신문 Literarische Zentralblatt》[26]은 말할 것도 없
고 《코이쯔 신문 Kreuzzeitung》[27]을 보면 이 점을 알게 된다. 나는 독일
인에게 그들이 오늘날 대체로 가지고 있는 책들 중에서 가장 깊이있는
책을 제공하였다. 독일인이 그 책의 한마디도 이해하지 못한다는 데에
는 충분한 이유가 있다. 내가 〈이〉 글에서 바그너에게 싸움을 걸고——
그리고, 그와 더불어 독일적 감수성에 대하여서도——바이로이트의 백
치병에 대해 심한 말을 했을 때, 나는 결코 〈다른〉 음악가들에게 찬사
를 보낸 것이 아니었다. 〈다른〉 음악가들은 바그너에 대한 비교 대상이
되지 않는다. 상태는 일반적으로 나빠서 몰락은 보편적 현상이 되었기
때문이다. 병은 깊이 들어 있는 것이다. 베르니니Bernini가 조각의 유
린자인 것처럼 바그너가 〈음악의 유린〉의 범인이라 해도 그는 음악 유
린의 원인은 아니다. 그는 단지 그 〈속도〉를 가속화시켰을 뿐이다. ——
물론 그 방법은 이 돌연한 아래로의, 심연 속으로의 하락에 사람들을 놀
라게 하는 것이었다. 그의 내부에서는 퇴폐주의가 직접 살아 움직이고
있었고 이것이 그의 장점이 되었다. 그는 그것을 믿었고, 퇴폐주의에 대
한 어떤 논리적 인식을 가지고 있지는 않았다. 다른 사람들은 논리 앞에
서 〈서성거렸다〉. 이것이 그들과 그의 차이점이다. 이 외에는 차이점이
란 없다! …… 바그너와 〈다른 음악가들〉 사이의 공통점은——나는 이렇
게 생각한다——조직력의 쇠퇴이다. 전해 내려오는 수단을 잘못 사용하고
있으며 목적을 위해 〈정당하게 사용하는〉 능력이 결여되어 있는 것이다.
위대한 형식에 대한, 화폐위조 같은 내용 없는 모방, 오늘날 사람들은
이것을 알아보기에는 충분히 강하고 자부심 있으며, 자의식이 있고 〈건강
하지〉는 못하다. 극히 작은 것에 있어서의 과도한 활기, 모든 것에 앞서
는 격정, 〈빈곤해진〉 삶의 표현으로서의 세련, 육체를 대신하는 신경의
강조가 그들의 공통점인 것이다. 나는 오늘날도 한편의 서곡을 한덩어리
로 만들어 낼 수 있는 음악가를 단 한 명 알고 있다. 그리고 아무도 그를
모른다.[28] ……

---

26) 학자들이 펴내는 주간 조사서. 1850년에 창간됨.
27) 저명한 우익 신문.
28) 니체의 젊은 친구이자 제자인 하인리히 쾨젤리츠 Heihrich Köselitz, 일명
페터 가스트 Peter Gast.

오늘날 유명한 음악가는 바그너보다 〈나은〉 음악이 아니라, 단지 성격이 모호하고, 있으나 없으나 마찬가지인 음악을 만든다. 있으나 없으나 마찬가지라고. 왜냐하면 그것이 〈전체의 존재〉 때문에 반쯤은 시대에 뒤떨어졌기 때문이다. 그러나 바그너는 전체적이다. 바그너는 전체적으로 타락된 것이다. 바그너는 타락된 용기이며 의지이고 〈신념〉인 것이다. 요한네스 브라암스 Johannes Brahams는 또 어떤 의미를 지녔는가! 독일인의 오해가 그에게 행운을 가져왔다. 사람들은 그를 바그너의 적대자로 받아들였다. 사람들은 적대자 한 명이 〈필요했던〉 것이다. ——그는 〈필연적인〉 음악을 만들지 않는다, 그는 특히 너무 많이 음악을 만든다! ——사람들은 자기가 부자가 아니면, 자기의 청빈함을 자랑삼기 마련이다. …… 브라암스가 도처에서 받은 공감은 바로 이런 당파적 관심, 당파적 오해를 완전히 고려에 넣지 않을 때, 내게는 오랫 동안 수수께끼 같은 현상이었다. 마침내 나는 거의 우연에 가깝게 그가 특정한 유형의 인간들에게 영향을 미친다는 점을 발견하게 되었다. 그는 무기력에 기인하는 우수(憂愁)를 지녔다. 그는 충족상태에서 창작하지 않는다. 그는 충족을 〈갈망〉한다. 사람들이 그가 모방하는 것, 그가 옛 양식형태 혹은 이국적——현대적 양식형태에서 빌려온 것을 제거해 버리고 나면——그는 모방에 있어서의 천재다——그의 고유한 것으로서는 〈동경〉만이 남는다. …… 이는 동경, 즉 모든 종류의 불만족을 드러내 보여준다. 그는 너무 개성이 없고 너무 중대가 없다. …… 이것을 이해할 수 있는 자는 〈개성이 없는 자〉, 주변적 인물들이다. 그들은 이런 이유로 그를 사랑하는 것이다. 특히 그는 일종의 불만의 여성을 위한 음악가이다. 이 여성들의 뒤로 오십보 되는 거리에는 바그너의 여성 숭배자들이 있다——아주 똑같이 브라암스를 지나 오십보쯤 걸어가면 마주치는 것이 바그너이다. 바그너에 대한 여성 숭배자들은 보다 특색있고 보다 흥미로우며 무엇보다도 우아한 성격의 소유자들이다. 브라암스가 감동적인 것은 그가 비밀스럽게 도취되어 있고 혹은 자신에 대하여 비탄에 젖을 때이다. ——이 점에 있어서 그는 〈현대적〉이다. ——그는 고전 음악가의 유산을 〈물려받게 되면〉 그 즉시 냉온해지고 더이상 우리의 관심을 끌지 못하게 된다. …… 사람들은 그를 즐겨 베에토벤의 〈상속자〉라고 부른다. 나는 이보다 더 사려깊은 차근차근한 표현을 발견할 수가 없다. 오늘날 음악에 있어서 〈거대한 양식〉에 대한 요구를 하는 사람은 우리를 속여야 하거나 자기를 속여야 하거나 둘 중의 하나이다. 이러한 양자택일의 문제는 충분히 깊은 생각을 요한다. 말하자면 이것은 두 가지 경우의 가치에 관한 해결방법을 자기 속에 포함하고 있는 것이다. 「〈우리〉를 기만하는 것」, 이에 대하여는 대부분의 사람들의 본능이 항의할 것이다. 그들은 기만당하고 싶지 않기 때문이다. 나 자신은 항상 물론 이러한 유형을 다른 유형「〈자신〉을 속이는 것」보다 더 낫다고 생각한다. 이것은 〈나의〉 취향이다. 〈정신이 빈곤한 자〉를 위해서 더욱 쉽게 표현한다면, 브라암스──〈혹은〉 바그너……브라암스는 배우가 아니다. ──바그너 〈이외의〉 음악가들 중 많은 수가 브라암스라는 개념에 포괄되어질 수가 있다. 나는 바그너에 대한 영리한 원숭이, 예를 들면 골드마르크 Goldmark에 관하여는 더이상말을 않겠다. 바그너의 모방자는 『시바의 여왕 Königen von Saba』[29]과 함께 동물원에 들어가면 사람들에게 자기를 보여줄 수가 있다. ──오늘날 훌륭하게 만들어질 수 있는 것, 노련하게 만들어질 수 있는 것은 작은 것들뿐이다. 이런 것에서만 성실함이 가능하다. 그러나 아무것도 음악을 대체로 중요한 사실로부터, 즉 생리학적 모순의 표현이 되는 운명, 즉 〈현대적〉이 되는 운명으로부터 구원할 수는 없다. 가장 훌륭한 강의, 가장 양심적인 교육, 근본적인 친밀관계, 그리고 늙은 대가들의 사회에서의 고립조차도 모든 것을 미봉적으로 남길 뿐이며, 더 엄격히 말해서, 〈환상적으로〉 만들 뿐이다. 왜냐하면 사람들이 그것을 위해 전제되는 마음가짐을 갖추지 않았기 때문이다. 그들이 헨델 같은 강건한 종족이든 아니면 로시니 Rossini 같은 야수성이 넘쳐나는 종족이건 상관이 없다. 각자가 모두 각각의 자기 선생을 요구할 수 있는 것은 아니다. 이것은 어떤 시대에도 해당되는 말이다. 아직도 〈보다〉 강건한 종족, 전형적으로 비(非) 시대적인 인간의 〈잔여〉가 유럽 어딘가에 있다는 가능성 자체는 배제되어질 수 없다. 음악에 있어서의 〈뒤늦은〉 아름다움과 완전성을 이 사람들에게 기대해 볼 수가 있을지도 모른다. 우리가 아직도 체험할 수 있는 것들은 기껏해야 예외 현상에 불과하다. 타락은 절정에 이르르고 운명적이라는 〈기정 사실〉로부터 어떤 신도 음악을 구원하지는 못한다.

---

29) Karl Goldmark(1830—1915)가 작곡한 최초이자 가장 유명한 오페라(1875). 그는 헝가리에서 태어나 비엔나에서 죽은 유태인 작곡가이다.

후기 (後記)

우리는 숨을 돌리기 위하여 모든 질문이 〈개인들〉의 정신의 가치의 판정에 대하여 집중되는 협착한 세계에서 빠져나가기로 하자. 철학자는 너무 오랫 동안 「바그너의 경우」에 몰두해 있었기 때문에 이제 손을 닦을 필요가 있다. ──나는 〈현대〉에 관한 나의 개념을 피력하겠다. ── 모든 시대는 자기가 가진 힘의 정도에 따라, 어떤 덕목이 자기에게 허용되고 어떤 것이 자기에게 금지되어 있는가 하는 것을 재는 척도를 소유한다. 그 시대가 〈상승하는〉 삶에 관한 덕목을 지니고 있다면, 그것은 가장 근본적으로 하강하는 삶에 관한 덕목들에 대하여 저항하게 된다. 혹은 그 시대가 하강하는 삶의 시대라면, 그 시대는 역시 하강의 덕목을 필요로 하고, 충만함에 기인하는 것, 힘의 과잉에 의해서만 생겨난 것 모두에 대하여 증오감을 품는다. 미학은 이 생물학적 조건에 분리시킬 수 없이 결부되어 있다. 〈퇴폐주의〉 미학이란 없다. 〈고전주의〉 미학은 있다. 〈미(美) 그 자체〉란 이상주의 전체와 마찬가지로 망상에 지나지 않는다. 소위 도덕적 가치라는 협소한 영역에 존재하는 가장 커다란 두 개의 대립물은 〈군주도덕〉[30]과 〈기독교적〉 가치개념의 두 가지이다. 후자는 전적으로 병적인 토양에서 자라난 것이다. (복음서는, 도스토예프스키의 장편소설이 그리는 것과 똑같은 생리적 유형을 우리에게 제시해 준다.)[31] 군주도덕은 (〈로마적〉이고 〈이교도적〉이며, 〈고전적〉이고 〈르네상스〉적이다). 정 반대로 성공의 신호, 〈상승하는〉 삶의 신호, 삶의 원리로서의 권력에의 의지의 징후이다. 군주도덕이 본능적으로 〈긍정

---

30) 「선악을 넘어서」 260절 참조.
31) 「반 그리스도」 참조.

적〉인 것처럼 기독교 도덕은 〈부정적〉이다. (〈〈신〉, 〈피안〉, 〈자기탈피〉 등 순수한 부정뿐이다.〉) 전자는 자기의 충만함을 사물들에게 발산한다. 그것은 세계를 성화(聖化)하고, 미화(美化)하고, 〈이성화(理性化)〉한다. 후자는 사물들의 가치를 빈곤하게, 창백하게, 가증스럽게 만든다. 그것은 세계를 〈부정한다〉. 〈세계〉라는 말은 기독교에서는 욕지거리이다. 가치를 보는 시각의 이러한 대립은 〈양자〉에게 필연적이다. 사람들이 근거를 대고 논박을 하면서 접근하지 않는 부류의 것이 있다. 사람들은 기독교에 대하여 논박하지 않는다. 사람들은 눈병에 대해서 논리적 반박을 하는 것이 아니다. 사람들이 어떤 철학에 대해서 싸움을 거는 것처럼, 염세주의에 싸움을 건다는 것은 학자적 바보행위의 극치이다. 내가 생각하는 바처럼, 〈참〉과 〈거짓〉의 개념은 관점이라는 것 속에서는 아무 의미가 없다. 사람들이 유일하게 저항해야 할 것은 이러한 대립상태를 대립상태로 보려 〈들지 않는〉 오류, 즉 본능적 사기성(詐欺性)인 것이다. 예를 든다면, 그런 오류를 범하는 데에 있어서 적지 않은 노련미를 지녔던 바그너를 들 수 있다. 그의 수법은, 군주도덕, 〈고상한〉 도덕을 바라보면서 (아이슬란드의 전설이 아마 그 도덕의 가장 중요한 원천일 것이다) 이때 〈빈천한 자들의 복음〉에 관하여, 구원의 필요에 관하여 말하는 정 반대의 가르침을 펴는 것이다 ! …… 덧붙여 말하면 나는 바이로이트로 가는 기독교도들의 겸손함에 경탄한다. 나라는 존재는 바그너의 입에서 나오는 어떤 말들을 배겨내지 못할 것이다. 바이로이트에 귀속되지 〈않는〉 개념이 있다. 어떤가? 기독교란, 여성 바그너주의자들을 위하여, 아마도 여성 바그너주의자들에 〈의하여〉 고안된 것이라고 한다면? 왜냐하면 바그너는 노년에 전적으로 〈여성적 Femini generis〉이었기 때문이다. 다시 한번 말하지만, 오늘날의 기독교도는 내게는 너무 겸손하게 보인다. 만일 바그너가 기독교도였다면 아마도 리스트 Liszt[32]는 교부(敎父)였을 것이다 ! 〈구원〉에의 욕구, 모든 기독교적 욕구의 총체는 그런 희극배우들과는 무관하다. 기독교는 퇴폐주의의 가장 진지한 표현이다. 그것은 성스러운 상징과 실제에 있어서의, 퇴폐주의에 대한 가장 신념에 찬, 가장 고통에 찬 긍정인 것이다. 기독교도는 자기라는 것으로부터 〈해방되기를〉 원한다. 「자아(自我)는 항상 미운 것이다.」[33] 고상한 도덕, 군주도덕은 반대로 자기 뿌리를 자기 〈자

---

32) Franz Liszt는 바그너의 두번째 부인인 코지마 Cosima(1837—1930)의 아버지였다. 리스트는 1861년 로마로 돌아가 프란체스코 수도회에 1865년 가입했다. 그리고 가끔 바이로이트에서 바그너와 만났는데 여기서 1886년 사망했다.

신〉에 대한 의기양양한 긍정 속에 내리고 있다. 그것은 삶의 자기 긍정, 삶의 자기 찬양이다. 그것은 비슷하게 숭고한 상징과 실제를 필요로 한다. 그러나 그 이유는 〈자기들 가슴이 너무도 가득 차〉있기 때문인 것이다. 〈아름답고〉〈위대한〉예술은 모두 여기에 속한다. 이 두 가지 예술의 본질은 감사의 마음이다. 한편 이 예술들로부터, 퇴폐주의에 대한 본능적 반항의지를, 그리고 이 예술들의 상징성 앞에서의 퇴폐주의의 조소와 위협에 대한 본능적 반항의지를 간과해 버리면 안 된다. 이런 의지야말로 그 예술들의 본질을 증명해주는 것이기 때문이다. 고상한 로마인들은 기독교를 〈혐오스러운 미신〉으로 간주했다. 나는 고상한 감수성을 지녔던 최후의 독일인 괴테가 십자가를 어떻게 받아들였는지가 생각난다. [34] 사람들은 이것보다 더 가치있고 더 〈필연적인〉대립쌍을 찾으려 한다면 헛된 일일 것이다. *-3) ──그러나 바이로이트의 사람들이 가지고 있는 그러한 오류는 오늘날 일반적이다. 우리 모두는 기독교적 토지 귀족의 비미적(非美的) 개념을 알고 있다. 이 대립 세력 사이에 낀 〈순진한 존재〉, 이 거짓 속의 〈착한 양심〉은 오히려 〈지극히 현대적〉이다. 사람들은 이로써 현대성에 대하여 거의 정의내린 셈이다. 현대인은 생물학적으로 〈가치들의 모습〉을 나타낸다. 그는 두 의자 사이에 걸쳐서 앉아 있다. 그는 단번에 그렇다와 아니다를 말한다. 바로 우리 시대에 그러한 오류 자체가 인간성이 되었고, 게다가 천재성이 되었다는 것은 얼마나 놀라운가? 〈바그너〉가 〈우리 사이에 살았다는 것〉은? 나는 몇 가지 이유에 의해서 바그너를 현대성의 진열장이라 불렀던 것이다. …… 그러나 우리 모두는 우리와는 정반대의 지식, 의지, 가치, 말, 격식, 도덕에 대해서는 체질적 거부감을 느끼는 것이다. 우리는 생리학적으로 보아서, 〈고장나 있다〉…… 현대 영혼의 진단학, 이것은 어떻게 시작될 것인가? 이 본능적 모순성을 과감히 베어버려야, 그 가치의 대립으로부터 탈피해야, 가장 교훈적인 경우를 생체 해부해 보아야 이루어지는 것이다. ── 바그너의 경우는 철학자에게는 하나의 〈우연한 행운〉이다. 이 글은 독자가 듣고 있듯이, 감사의 마음으로 고양되어 있다. ……

33) 「니체 대 바그너」참조.
34) 괴테의 베네치아 격언 시에 보면
   단지 몇 개만 나는 뱀처럼 독약처럼 불쾌하게 느꼈다. /이 네 가지를 ; 담배연기, 빈대, 마늘 그리고 十.
*-3) 〈고상한 도덕〉과 〈기독교 도덕〉의 대립에 관하여는 우선 나의 「도덕의 계보 Genealogie der Moral」를 보라, 아마도 종교적, 도덕적 인식에 있어서 이보다 결정적인 전환점은 없을 것이다. ──저자주

니체 대 바그너

Nietzsche contra Wagner

저자 서문

　다음의 것들은 나의 오래된 논문들에서 어느 정도 신중히 뽑아낸 것들이며——몇몇은 1877년까지 거슬러 올라간다——도처에 설명이 첨가되었고 특히 요약되기도 했다. 이 논문들은 하나하나 읽혀 내려가는 동안에 리하르트 바그너에 대해서나 나에 관해서나 아무런 의심도 남겨주지 않을 것이다. 우리는 전혀 딴판이기 때문이다. 사람들은 또다른 점도 발견하게 될 것이다. 예를 들면 이것이 심리학자를 위한 에세이이지 독일인을 위한 에세이는 〈아니라〉는 것 등등을. 나는 비인, 페터스부르크, 코펜하겐, 파리, 뉴욕 등 도처에 독자를 가지고 있다. 그러나 유럽의 평원 독일에서는 그렇지 〈못하다〉. 그리고 나는 아마도 이탈리아 신사들의 귀에 한마디를 속삭이고 싶었던 모양이다. 나는 삼국동맹이 얼마나 오랫 동안 견고할 수 있었는가를 생각해 보면, 〈제국〉이 지성적인 민족을 형편없는 곳에 시집을 보낸 것이 아닌가 하고 생각할 정도로 그들을 사랑하노라고.

　　　투린 Turin 에서, 1888년 크리스마스, 프리드리히 니체

내가 경탄하는 곳

나는 예술가들이 종종 자기가 가장 잘 할 수 있는 것이 무엇인가를 모르고 있다고 생각한다. 그들은 그러기에는 너무 허영심에 차 있다. 그들의 감각은, 새롭고 진기하고 아름답고 진정으로 완전하게 자기 땅 위에서 자라날 줄 아는 저 조그마한 식물들보다 더 큼직한 것에 쏠려 있다. 그들 자신의 정원과 과수원에 있는 진짜 좋은 것은 피상적인 그들에게 그 가치를 인정받지 못하고 있다. 그들의 사랑과 통찰력이 그것의 가치를 뒤쫓아가지 못하기 때문이다. 고통받고 억압되고 탄압받는 영혼의 세계에서 음조들을 이끌어내고 그 말없는 불행에 언어를 부여하는 데에는 다른 어떤 예술가들보다도 노련한 음악가 하나가 있다. 늦가을의 색조, 즉 최후의, 가장 최후의, 가장 짤막한 향락의, 형언할 수 없이 감동적인 행복의 색조에 있어서 아무도 그를 따르지는 못한다. 인과관계가 완전히 허물어진 것 같고 매순간 무엇인가가 〈아무 이유없이〉 생겨날 수 있는, 저 영혼의 비밀스럽고 공포스러운 한밤중을 표현하는 음향을 그는 알고 있다. 그는 인간의 행복의 가장 밑바닥에서 행복을 길어 올릴 때, 말하자면 가장 떫고 구역질나는 포도주와 가장 달콤한 포도주가 결국에는 함께 뒤섞이게 될 곳인 텅빈 술잔에서 포도주를 길어 올릴 때 무엇보다도 가장 행복함을 느낀다. 더이상 뛸 수도 날 수도 없고 더우기 더이상 걸을 수도 없는 영혼의 힘든 장소 이동을 그는 알고 있다. 그는 감추어진 고통, 믿음없는 이해, 말없는 이별들을 보는 수줍은 눈을 가지고 있다. 모든 비밀스러운 불행의 소유자 오르페우스처럼, 그는 어떤 누구보다도 위대하다. 그리고 지금까지 표현해낼 수 없고 또는 반(反)예술적인 것처럼 보이던 많은 것들이 대체로 그에 의해서 비로소 예술 속에 편입되어 왔다. 예를 들면, 가장 고통받는 자만이 해낼 수 있는 견유학파적 생활 혁신, 그리고 아주 작고 현미경적인 많은 것들이 마치 양서류에 붙은 비늘조각처럼 편입된 것이다. 그렇다. 그는 몹시 작은 것에 대한 〈거장〉이다. 그러나 그는 그러고자 하지를 않는다! 그의 성격은 오히려 커다란 벽들과 과감한 벽화들을 더 사랑한다! 그는 자기의 정신이 전혀 다른 감수성과 경향을——즉 정반대되는 〈시각〉을—— 가지고 있고 무너진 집의 한 구석에 조용히 앉아 있기를 가장 좋아한다는 사실을 미처 모르고 있다. 그러나 그는 이곳에서 숨어서, 혼자 숨어서, 모든 것이 짤막하고 가끔가다가 한 박자 정도만 길어지는 자기 고유의 걸작을 빚어내는 것이다. 여기에서 비로소 그는 아주 훌륭하고, 위대하고 완전하게 되어진다. 아마도 오직 여기에서만 그럴 것이다. 바그너는 깊이 고통받은 자이다. 이것이 다른 모든 음악가들보다 그가 〈뛰어난 점〉이다. 나는 바그너가 음악 속에다 〈자기 자신을〉 침투시킨 모든 부분에 있어서 바그너에게 감탄하는 것이다.

내가 반대하는 곳

　그렇다고 해서 내가 이러한 음악을 건강하다고 간주한다는 말은 아니다. 최소한 바그너가 거론되고 있는 경우에는 말이다. 바그너의 음악에 대한 나의 거부반응은 생리적 거부이다. 그러면 왜 이 생리적 반응은 미학적 형식으로 자신을 위장하는 것일까? 그것은 바로 미학이란 응용된 생리학에 지나지 않기 때문이다. 내가 〈사실〉대로 말하면, 즉 내가 사실을 하나도 감추지 않는다면, 이러한 음악이 나에게 겨우 영향을 미치게 될 때, 나는 더이상 가볍게 숨쉬지를 못하겠고 내 발은 곧장 그 음악에 대하여 악의를 품고 반역을 꾀하게 된다. 내 발은 율동과 춤과 행진을 필요로 한다. 그리고 바그너의 황제 행진곡에 맞추어 행진할 수 있는 독일의 젊은 황제는 아무도 없다. 내 발은 음악에 대하여 무엇보다도 〈풍부한〉 움직임, 발걸음, 무용 등에서 느껴지는 황홀감을 원하고 있는 것이다. 뿐만 아니라 내 위장도, 내 심장도, 내 맥박도 마찬가지이며 나는 이때 목이 쉬어……. 바그너를 감상하기 위해서는 나는 신경 안정제를 필요로 한다. 그래서 나는 스스로 묻는다. 도대체 나의 육체 전부는 음악에 대하여 무엇을 〈바라고〉 있는 것일까? 영혼이란 없기 〈때문에〉 자기가 〈가벼워지는 것〉을 원하는 것이라고 나는 믿는다. 이것은 마치 모든 동물적 기능들이 가볍고, 과감하고, 신나고, 확실한 리듬에 의해서 그 활동이 촉진되는 것과 같다. 또한, 구리 같은 삶, 납덩어리 같은 삶이 황금 같고 섬세하며 매끄러운 선율에 의해서 자기 무게를 잃어버리게 되는 것과 같기도 하다. 나의 우울한 마음은 〈완성된 것〉의 심연 속에 숨어서 충분히 휴식을 취하고 싶어한다. 그래서 나는 음악을 필요로 하는 것이다. 그러나 바그너는 병을 준다. 그러면, 〈나에

계〉극장은 어떤가? 대중들을——그리고 누가 〈대중〉이 아니겠는가!
——속죄시켜 주는 저 발작적인 〈도덕적〉황홀경은 어떤가! 배우들의
주문(呪文) 같은 몸짓은 도대체 무엇인가! 사람들은 알 것이다. 내 천
성은 본질적으로 반(反)극장적이라는 것을. 내가 극장을 싫어하고 몹시
뛰어난 이 〈대중예술〉을 싫어하며 오늘날 모든 예술가가 가지고 있는 내
영혼의 밑바닥까지에 대한 깊은 조소(嘲笑)를 미워한다는 것을. 무대 위
에서의 〈성공〉——이것으로써 사람들은 나의 신용을 완전히 잃어버린다.
〈실패〉——이럴 때 나는 귀를 곤두세우고 주의를 기울이기 시작한다.
그러나 바그너는 정반대였다. 지금 존재하고 있는 모든 것 중에서 가
장 고독한 음악을 만들어왔던 바그너의 〈옆에는〉 아마도 지금까지 있어
왔던 것 중에서 가장 영감(靈感)적인 모방자인 연극인과 배우들이 〈역시
또한 음악가로서〉 버티고 서 있는 것이다. 그리고 덧붙여 말하자면, 바
그너의 이론은 〈극(劇)이 목적이고 음악은 항상 수단일 뿐이다.〉그러나
그에게 있어서 실제로는 〈정서 표현이 목적이고 극과 음악은 항상 그 수
단일 뿐이다.〉음악은 극의 외관(外觀)과 배우의 모습을 명료히 하고 강
화하고 내면화하는 수단이다. 그리고 바그너의 극은 수많은 흥미있는
정서 표현의 시험장이다! 바그너는 다른 모든 성향들 이외에도 하나의
위대한 배우가 지니는, 모든 점에 있어서 〈명령적인〉본능을 지니고 있
었다. 나는 전에 이러한 점을 어떤 바그너 추종의 골수분자에게 명료히
설명해 주느라 애를 먹은 적이 있다. 명료함과 바그너 추종자라니! 이
에 대해서는 나는 더이상 말하진 않겠다. 다만 여러가지 이유로 몇 마
디 덧붙이겠다. 「당신 자신에 대하여 좀더 떳떳하십시오. 우리는 정말
바이로이트에 있는 것이 아닙니다. 바이로이트에서는 사람들은 단지 대
중으로서만 떳떳할 뿐이며 개인으로서는 거짓말을 하고 자신을 속입니
다. 사람들은 바이로이트에 갈 때 자기 자신을 집에 놓아두고 갑니다.
사람들은 자기 말을 하고 스스로 선택할 수 있는 권리를 포기하고 자기
의 감수성과 자기의 용기까지도 버립니다. 사람들이 자기 방의 사방 벽
에 둘러싸여 신과 세계에 대해서 가지고 발휘하던 용기를 말입니다.
그 극장에 갈 때에는 아무도 자기 예술의 최고로 섬세한 감각을 함께
가지고 가질 않습니다. 최소한, 그 극장을 위해 일하고 있는 예술가들
은 그렇다고 할 수 있습니다. 고독이 필요합니다. 모든 완전한 것은 어
떤 증거를 들이대도 완전히 해명되지 않습니다. 극장 속에서 사람들은
대중, 군중, 여자, 바리새인, 어중이 투표권자, 보호자, 백치——〈바그
너 추종자〉가 되어 버립니다. 그곳에서는 개인적 양심도 다수(多數)라는

평준화의 마력에게 지고 맙니다. 그곳에서는 이웃이려는 것이 지배권을
휘두르고 그곳에서 사람들은 이웃이 〈되어 버립니다.〉……」

위험한 바그너

1

　오늘날 몹시 강하면서도　불명료하게 〈무한 선율〉이라 불리워지는 것에서 새로운 음악이 추구하는 의도는 다음과 같은 비유를　통해서 명료히 이해되어질 수 있다. 사람들은 바다로　들어가면, 점차로 땅 위에서의 확실한 걸음걸이를 상실하고 마침내　자연의 힘에, 자의 반 타의 반으로 굴복하게 된다. 인간은 〈헤엄〉쳐야 하는 것이다. 예전의 음악에서는 사람들은 우아하거나 장중하거나 혹은　격렬한 동작으로 이리저리, 빠르게 느리게 지금과는 몹시 다른 행위를 해야 했다.　즉 〈춤〉을 추어야 했던 것이다. 여기에 필요한 절도, 일정한 정도로 균등한 시간과 힘의 정지상태 등은 청중의　영혼을 지속적 〈침사(沈思)〉에 잠기게 강요했다. 모든 〈훌륭한〉 음악의 마력의 근거는, 침사상태에서 유래하는 서늘한 대기의 흐름과 감격에 더워진 숨결의 상호 반작용이었던 것이다――리하르트 바그너는 다른 종류의 운동을 원했다. ――그는 지금까지의 음악의 생리적 조건을 전복시켰다. 더이상 걷고 춤추는 것이 아니라 헤엄치고 떠다니는 것을 원한　것이다……아마도 이 말은 결정적인 의미를 가지고 있을 것이다. 〈무한 선율〉은 바로, 시간과　힘의 균등한 절도를 모두 파괴해 버리려 한다. 무한 선율은 그것들을 이따금 멸시한다. 무한 선율은 예전의 귀에는 리듬상의 역설이나 모욕으로 들리던 것들 속에서 수많은 리듬을 고안해 낸다. 그러한 감수성의 지배상태와　이의 모방으로부터 음악에 대한 위험이 발생하게 될 것이다. 이 이상 더 큰 위험은 생각될 수조차 없다. 그 위험은 바로 리듬 감각의 완전한　퇴화이며 리듬 대신 등장한 〈혼동〉상태이다…… 이 위험이 절정에 이르는 것은, 그러한 음악이, 〈영향력〉을 원하는 그리고 전적으로 자연주의적이며 조각

의 법칙의 어떤 것에도 지배당하지 않는 연극 나부랑이와 동작기술에 의
존할 때이다……모든 것을 희생시킬 수 있는 에스프레시보(espressivo
표정이 풍부하게——역주), 그리고 감정 표현의 하인이자 노예로서의 음악
——〈이것은 종말이다〉……

2

어떤가? 음악 연주가들이 현재 믿고 있는 것처럼, 어떤 상황에서도
더이상 능가당하지 않는 부조(浮彫)에 도달한다는 것이 실제로 연주행위
의 제일의 미덕일까? 이것은 예를 들어 모짜르트에 적용시켰을 때 모
짜르트의 정신, 즉 쾌활하고 열광적이며 부드럽고 풀리는 듯한 모짜르
트의 정신에 거역하는 죄업이 아닐까? 그는 다행히도 독일인이 아니다.
그의 엄숙함은 호의적이고 고귀한 엄숙함이며 독일적 우직한 자의 엄숙
함은 아니다…… 하물며 〈돌로 된 청중〉의 엄숙함은 더욱 아닌 것이다…
…그러나 그대들은, 〈모든〉 음악은 〈돌로 된 청중〉의 음악이노라, 〈모
든〉 음악은 돌 속을 뚫고 들어가 청중의 내장 속까지 흔들어 놓아야 하
노라……음악은 우선 그렇게 〈작용하노라〉라고 생각하고 있는가? 그렇
다면 누구에게 음악이 작용하는가? 〈고상한〉 음악가라면 아무도 상대
하고자 하지 않을 어떤 것에——대중에게 ! 미성년자에게 ! 둔한 자에
게 ! 병적인 자에게 ! 백치들에게 ! 바그너 숭배자에게 !

미래없는 음악

　음악은, 어떤 특정 문화의 토양 위에서 자랄 줄 아는 모든 다른 예술들로부터 발생한다. 그 이유는 아마도, 꽃의 최후가 새싹의 등장을 위한 것처럼, 음악은 가장 내면적인 것이고 그 결과 가장 늦게, 자기에게 귀속되는 문화의 가을철 꽃이 떨어지는 시기에 이룩되기 때문일 것이다. 네덜란드 거장들의 예술 속에서야 비로소 기독교적 중세의 영혼은 그 결실을 맺었다──그 문화의 음향 조직 기술이야말로 진정한 고딕 예술의 친자매이다. 헨델의 음악에서야 비로소 루터와 그를 닮은 자들의 영혼으로부터, 그리고 종교개혁에 위대한 성격을 부여해 준 유태적, 영웅적 특징으로부터 나온 최고의 것이 울려퍼졌다. 구약은 음악이 되었고 신약은 그렇지 〈않았다〉. 모짜르트는 루드비히 14세 시대와 라신느 Racines 및 클로드 로랭 Claude Lorrain 의 예술에 금방울 소리를 부여했다. 베에토벤과 로시니 Rossini의 음악에서야 18세기, 즉 열광의 시기, 허물어진 이상의 시대, 〈덧없는〉 기쁨의 시대가 노래 불렸다. 모든 진실하고도 독창적인 음악은 백조의 노래이다. 아마도 우리 시대의 음악 역시 아무리 우세하고 지배적이라 하여도 수명이 오래가지 않을 것이다. 왜냐하면 음악은, 그 기반이 급격히 가라앉아 가는 어떤 문화, 급격히 〈빠져드는〉 문화에서 발생하기 때문이다. 음악의 전제는 감정의 가톨릭주의, 그리고 어떤 오래된 고향 같은 소위 〈민족적인〉 본질과 그 현상에 대해서 느끼는 즐거움이다. 바그너가 전설과 가요를 정복하여 자기의 박식한 편견에 의하여 뛰어난 게르만적 요소를 보는 법을 가르쳐 주었다는 것──우리는 오늘날 이를 우습게 알지만──그리고 이 스칸디나비아의 괴물이 달콤한 감각과 관능에 대한 갈증 때문에 새로이 생명력을

208

얻었다는 것——바그너의 이러한 모든 갈팡질팡은, 그의 소재, 인물, 열정, 신경 등을 고려해 볼 때, 〈그의 음악정신〉을 명백히 가르쳐 주고 있다 하겠다. 그의 음악도 다른 모든 음악처럼 자기 자신에 관하여 이중의 의미로 말하지는 않는다고 전제할 때 그렇다는 얘기다. 이런 전제가 필요한 것은 음악이란 여성이기 때문이다……우리가 현재 반작용 내부의 반작용 속에 살고 있다고 해서 우리는 이런 사태에 현혹되어서는 안 된다. 국민전쟁의 시대, 로마 교황청의 수난 시대 등등의 현재 유럽의 상황들의 고유한 단막극적 성격은 진실로 바그너의 음악 같은 것에 일시적인 영광을 안겨다 줄 뿐, 미래에 대하여는 아무런 보장을 해주지 않는다. 독일인에게조차 미래는 없다……

우리 대척자(對蹠者)

    사람들은, 아니 최소한 내 친구들은 아마도 내가 처음에는 약간의 오류와 과대평가를 범하면서, 항상 〈희망하는 자〉로서 이 현대 세계에 싸움을 걸었음을 기억할 것이다. 나는 흄, 칸트, 헤겔의 철학 속에, 보다 높은 사고력, 삶에 대한 승리의 충일감 등이 표현되어졌을 때 19세기의 철학적 염세주의는 이것들의 한 증상이라고 이해했었다──어떤 개인적 체험에 의거해서 그런 결론을 내렸는지 아는 사람이 있는가?──나는 〈비극적〉 인식을 우리 문화의 가장 화려한 사치로, 우리 문화의 가장 비싸고 고상하며 가장 위험한 종류의 낭비로, 그러나 그 인식적 풍요를 고려할 때 허용될 수 있는 사치로 간주하였다. 마찬가지로 나는 바그너의 음악을, 영혼의 디오니소스적 강건함의 표현을 위해 필요한 것으로 해석내렸다. 나는 태고적부터 묻혀 있던 삶의 근원력을 드디어 숨쉬게 만들어주는 지진의 소리를 바그너의 음악에서 듣는다고 믿었다. 오늘날 문화라고 불리우는 모든 것이 이 때문에 동요하게 된다는 것쯤은 아무래도 상관이 없었다. 사람들은 내가 무엇을 부인하는가를 알아야 한다. 내가 바그너와 쇼펜하우어에게 제시하는 것이 무엇인지를 들여다 보아야 한다. 나는 나를 제시한다. …… 모든 예술과 모든 철학은, 삶이 성장하든 쇠퇴하든 간에, 그 삶에 대한 치료 수단, 보조 수단으로 간주되어져야 마땅하다. 철학과 예술은 항상 고통 및 고통받는 자를 전제로 하기 때문이다. 그러나 세상에는 두 종류의 고통받는 자가 있다. 하나는 삶의 〈과잉〉에 고통받는 자이다. 그는 디오니소스적 예술을 원하며 또한 그만큼 삶에 대한 통찰과 개관을 얻기를 원한다──또다른 하나는 삶의 〈빈곤화〉에 고통받는 자이다. 그들은 예술과 철학으로부터 안정과 고요, 잔잔한 바다를 얻기를 원하지만 〈때로는〉도취, 경련, 마비를 원하기도 한다. 이는 삶 자체에 대한 보복——그러한 가난뱅이들을 위한 가장 즐거운 종류의 도취인 것이다!……두번째의 고통받는 자들의 이중의 욕구에 부합되는 자는 바그너이고 쇼펜하우어이다——그들은 삶을 부정하고 헐뜯는다. 그럼으로써 그들은 나에 대한 대척자인 것이다——삶의 충일에 있어 가장 부유한 자, 디오니소스적 신인(神人)은 공포스럽고 불가해한 것을 주목할 뿐 아니라 공포스러운 행위 자체를 수행하며 파괴, 해체, 부정의 모든 사치를 즐긴다——그에게 있어서는 생산적, 재건적(再建的) 힘들의 과잉의 결과 악한 것, 무의미한 것, 가증스러운 것들이 허락되어 있는 듯이 보인다. 이는 마치 이것들이 자연 속에서도 허락되어 있는 듯이 보이는 것과 마찬가지이다. 그 힘들은 어떠한 폐허로부터도 풍요한 전답(田畓)을 만들어낼 수 있는 것이다. 반면에 가장 고통받는 자, 삶이 가장 빈곤한 자가 사고와 행동에 있어서 가장 필요로 하는 것은 온화, 평화, 그리고 선(善)이며——이것은 오늘날 인간성이라 불리우고 있는 것들이다——경우에 따라서는 원래, 병자들의 신(神)인 즉 〈구세주〉라는 신, 그리고 백치들을 위한, 삶의 개념적 설명이라 할 수 있는, 논리도 필요로 되어진다——전형적인 〈자유사상가〉는 〈관념론자〉나 〈아름다운 영혼 schönen Seelen〉과 마찬가지로 모두 퇴폐주의자들이다——짧게 말하면 〈백치가 되는 것〉을 묵인해 주는 낙천주의적 시야 속에, 어느 정도 따뜻하고 어느 정도 공포로부터 보호되면서 감금당하는 것을 필요로 하는 것이다……그래서 나는 점차로 에피쿠로스를 이해하기 시작했다. 그는 디오니소스적 그리이스인과는 반대의 존재이며 결국, 기독교도인 것이다. 기독교도는 실제로 일종의 쾌락주의자에 지나지 않으며 「행복을 주는 것은 〈신앙〉이다」라는 자기들의 문구를 지니고 〈가능한 한 멀리까지〉쾌락주의의 원리를 뒤따른다. 지적(知的) 성실성을 포기해 버리는 정도까지…… 내가 다른 모든 심리학자들보다 뛰어난 점이 있다고 한다면, 그것은 내가, 대부분의 사람들이 오류를 범하곤 했던 저 가장 어렵고 가장 위험스러운 귀납적 추론을 해내기 위해 비교적 예리한 시선을 소유하고 있다는 점이다. 이러한 추론이란 바로 작품으로부터 창조자를, 행위로부터 행위자를, 이상(理想)으로부터 그 이상을 〈필요〉로 하는 사람을, 모든 사고방식과 평가방식으로부터 그 이면에서 명령내리는 〈욕구〉를 밝혀내는 것이다. 모든 종류의 예술가들에 대하여 이제 나는 다음의 큰 구별을 짓는다. 도대체 삶에 대한 〈증오〉가 창조성으로 변하는가 아니면 삶에 있어서의 충일이 그러한 것인가? 예를 보자면, 괴테에게 있어서는 충일성이 창조성으로 변했지만 플로베르 Flaubert 에게서는 증오감이 그러했다. 플로베르, 그는 파스칼 Pascal 의 재판(再版)이다. 다만 근본적으로 본능적 판단력을 지닌 하나의 예술가인 점만 다르다. 「플로베르는 항상 천박하다. 그의 인간 자체는 아무것도 아니고 그의 작품이 전부이다. ……플로베르는 창작할 때 자기를 고문했다. 마치 파스칼이 사색할 때 스스로를 고문했던 것처럼──그들 둘은 비이기적(非利己的) 감성을 지녔다……」 무사무욕이란 퇴폐주의의 원리이다. 그것은 예술에 있어서의 파멸에의 의지인 것이며 도덕에 있어서의 궁극에의 의지인 것이다. ──

바그너가 소속하는 곳

　지금도 프랑스는 유럽의 가장 정신적이고 가장 세련된 문화의 중심지이며, 감수성의 고도의 수련장이다. 그러나 사람들은 이러한 〈감수성의 프랑스〉를 잘 인식하지 못하고 있다. 예를 들어 《북독일 신문 Nord deutsche Zeitung》 혹은 이 신문 속에 자기의 투고란을 가지고 있는 사람은 프랑스 사람들을 〈야만인〉으로 보고 있는 것이다. 내 개인으로서는 해방되지 못한 〈노예〉들로 득실거리는 〈검은〉대륙은 바로 북독일 지방 일대에 널려있다고 생각되는데 말이다……〈저〉 프랑스에 귀속되는 자는 자기 모습을 잘 은폐한다. 살아있는 사람은 소수일지도 모른다. 게다가 아마도 그 사람들은 가장 활발하게 활동하지는 않고 있을 것이며, 그 중에는 숙명론자, 우울한 자, 병든 자, 혹은 유약한 자, 부자연스러운 자 즉, 인위적으로 되려는 공명심을 지닌 자들이 섞여 있을 것이다──그러나 그들은 고상하고 섬세한 모든 것을 소유하고 있으며 이것들은 오늘날 세계에 보편화되어 있다. 염세주의의 프랑스이기도 한 이 정신의 프랑스 속에서 오늘날 쇼펜하우어는 독일에서보다 훨씬 더 자기의 고향을 느끼고 있다. 그의 주저(主著)는 이미 두 번이나 번역되었고 그 두번째 번역은 몹시 뛰어나서 나는 쇼펜하우어를 프랑스 말로 읽는 것을 더 원할 정도다. (──그는 독일인들 사이의 하나의 〈우연의 소산〉이었다. 마치 내가 그러한 우연의 소산인 것처럼──독일인들은 우리에 해당하는 손가락을 지니고 있지 못하다. 그들은 대체로 손가락이 없다. 그들은 단지 손만을 지니고 있을 뿐이다.) 하인리히 하이네 Heinrich Heine에 관해서는 말할 것도 없다──파리에서 사람들은 그를 〈존경할 만한 하이네〉라고 부른다──그는 오래 전부터, 프랑스의 비교적 깊이있고 재치있는 서정시인들의 피가 되고 살이 되어왔다. 독일의 멍청이들이 그러한 사람들의 〈섬세한〉 천성을 가지고 무엇을 시작할 수 있었겠는가!──마지막으로 바그너에 관해서 말한다면 사람들은 파리가 바그너의 원래의 〈기반〉이었다는 점을 대체로 알고 있다. 아니, 그것보다는 너무도 명백히 알고 있다고 해야 한다. 프랑스의 음악이 〈현대 정신〉의 욕구를 더 많이 반영할수록 그것은 그만큼 더 바그너적으로 되어 버리는 것이다──이런 일은 이미 충분히 있어났다──사람들은 이 점에 관하여 바그너 자신의 행동에 의해서 혼동을 일으키지 말아야 할 것이다──바그너가 1871년 그의 사고(死苦) 중에 파리를 조소한 것은 확실히 그의 비열한 수단이었다. 그럼에도 불구하고 바그너는 독일에서 하나의 오해의 산물이었다. 예를 들면 젊은 황제는 바그너에 관하여 무엇을 이해하는 데 있어서는 가장 무능한 자였을 것이다. 그러나 그럼에도 불구하고 유럽의 문화운동에 정통한 모든 사람들은 프랑스 낭만주의와 리하르트 바그너가 서로 몹시 밀착해 있다는 것을 명백한 사실로 받아들이고 있다. 문학의 눈과 귀──〈세계 문학적〉 교양을 지닌 유럽 제일의 예술가들──를 전적으로 지배하는 것은 게다가 대체로 문필가 자신, 시인, 감각과 기교의 중개자와 혼합자, 〈표현〉에 대한 광신자, 숭고한 것과 가증스러운 것과 소름끼치는 것들의 세계에 대한 위대한 발견자, 인상(印象)과 진열, 즉 진열장의 기술에 있어서의 더 위대한 발견자, 그들의 천재성을 훨씬 넘어서는 재능의 소유자들──전적으로 〈명수들〉, 즉 낯선 것, 이국적인 것, 거대한 것, 감성과 오성의 모든 마취제 등을 몹시 동경하여 논리와 직선의 천적(天敵)을 유혹하고 부추기며 위협하고 감격시키는 거대한 능력의 소유자 모두인 것이다. 대체로 대담하고 모험적이며 화려하고 힘있으며 드높이 날고 높이 이끌어 올리는 종류의 모든 예술가들인 것이다. 그들은 자기 세기──이것은 〈대중〉의 세기이다──에게 〈예술가〉의 개념을 처음으로 가르쳐 주지 않을 수 없었다. 그러나 〈병적으로〉……

순결의 사도로서의 바그너

1

——그것은 과연 독일적인가?
독일의 심장으로부터 오는가, 이 둔중한 쇳소리는?
그리고 이 자기 파괴는 독일의 육체에서 일어나는 것인가?
독일적인가, 내미는 주교의 이 손들은,
이 신성한 연기가 피어오르는 관능적 매혹은?
그리고 독일적인가, 이 추락, 정체(停滯), 비틀거림이,
이 달콤한 종소리가?
이러한 수녀의 추파, 성스러운 종소리,
이 완전히 거짓된, 하늘에 대한 과도한 경모(敬慕)가?

——그것은 과연 독일적인가?
헤아려 보라! 아직도 그대들은 들어서지는 않았다……
그대들이 듣는 것은 로마이기 때문이다——〈로마의 침묵의 신앙〉!

2

관능과 순결에는 어떤 필연적 대립관계는 없다. 모든 건전한 결혼생활, 모든 본래적인, 가슴의 사랑은 이러한 대립관계를 초월해 있다. 그러나 실제로 이러한 대립이 존재하는 경우에도 다행히 이 대립은 더이상 비극적 대립일 필요는 없는 것이다. 이 점은 최소한, 행실이 바르고 쾌활한 인간들 모두에게 해당되는 것이며 이러한 인간들은 천사와 짐승의 한가운데에 놓여 있는 자기의 위치를 절대로 존재 파멸의 이유로 간주하지 않는 것이다——가장 순량한 자들, 가장 밝은 자들은 하피스

Hafis 나 괴테 Goethe처럼 그 점에 있어서 오히려 일종의 매력을 더 크게 느끼기까지 한다……그러한 인간의 모순성 자체가 인간을 삶에로 유혹하는 것이다……한편 마녀 키르케 Circe가 기르는 불행한 짐승들이 순결을 찬양하게 되는 일이 있다면, 그것들은 인간 속에서 대립을 보고 순결을 〈찬양〉하는 것이라는 점을 충분히 우리는 이해할 수 있다——오 얼마나 비극적인 열망이며 돼지 같은 심보인가! 사람들은 그것을 생각해낼 수 있다——그 대립이란 뼈아프고 몹시도 과도한 대립이며, 이것을 리하르트 바그너는 자기 생애의 말기에 음악 속에 담아서 무대 위에 올리지 않을 수가 없었다. 〈그러나 무엇을 위해?〉 이 점은 우리가 의당 물어야 한다.

3

이 경우 물론, 도대체 바그너에게 저 남성적인(아, 몹시 남성답지 않은) 〈시골의 소박함〉, 그리고 저 불쌍한 악마와 이 악마에 의해서 몹시 위험한 과정을 겪으며 결국 가톨릭적으로 만들어지는 자연아(自然兒) 파르지팔은 어떤 의미를 지니는 것인가 하는 질문이 중요하다. 어떤가? 이 파르지팔이 대체로 〈진지하게〉 제작된 것이었다고 한다면? 사람들이 파르지팔에 관하여 〈웃음을〉 금치 못했다는 사실에 나는 전혀 반박하고 싶지는 않다. 고트프리트 켈러 Gottfried Keller도 그렇지 않았다…… 말하자면 사람들은 바그너의 파르지팔이 명랑하게 제작되어서 마치 비극작가 바그너가 자기에게 적합하고 어울리는 방법으로 우리와 자기 자신 그리고 특히 〈비극〉에게 작별을 고하는 계기인 최종 작품으로, 즉 사티로스 극으로 만들어지기를 원했을 것이다. 그 계기란 말하자면 비극 자체에 대한, 지금까지의 모든 공포스러운 지상(地上)의 가혹함, 지상(地上)의 비참함에 대한, 결국은 극복된 금욕적 이상의 냉혹한 천성 속에 내재하는 〈가장 무감각한 형식〉에 대한 가장 방자한 풍자의 망나니짓인 것이다. 파르지팔은 확실히 오페레타의 우수한 소재이다……바그너의 파르지팔은 자기가 자기를 스스로 굽어보며 웃는 비밀의 웃음인가? 자기 최후이자 최고의 예술가적 자유, 예술가적 초월성의 승리인가?—— 자기 자신에 대하여 웃을 줄 아는 바그너 자신인가?……사람들은, 앞서 발했다시피 그것을 바라고 있었을 것이다. 그렇지 않다면 〈진지하게 제작된〉 파르지팔은 무엇이란 말인가? 사람들은 실제로 (그들이 내게 대해 배척의 감정을 표명했듯이)〈광기로까지 되어버린, 인식과 정신과 육체에 대한 증오감의 탄생〉을 보아야 할 필요가 있는 것인가? 감성과

정신에 대한 동시(同時)의 저주를? 기독교적이고 병적이며 반(反) 계
몽주의적인 이상에로의 배반과 전향을? 그리고 결국, 그때까지 자기
의지의 모든 힘을 동원하여 자기 예술의 최고의 정신화(精神化), 최고의
감성화(感性化)에 매진하고 있던 예술가 자체에 의한 자기 부정과 자기
말살을? 그리고 자기 예술뿐만 아니라 자기의 삶까지도 말살하는 것
을? 사람들은 바그너가 얼마나 감격해 하면서 포이에르바하 Feuerbach
의 발자국을 밟으며 걸어갔는가를 기억해 내기 바란다. 〈건강한 감성〉
이라는 포이에르바하의 말은 삼사십 년 후의 수많은 독일인들에게처럼
──그들은 스스로 〈청년〉독일인이라고 불렀다──바그너에게도 구원의
소리처럼 들렸다. 그는 결과적으로 건강한 감성을 〈틀리게〉 배운 것인
가? 이런 질문을 하는 이유는 최소한 그가 건강한 감정을 〈다르게〉가
르치려는 의지를 결국 갖게 되었던 듯이 보이기 때문이다. 그에게 있어
〈삶에 대한 증오〉는 플로베르에게서처럼 그를 지배하게 되어버린 것인
가?……그렇다고 한다면 그 이유는 파르지팔이 간계의 산물, 복수심의
산물, 삶의 전제에 대한 비밀리에 제조된 독약의 혼합물이며 〈저질의〉
작품인 것이다──순결의 설교는 반자연(反自然)의 선동에 지나지 않는
다. 나는 파르지팔을 미풍양속의 살해음모로 받아들이지 않는 사람들
모두를 경멸한다.

내가 어떻게 바그너로부터 벗어났는가

/

이미 1876년 여름, 첫번째 축제 공연의 기간 중에 나는 바그너에게 내적으로 결별을 고했다. 나는 이중의미적인 것은 하나도 찾아내질 못한다. 바그너는 독일에 있는 동안 내가 경멸하는 것, 즉 바로 반 유태주의에로 점차 흘러갔다……당시는 작별을 행하기에 아주 적절한 때였다. 그 후 곧 나는 그 증거를 얻었던 것이다. 리하르트 바그너, 겉으로 보아서는 가장 성공한 자, 실제로는 썩어버린 퇴폐주의자이고 타인을 절망으로 유인하는 퇴폐주의자인 그는 갑자기 어찌할 바를 모른 채 산산이 부서져서 예수의 십자가 앞에서 침몰해 내려갔던 것이다…… 그것은 당시에 이러한 공포스러운 연극을 볼 수 있는 눈을 지니고 있고 이 연극에 양심적으로 동정을 느낄 수 있었던 독일인이 하나도 없었기 때문인가? 바그너에게——괴로움을 당했던——사람은 내가 유일하단 말인가? 그렇다. 그 예기치 못했던 사건은 나 자신에게 내가 버리고 떠나온 장소에 관하여 마치 번갯불 같은 선명함을 제시해 주었다——그리고 정신없이 커다란 위험 속을 뚫고 지나온 사람이면 누구나 느끼는, 저 사후(事後)의 공포도 아울러 느끼게 해주었다. 내가 홀로 더욱 멀리 걸어갔을 때 나는 떨었다. 그 후 얼마 안가서 나는 아팠다. 아니 아픈 것보다 더해서 말하자면 지쳤다——우리 현대인이 열광하게 만들 수 있는 남아 있는 모든 것에 대하여, 그리고 어디에서나 〈탈진해버린〉기력, 노동력, 희망, 청춘, 사랑 등에 대하여 억제할 수 없이 다가오는 절망감에 지쳤다. 지금 다시 한번 가장 용기있는 자들 중의 한 사람에게 승리를 거두어 올린, 관념론적 거짓부렁과 양심의 허약성 전체를 보고 느끼는 구역질에 지쳤다. 결국, 그리고 적지않이, 나는 이제 예전보다는 더욱 깊이 불신하고, 더욱 심하게 경멸하고 더욱 심하게 〈고독〉하여야 한다는 판결을 선고한 가혹한 세인의 양심에 대한 원통한 감정에 지쳤다. 나는 리하르트 바그너 이외에는 아무도 가지고 있지 않았었기 때문이다……나는 항상 독일인이기를 선고받았다……

2

그때부터 고독하게 그리고 스스로에 대해서 가혹하게 불신하며, 나는 약간의 통분을 품은 채, 당시에 나 자신에게는 적대적이면서도, 바로 나를 괴롭히고 냉혹히 대하는 모든 것에 우호적인 입장을 취하였다. 이렇게 하여 나는 다시금 저 용기있는 염세주의에로의 길을 발견하게 되었다. 이 염세주의는 모든 관념론적 허위에 대한 대립적 사고방식이다. 그리고 아울러 스스로에게 보여주고자 원했던 대로 〈나에게〉 가는 길, 〈나의〉 과제로 가는 길을 걸었다……저 드러나지 않은 채 명령을 내리는 무엇, 이 무엇이 마침내 우리에게 우리의 과제를 가르쳐주기 전까지는 우리는 이 무엇의 이름조차 오랫 동안 모르고 있었다. 이, 우리들 속에 내재하는 폭군이 무시무시한 복수를 가하는 대상은 바로, 우리가 그 폭군에게 작별을 고하거나 그로부터 탈출하려 했던 모든 시도, 너무 빠른 단념들 모두, 우리가 자기를 우리와는 관계없는 존재로 간주함, 타인의 존경을 받을 만한 행동이 우리를 우리의 주된 과제로부터 딴 곳으로 빗나가게 만드는 경우에는 그 존경받을 만한 행동――말하자면 우리를 우리의 가장 본래적인 책임성의 엄격함에 직면하지 않게 만들어 주는 모든 미덕(美德)이라는 것들인 것이다. 우리가 〈우리의〉 과제에 대한 우리의 권리를 의심하고자 할 때, 우리가 그 권리를 좀더 가벼운 것으로 만들기 시작할 때 등장하는 것이 바로 병적 상태인 것이다. 신기하면서도 공포스러운 느낌을 주는 일이다! 우리가 가장 엄격히 듣어고쳐야 하는 것은 바로 우리의 책임의 〈완화〉이다! 게다가 우리가 건강상태로 〈되돌아가려〉 한다면, 우리는 선택의 여지없이, 우리가 예전에 짊어지게 되었던 것보다 더욱 〈무겁게〉 짐을 짊어져야만 하는 것이다……

심리학자는 말한다

1

　어떤 심리학자가, 타고난 심리학자가, 필연적으로 심리학자이자 영혼의 탐구자인 사람이, 자기가 모색해 오던 경우와 인간형에 좀더 접근하면 할수록 그는 타인에 대한 동정심에 질식해버릴 위험을 더욱 크게 지니게 된다. 그는 다른 어떤 사람보다도 무정함과 명랑함을 〈필요로〉 한다. 고귀한 인간들의 파멸과 몰락은 말하자면 하나의 법칙이다. 그런 법칙을 늘 눈앞에 보고 있어야 한다는 것은 공포스러운 일이다. 이러한 몰락을 발견해 낸 심리학자가, 즉 고귀한 인간들의 이러한 전체적인 내면적 〈불치병〉, 그리고 이 모든 의미에 있어서의 영원히 〈때가 늦음！〉을 전체 역사를 통하여 최초로 발견하고 그런 연후 늘상 〈확실히〉 재발견하게 되는, 심리학자가 느끼게 되는 수많은 참담한 고통은 아마도 어느날엔가는 그 심리학자 자신을 〈파멸〉시키는 원인이 될 수 있을 것이다……사람들은 어떤 심리학자에게서도 그가 일상적이고 정상적인 인간들과 교제하기를 몹시 좋아하는 기색이 감출 수 없이 드러나고 있음을 알 수 있을 것이다. 그는 항상 새로운 치료를 받아야 하고 일종의 도피와 망각을 필요로 한다는 점이 드러나는 것이다. 그는 들여다보고 짚어보고 하는 자기의 〈직업〉이 자기 양심에 남겨놓는 모든 것으로부터 떠날 필요가 있는 것이다. 그의 독특한 성격은 바로 기억에 대한 공포이다. 그는 타인들의 판단 앞에서는 곧장 침묵을 지켜버린다. 그는 아무리 자기가 존경받고 경탄받고 사랑받고 떠받들어진다 해도 표정하나 변하지 않고 듣기만 한다. 때로는 그는 겉으로 주장되는 견해에 대하여 명백히 찬성을 표명함으로써, 자기의 사실상의 침묵을 은폐해 버리기도 한다. 아마도 그가 처하는 상황의 모순성은 몹시 무서운 정도로까지

신화되어, 그 결과, 그가 〈커다란 동정심〉과 〈커다란 경멸감〉을 느끼게
되는 어떤 것에 대하여 〈교양있는〉사람들은 커다란 존경심을 품게 된다
는 일이 벌어질 수 있는 것이다……그리고 몹시 중요한 경우들에 있어
서 이러한 일이 있을지를 누가 알겠는가? ——사람들이 어떤 신을 찬
양하고 있는데 그 신은 단지 하나의 속죄양에 불과했다는 경우를 말이
다……〈성공한 자〉는 항상 가장 커다란 사기꾼이다——그리고 그 〈작
품〉도, 그 〈행위〉도 소위 성공인 것이다. 위대한 정치가, 정복자, 발견
자들은 자기들이 마련해 놓은 것 속에 자기를 감추고 위장하여 간파할
수 없게끔 만들어 놓는다. 예술가와 철학자의 작품이, 그 작품을 만들
어낸 사람, 즉 그 작품을 〈마땅히〉 만들었어야 할 사람을 뒤늦게 고안
해 내는 것이다. 소위 〈위대한 인간들〉의 이면에는 미묘하고 천박한 허
구가 놓여 있다——역사의 세계에서 〈지배적〉위치에 있는 자는 화폐 위
조법인 것이다.

2

——이 위대한 시인들, 예컨대 바이런 Byron, 뮈세 Musset, 포우
Poe, 레오파르디 Leopardi, 클라이스트 Kleist, 고골리 Gogol 들——나
는 감히 이들보다 더 위대한 사람들을 거론하지는 않는다. 그러나 일단
그들이 그러한 사람들인 바에야 필요하다면 그들을 거론할 것이다. 그
들은 한순간의 인물들이며, 관능적이고 불합리하며, 곡절이 많고 믿음
과 불신에 있어서 급작스럽고 경솔하다. 그들의 영혼은 대체로 어떠한
균열을 드러내 보여준다. 종종 자기의 내적인 모멸감에 대하여 자기 작
품을 써서 복수를 행한다. 종종 모든 생생한 기억을 잊기 위해 도피하
기도 한다. 그들은 한마디로 〈늪〉가에 있는 이상주의자들인 것이다——
이 위대한 예술가들은 그리고 일반적으로 소위 고귀한 사람들은, 그들
의 정체를 간파해버린 사람에게는 얼마나 커다란 괴로움의 씨앗인가!
……우리 모두는 중용의 대변자이다……〈그들이〉 바로, 고통의 세계 속
을 투시할 수 있는 여성 또한 유감스럽게도 자기 분수를 넘어서서 타인
을 돕고 구원하려 드는 여성들로부터의 무한한 동정심의 발양을 제법 쉽
사리 알아볼 수 있다는 것은 명백한 일이다. 이 동정심에 대하여 대중
은, 무엇보다도 〈숭배적〉대중은 호기심에 가득 차서 자기 만족적인 해
석을 내리는 것이다……이 동정심은 보통 여성의 능력을 속여버린다. 여
성은 사랑은 〈모든 것을〉 가능케 한다고 믿을 것이다——이것은 여성의
본래적 〈미신〉이다. 아아, 감정에 대한 지자(知者)는 사랑이 아무리 최

고의 것이고 깊이있는 것이라 할지라도 그것이 얼마나 가난하고 의지
할 곳 없으며 불손하고 착각에 빠진 것인가 하는 것을 간파하고 있는 것
이다──사랑이 구원하기보다는 〈파괴한다〉는 것을……

3

──마음 깊이 괴로워하는 사람의 정신적 구토감과 거만함──이것은
한 사람이 얼마나 깊이 고통을 받아낼 수 있는가 하는 등급을 거의 대
부분 규정한다. 그의 몸에 스며들어 배어버린 몸서리나는 확신은 그에
게, 가장 영리한 자와 가장 현명한 자가 알 수 있는 것보다 더 많이 자
기의 고통에 대해 알 수 있게 해주고, 여러가지의 방대한 고통의 세계
에 통달해 있을 수 있게 만들어 준다. 이 세계에 관해서 「〈너희들은〉 모
르고 있다」고 그는 생각한다. 이 침묵의 정신적 자만심, 인식에 있어서
의 선택받고, 자기의 희생에 우월감을 느끼는 이 통달한 자가 주제넘은
동정의 손길이 자기 몸에 닿는 것과, 그가 느끼는 것과는 질이 다른 모
든 종류의 고통들로부터 자신을 보호하기 위해서는 온갖 종류의 위장이
필요하게 된다. 깊은 고통은 사람을 점잖게 만든다. 그것은 사람을 타
인으로부터 분리시킨다. 가장 교묘한 위장 형태는 쾌락주의이며 외면적
으로 보여주는, 감성의 용감성인 것이다. 이 용감성은 고통을 쉽사리
받아들임으로써 모든 비극적인 것과 모든 깊이있는 것에 대하여 자기를
보호하는 행위이다. 자기를 위해서 자기를 타인에게 오해시키기 위하여
명랑성을 이용하는 〈명랑한 인간〉이 있다──그들은 오해시키기를 〈원
하는〉 것이다. 명랑한 외면을 보여주기 위하여, 그리고 학문성을 통하
여 인간이란 외면적 존재이다 라고 결론을 내리게 하기 위하여 학문을
이용하는 〈학문적 인간〉이 있다. 그들은 그릇된 추론을 유도해내기를
〈원하는〉 것이다. 자기가 근본적으로 파괴되어서 회복 불가능한 존재임
을 은폐하고 부정하는 뻔뻔한 자유 정신이 있다──이것은 햄릿의 경우
이다. 이런 사람들을 보건대, 결국 백치성이라는 것은 너무도 명확하고
불행한 어떤 지식을 감추는 가면일 수도 있다고 할 수 있을 것이다.

후 기(後記)

/

나는 내 생애 가장 어려웠던 시절에 대해 내가 깊이 감사하고 있는지를 가끔 자문했었다. 나의 내적 본성이 가르쳐준 바에 의하면, 높은 곳에서 내려보았을 때, 그리고 경제성이라는 점을 고려해 볼 때, 모든 필연적인 것은 유용한 것이다——사람들은 그 필연적인 것을 견뎌야 할 뿐 아니라 좋아해야 한다……〈운명에의 사랑〉, 이것이 나의 가장 내적 본성이다——그리고 내 오래된 병에 관해 말한다면, 나는 건강보다는 병에게 말할 수 없이 더 감사하고 있다. 나는 병에게서 나의 〈보다 높은〉 건강을 전해 받았다. 이 건강이란 병이 말살시켜 버리지 못한 모든 것들에 의하여 오히려 더욱 강해지는 건강을 말하는 것이다!——「나는 병에게서 나의 철학도 얻어내었다……」고통이야말로 정신의 최후의 해방자이다. 모든 저차원의 것으로부터, 궁극에 거의 근접하는 〈궁극적인 것〉을 만들어 내는 〈위대한 의심〉이라는 사표(師表)인 것이다. 마치 젖은 나무처럼 우리를 서서히 불태우는 고통, 그 긴 고통이야말로 우리들 철학자들을 심오하게 만들며, 우리가 아마 예전에 우리의 인간성이라고 생각했던 모든 선량한 것, 은폐적인 것, 온화한 것, 범용한 것들을 우리로부터 떼어내 버리는 것이다. 그런 고통이 우리를 〈개선시키는지〉는 의심스럽다. 그러나 나는 고통이 우리를 〈심오하게〉 한다는 것을 안다……우리가 고통에 대하여 우리의 자부심, 우리의 조소, 우리의 의지력이 대립되는 것으로 생각한다거나, 더욱 나쁜 일이지만, 자기의 박해자에게 말만으로써 저항하는 인도 사람들처럼 행동하거나 하지만 않는다면, 그리고 우리가 고통 앞에서 허무 속으로, 말없는, 경직되고 무감각한 자기 포기, 자기 망각, 자기 말소 등으로 움츠려들지만 않는다면, 우리는 심오해진다. 사람들이 자기를 타인 대하듯이 스스로 제어하려드는 그러한 오랫 동안의, 자기 지배의 위험한 연습으로부터 벗어나오는 데에는 몇 개의 의문부호만 〈더〉 가지면 된다——무엇보다도, 지금까지 지상에서 질문되어진 것보다 많은, 깊은, 엄격한, 냉정한, 악한, 고요한 질문을 던지려는 의지를 가지면 되는 것이다……삶에 대한 믿음은 사라져버리고 삶 자체가 하나의 〈문제〉가 되는 것이다——사람들은 그렇게 함으로써 필연적으로 암울한 자, 즉 올빼미로 되어버렸다고 믿을지도 모른다! 그러나 삶에 대한 사랑 자체도 여전히 가능하다——다만 사람들은 좀더 〈다른 방법으로〉 사랑하는 것뿐이다. 우리를 회의하게 만드는 것은 여성에 대한 사랑인 것이다.

2

몹시 기이한 일이 하나 있다. 사람들은 그 후로 어떤 다른 취향을 지니게 되었다. 하나의 〈두번째〉 취향을, 그러한 심연으로부터, 〈위대한 의심〉의 심연으로부터 사람들은 새로이 탄생되어, 껍질을 벗고, 예전에 비해 더욱 다감하게 되고, 더욱 악하게 되고, 환희에 대한 감수성은 더욱 섬세해지고, 모든 훌륭한 것들에 대한 미각은 더욱 예민해지고, 명랑한 감각을 지닌 채, 환희 속에서의 또 하나의 더욱 위험스러운 천진난만을 지니고, 어린애 같으면서도 수백 배나 세련된 채 다시 돌아오는 것이다. 오, 이제 사람들에겐, 전에 향락주의자들, 우리의 〈교양인〉들, 우리의 부자들, 그리고 통치자들이 이해하고 있던 바대로의 거칠고 우둔하고 토색적인 향락은 얼마나 혐오스러운 것인가! 〈교양있는〉 인간들과 대도시인들이 〈정신적 향락〉을 추구하다가 예술과 책과 음악을 통해 그리고 정신적 마약에 의해 결국은 강간당하게 만드는 원흉인 대목장의 음향을 이제 우리는 얼마나 악의에 찬 마음으로 듣는 것인가! 정열적인 연극의 외침은 지금 얼마나 우리의 귀를 아프게 하고 있는가! 숭고한 것, 고상한 것, 괴팍스러운 것 등을 추구하는 노력과 더불어 교육받은 서민이 좋아하는 모든 낭만적 격동과 사념의 혼란이 우리의 취향에 얼마나 낯설게 되었는가! 그렇다, 병에서 회복한 우리들이 여전히 예술을 필요로 한다면 그것은 아주 다른 예술인 것이다——순수한 불꽃처럼 구름없는 하늘까지 불타오르는, 풍자적이고 경쾌하며 신속하며 결코 방해받지 않고 신적인 기교를 사용한 예술인 것이다! 무엇보다도 〈예술가만을 위한〉 예술인 것이다! 우리는 그러기에, 무엇보다도 필요한 것, 즉 모든 쾌활함, 나의 친구 쾌활함을 더 자세히 이해한다!……우리 지자들은 이제 몹시도 좋은 것을 몇 개 알고 있다. 오, 우리는 이제 훌륭히 잊어버리는 것, 훌륭히 모르는 것을 예술가의 입장에서 배운 것이다! ……그리고 우리의 미래에 관해서는, 사람들은 저 이집트 청년들의 길 위에 서 있는 우리들을 다시 발견하기는 힘들 것이다. 그 청년들은 밤중에 사원을 향해 불확실하게 전진하여 조각상을 얼싸안고, 수많은 이유로 감추어 둔 모든 것을 벗기고 드러내어 대낮에 진열하기를 원하는 자들이다. 그렇다. 이 천박한 취향, 진실에의 이 의지, 〈모든 것에 우선하는 진리에의〉 의지, 진실에 대한 이러한 청년들의 광기어린 사랑 ——이것들을 우리는 싫어하게 된 것이다. 그러기에는 우리는 너무 노련하며, 너무 진지하고, 너무 쾌활하고, 너무 정열적이며 너무 〈십오하기〉 때문이다……사람들이 〈베일〉을 벗기기만 하면 진실은 그대로 드러날 것이라는 것을 우리는 더이상 믿지 않는다. 이것을 믿기에는 우리는 이미 충분히 살았으므로. 오늘날 사람들이 모든 것을 있는 그대로 보지 않고, 모든 것에 관여하지 않으며, 모든 것을 이해하고 〈알고〉 싶어하지 않는다는 것은, 우리에게는 어울리는 일로 생각된다. 〈모든 것을 이해한다는 것은 모든 것을 경멸하는 것이다 Tout comprendre—c'est tout mépriser……〉「하나님이 도처에 계시다는 것은 사실인가요?」라고 작은 소녀가 엄마에게 물었다. 「그러나 나는 그것을 묻는 것을 버릇없다고 생각한단다.」——철학에 대한 경고! ……수수께끼와 여러가지 불확실한 것 뒤에 자연이 몸을 숨겨대게 만드는 그 자연의 〈수치심〉을 우리는 존중해야 한다. 혹시 진실이란 〈자기의 근저를 보여주지 않으려는〉 충분한 이유를 지닌 여성은 아닐까?……아마도 그 이름은 그리이스적으로 말해서 〈바우보 Baubo〉가 아닐까?……오, 이 그리이스인들! 그들은 〈삶〉을 이해했다. 삶을 위해서는 표면에, 구름에, 피부에 남아 있고 가상을 숭배하고 형태와 음조와 말과 〈가상의 올림푸스〉 전체를 믿는 일이 필요한 것이다! 이 그리이스인들은 피상적이다——〈그들의 깊이 때문에〉 그들은 피상적인 것이다……현대 사상의 가장 높고 가장 위험스러운 첨단으로 올라가서 주위를 둘러보고 〈내려다 봤면〉, 정신의 모험가인 우리가 그곳으로 돌아가지 않을 것인가? 우리는 바로 그 접에 있어서——그리이스인이지 않은가? 형태와 음조와 말의 숭배자가 아닌가? 바로 그 이유로 인해서——〈예술가〉——가 아닌가?